牛眼读城

牛凤瑞　著

中国社会出版社
国家一级出版社·全国百佳图书出版单位

图书在版编目（CIP）数据

牛眼读城/牛凤瑞著.—北京：中国社会出版社，2017.5

ISBN 978-7-5087-5676-9

Ⅰ.①牛…　Ⅱ.①牛…　Ⅲ.①城市经济—经济发展—研究—中国　Ⅳ.①F299.21

中国版本图书馆 CIP 数据核字（2017）第 114370 号

书　　名：牛眼读城
著　　者：牛凤瑞

出 版 人：浦善新
终 审 人：李　浩
策划编辑：浦晓晶
责任编辑：杨建萍　　　　**责任校对：**张爱华

出版发行：中国社会出版社　**邮政编码：**100032
通联方式：北京市西城区二龙路甲 33 号
电　　话：编辑室：（010）58124838
销售部：（010）58124837
传　真：（010）58124837
网　　址：www.shcbs.com.cn
shcbs.mca.gov.cn
经　　销：各地新华书店

中国社会出版社天猫旗舰店

印刷装订：北京九州迅驰传媒文化有限公司
开　　本：170mm×240mm　1/16
印　　张：25
字　　数：350 千
版　　次：2017 年 6 月第 1 版
印　　次：2017 年 6 月第 1 次印刷
定　　价：68.00 元

中国社会出版社微信公众号

一部颠覆流行观点之作
一部深度解读城市之作
一本发展决策者当读之书
一本土地房地产环境关注者可读之书

自　序

本书是我2012—2016年所写文章和演讲的选编。我的研究领域是城市发展。城市化和城市建设是当代中国经济社会发展的主战场和中国低成本实现现代化的必由之路，也是节约资源保护环境的重心和区域发展的引擎。土地和房地产分别是城市化的载体和先导，宏观经济为城市化提供支撑和依托，产业与城市化是良性互动关系。本书循此逻辑分编，体现了我的城市发展观。我姓牛，故以《牛眼读城》为书名。

2012年以来我国经济发展进入新常态，各类城市发展问题呈现出新变化。我对城市问题的思考角度也有所调整，认识也有所深化，但以中国的特殊国情、特殊的发展阶段和大国经济特征为城市研究的逻辑起点没有变化，基本判断和思路也没有改变。用辩证思维和系统科学方法分析城市问题一直是我的努力坚持。为真实反映我的思想变化轨迹，书内各编文章按撰写时间顺序排列，原文照录。因系在不同时间、不同场合对同一问题的分析，前后不免会有重复，敬请谅解。为使读者快速了解全书内容，方便批评和讨论，兹将本书基本观点和主要结论归纳整理如下，是为自序。

第一编　城市化进程：现代化的必由之路

实现城市化是经济社会转型升级的重要标志，推进城市化是当代中国发展建设的主战场。我的有关中国城市化的基本思路和政策建议主要归纳为以下九点。

1. **推进城市化要遵循城市化规律。**城市化是人类社会发展的高级阶段，城市是复杂的人工巨系统，但城市化和城市发展本质上又是一个自然的历史过程，有其一般的规律性。古今中外城市共同的基本特征是人口和产业在空间上的大规模高度聚集。当代中国城市化和城市建设要从中国实际出发，突出中国特色，但要基于正确认识、遵循、顺应城市化和城市建设一般规律之上。与客观规律相吻合的城市化战略和城市发展方针、政策及其制度、体制设置才能事半功倍。作为发展中的大国城市化建设，借鉴发达国家经验以少走弯路是必要的，但要注意基本国情，发展阶段的可比性。进行中外城市比较研究，或者国内城市比较研究，也要注意城市的地理区位、自然资源禀赋、人口规模、经济社会发展条件、城市的功能定位、面临的主要矛盾和问题等的可比性。

2. **城市化收益大于城市化成本。**城市化是我国现代化的必由之路，在现阶段也是我国最大内需的潜力所在。我国的城市化不乏自信，但似乎少了一些自觉。正确认识和比较城市化的成本与收益是提高城市化自觉性的理论基础。城市是人口和非农产业在空间上的大规模高度聚集，这种高度聚集使城市具有规模效应和聚集效应，因而有比农村更高的要素配置效率。同时也造成了集中的人类活动和资源消耗与排放，引发了污染、拥挤、占地、公共安全和高地价、高房价等一系列城市病。这种城市病在很大程度上又是城市化必须支付的成本。如何减少城市化成本，实现城市化效益的最大化是永恒课题，但过度夸大城市病，又很有可能走向反城市化道路。实际上，通过技术进步和相应体制、机制的改进，人们完全有可能把城市病的危害减少到最低，把城市效益推向极致。

3. **我国城市化的总体进程仍然严重滞后于经济社会发展。**对我国城市化的总体形势作出正确的判断是制定城市化方略和政策的前提。21世纪初，我国城市化超前冒进论曾占据主流地位。有城市化超前冒进的形势判断当然会有抑制、限制城市化进程之举（如停止撤县建市、农民工市民化步履蹒跚、合理的城市用地受到限制等），但我国城市化进程依旧

（其中城市化成本可能提高，但尚无可信的事后评估）。实际上我国城市化超前冒进论的一切依据都可以作为城市化滞后和不足的证据①。近年来又有城市化要由速度向质量转型之议。量和质是一个事物的两个方面，是对立的统一。量是质存在的基础，而质则是量的意义所在。城市化速度决定一定时期城市化的量。十几年来我国城市化率每年提升 1 个百分点，速度较快，但这种较快只是相对改革开放以前而言，或者相对于大多数发展中国家而言。城市化速度较快是经济社会发展的必然结果，也不必然导致城市化质量下降。我国城市化质量确实面临着一系列严峻问题，但还没有人作出我国城市化质量整体上在下降的判断。以人为地降低城市化速度换取城市化质量的提高，还是在城市化正常推进中提高城市化质量，或者赋予提升城市化质量以更大的决策权重，这是两种不同的思路，也将有成本和收益两种不同的结果。

4. **新型城市化与中国特色的城市化是同一内涵。**走有中国特色的城市化道路和走新型城市化道路已成为共识，但对内涵又有不同的界定。在我看来，新型城市化与中国特色的城市化是同一内涵的两种表述，都

---

① 就在笔者撰写本文之时，媒体再次热炒的“全国县级以上新城新区超过 3500 个，规划人口达 34 亿，可容纳近半数世界总人口”的新闻，可作为“中国城市化冒进论”的又一注脚。实际上，早在 2014 年国家发改委小城镇中心负责人就曾把这一消息披露于媒体，引发热议，说明这已不是“新闻”，而是旧闻。两年过去全国新城新区数量没变化，规划人口也没有变化，证明“为稳定增长，各地各级规划批复频度、密度在增加”（见《光明日报》2016 年 7 月 15 日一线观察）的判断不攻自破。我国城市规划面临的普遍倾向是中小城市和小城镇规划过度超前和特大城市规划相对滞后并存，城市中心区过度拥挤与城市边缘区用地的低效率并存。笔者推测，全国县级以上新城新区规划面积加总数据可能是真，新城新区规划人口只是依据城市人口用地标准的推算，当不得真。因为这里有一个概念界定问题。在我国，城市规划区不等于城市建成区，城市建成区与市区、城区也不是一回事。城市建成区是指已经成片开发建设，各类市政基础设施基本完备的区域，市区是指城市行政区域内全部国土面积（地级及以上不包括所辖县市），城区是指：①街道办事处所辖区域；②城市基础设施连接到的其他乡镇地域；③常住人口 3000 人以上的独立工矿区、开发区和科研院校等特殊区域。据国家统计局数据，2013 年我国城区面积（2006 年以前称市区，但统计范围大大缩小）18.3 万平方千米，人口密度 2362 人/平方千米，按上述人均用地标准推算可容纳 18.3 亿人；全国城市建成区面积近 4.8 万平方千米，实际人口密度在万人左右。城市规划区域只是一种设想，是否符合实际取决于规划编制者和审批者的知识水平和价值取向，而较少受到客观条件的约束。规划区域要建成为城市则是另一回事，要受到用地、公共财力等多种客观条件的制约。

是相对于西方发达国家已经走过的城市化道路而言的，主要包括以下内涵：一是以人民为本的城市化，而不是以资本为中心的城市化。二是城乡一体化发展、城乡居民公平共享城市发展成果的城市化，而不是剥夺农民利益，把农村居民利益排斥在外的城市化。三是资源节约、环境友好的城市化，而不是先污染、后治理或者牺牲环境的城市化。四是行政主导和市场力量共同推进、行政手段发挥较大作用的城市化，而不是市场单一推进或者行政主导弱化的城市化。城市人口密集、利益关系错综复杂，不同的社会阶层和群体有着不同的利益诉求，即使同一群体也会随着既有问题的解决产生新的利益分化，非有合理边界约束下的行政力量强有力的协调不能实现各阶层共同利益的最大化。五是集中型的城市化。这里有四个层次内涵：其一，基于巨大的人口基数和较高的人口密度，中国要有一个较高的城市化率，百分之六七十都不行，至少应达到80%以上；其二，大城市的率先发展，大城市人口占城市总人口的较高比例；其三，数十个不同等级和不同辐射范围的都市密集区的形成与发展，成为中国城市化的主体空间形态；其四，单个城市的紧凑型空间布局。六是多样化和不均衡的城市化。由于幅员辽阔，中国各地城市化推进的动力、形式、阶段、空间形态是多样化的，城市化均衡是美好的理想，而不均衡则是一种常态。

5. **相对于城镇化，城市化表述内涵更准确。**中国究竟是城市化还是城镇化？争论了几十年，至今仍未达成共识。根源在对大、中、小城市和小城镇的地位和作用的不同认识。在我看来，作为城市体系的有机组成部分，大、中、小城市和小城镇各自发挥着不同的作用和功能，相互之间不可替代。大城市有大城市的优点，也有大城市病；中小城市和小城镇有中小城市和小城镇的长处，也有中小城市病和小城镇病，各有其存在的依据。在城市体系中，大城市居主导地位，中小城市居主干地位，小城镇居基础地位。使用城镇化一词可能基于强调小城镇的重要地位，但小城镇不可能承担起城市化主体重任。使用城市化一词也不是否定小城镇的重要地位和作用，而重在强调小城镇的本质是城市而非农村。几十年来抑制大城市的政策屡有出台，但大城市率先发展的态势依然，原因在于城市发展的内在规定性。当一个城市扩张的边际效应存在之时，城市规模与城市效益呈正向相关关系，城市规模的扩张不可能停止。强制限制城市规模或者成本极高，得不偿失，或者根本达不到预期目的。设置市区常住人口500万人为上限，既无令人信服的论证，又与千万人口级超大城市的实践相悖。在学术界和政策导向上，小城镇备受推崇，但数十年来的发展总不尽如人意。个中的原因就在城市化进程的客观规律性。首先，小城镇的基本推动力是乡镇企业的发展，工业化的基本规律是空间集中布局，分散化的工业布局不可持续。当城市工业发展起来，乡镇企业总体上风光不再的时候，小城镇发展式微在所难免。其次，小城镇是中小城市发展的初级阶段，随着产业的聚集，有条件的小城镇成长为中小城市则是一种正常现象。我国有数百个县城镇和超级强镇，常住人口达十几万甚至数十万，GDP也有数十亿元甚至数百亿元，虽然没有被赋予建制市名号，但已是名副其实的中小城市。再次，在城市化加速时期，社会一定量的城市化要素首先向配置效率更高的大城市聚集具有必然性。当大城市极化效应过去、外溢效应来临之时，小城镇将迎来发展的黄金时期。今天看到一线城市近郊各类小城镇强势崛起，实际上是大城市的外溢和功能疏解，是新的功能区和卫星城建设。最后，除了少数拥有区位优势和特殊资源禀赋的建制镇外，多数建制镇发展不仅面临聚集能力较弱，而且面临着较多的整合资源体制障碍。如镇级政府资源配置权力不足、建设用地的农村集体所有制限制、农村社区不同群体的不同利益诉求等。所以，在全国2万座建制镇中，只有少数镇区有条件建成小城镇，多数镇区只具农村集贸市场功能，而不具建成小城镇的条件。为解超级强镇发展桎梏，条件具备的县城镇撤县设市即可达到目的，而非县城镇的超级强镇关键是扩大配置资源的权力和空间。设置镇级建制市除了把现在的四个行政级别的建制市增加到五个行政级别、肢解所在县域发展以外，没有其他实质性意义。

6. **多样化是中国城市化进程的基本特征。**我国城市化还处于加速进程中，实现城市化目标任重道远。全国还将有数亿农村人口进城，城市化率还有几十个百分点的上升空间，城市建成区面积还将成倍扩张。城市化的实质是人口空间布局的优化，是农村人口向城市的集中，其间伴有城镇和中小城市人口向大城市的梯度迁移。随着西部大开发、中部崛起、东北振兴方略的实施，我国以“孔雀东南飞”为主体的人口迁移趋势已经大为改观，就近进城成为很多人的首选。就地城市化现象虽有存在，但只是极少数。由于人口和土地资源配置的特点，我国城市化空间形态呈现的是以现有城市（镇）规模扩张为主、与少量新建城市（镇）的并存，即城市化的主体是现有城市（镇）扩大规模，聚集更多的人口，有条件的小城镇成长为中小城市，有条件中小城市成长为大城市，大城市成长为超大城市，而平地拔起的新建城市（镇）只是少数。在城市（镇）扩张的形式上，是摊大饼式向周边蔓延与跳跃式布局并存，是旧城旧区更新改造、转型升级与高起点的新城、新区规划建设并存。我国的城市化政策要与这种多样化的城市化趋势相适应，要因地制宜、因时制宜。所谓大中小城市和小城镇协调发展是城市化一种理想目标，用于判断城市化进程中的某一时刻状态，永远不会得出满意的结论。

7. **合理的城市化用地不会威胁中国粮食安全。**土地是城市化的物质载体。城市化的过程也是城市建设用地扩大和农村居民点占地缩小的过程。合理的城市化用地是更集约的建设用地。我国城市化率即使达到80%以上，城市建成区也只占国土面积的1.2%—1.3%，但将有90%左右的国内生产总值产出。强调城市集约、节约用地是必要的，但宣扬城市化用地威胁粮食安全是绝对的误识、误导。近十多年来，我国耕地减少的70%以上是退耕还林所致，另有基本建设占地、农业结构调整占地和自然灾害损毁耕地等，因城市建设用地减少的耕地仅占10%左右。保护基本农田是基本国策，城市建设尽量少占或不占基本农田有其道理，但要进行多方面的成本与收益的综合比较，特别是不占和少占耕地的城市建设和运行成本的总体评估。以保护全国耕地18亿亩红线为由，限制城市建设用地的合理满足，是一种单向思维。在城市因人口扩张而增加的用地与农村人口因进城而减少居民点用地之间，存在后者大于前者的置换关系。我国数亿农村人口进城而农村居民点用地没有相应减下来，主要原因在于进城农村人口闲置的宅基地国家还没有强有力政策支持和引导实现转换和复垦。以复垦耕地质量低下为由质疑城乡建设用地置换是一种静止思维。因为复垦耕地的质量并非永远不可改变。通过技术手段完全可以改造低质耕地，只是需要一个过程。以土地城市化速度快于人口城市化否定城市用地增加的合理性似是而非。土地的城市化以农地被征用、进行规划建设为标准，以宗地、小区、新区为单位统计。人口的城市化则是以进城的自然人为单位统计。城市化的土地要满足城市人口的居住工作要求，必须进行先期的规划建设。在城市化加速时期，土地的城市化先于人口的城市化是一种阶段性的必然现象。进入城市化后期，城市化用地扩张停止，而人口的城市化仍在继续也是一种正常的现象。

8. **城市化的难点在农业转移人口市民化**。城市化的过程是社会阶层结构剧烈变化、社会利益结构深度重构的过程。协调各类利益矛盾，推进和谐的城市化是城市治理的重要目标，也是城市化顺利实现的必要条件。中央把“三个1亿人工程”作为“十三五”时期推进新型城市化的三大重点，正是基于对这种历史进程的把握。推进中西部地区1亿人口就近城市化乃东部地区产业向中西部转移、中西地区进入较快发展阶段的必然，是城市化量的扩大，也并不排斥东部地区农村人口继续向城市聚集。覆盖1亿人口的城市棚户区、“城中村”改造系重大民生工程，具有偿还历史欠账性质，是城市现代化建设的重要组成部分，也是提高城市化质量的重要举措。1亿人的农业转移人口市民化体现了新型城市化的主体内涵和社会主义本质的要求，核心是进城农村人口公平均等地享有市民权益，与覆盖1亿人口的棚户区、“城中村”改造一起突出的是城市化质量的提升。与农村劳动力向东部沿海地区转移的跨区域城市化相比，中西部地区就近城市化农民进城距离较近，与城市居民语言、文化、习俗差异较小，融入难度较低。地方政府基于自身发展，内在动力较强，协调城乡关系的操作空间较大。棚户区、“城中村”改造涵盖了市民的整体利益，较少反对声音，即使有也多为部分拆迁居民对更高补偿的诉求，地方政府既有较高的推进积极性，也有较大的整合资源空间和协调各种利益关系的权力。农业转移人口的市民化问题则更为复杂、任务更为艰巨。首先，要求转入地政府增加公共服务的有效供给，加大财政支出，而且农业转移人口市民化数量越多，财政支出压力越大。农业转移人口市民化多属跨区域的外来人口，问题解决得越快、越好、越彻底，对外来人口的吸引力越强，形成连锁反应。近郊农村人口市民化因为拥有较高的土地权益，市民化意愿普遍不高。以农业转移人口土地权益的自主退出置换市民化权益，可以减轻财政压力，也更体现社会公平。但如何实施这种退出与置换，平衡转入地与转出地之间利益关系，尚无具体的政策和制度安排。国家“十三五”规划纲要提出，健全财政转移支付同农业转移人口市民化挂钩机制，建立城镇建设用地增加规模同吸纳农业转移人口落户数量挂钩机制，建立财政性建设资金对城市基础设施补贴数额与城市吸纳农业转移人口落户数量挂钩机制等措施，能否平衡农业转移人口市民化增加的地方成本，还有诸多的不确定性，如何细化、量化，使之落到实处还有待于深入细致的谋划和实践的反复探索。农业转移人口市民化要更多地依赖于在国家层面上进行系统的顶层设计，在城市化和城乡一体化政策、财政收支、央地分权体制、城乡土地制度和用地政策上建立起相应的制度和体制。

9. **逆城市化不是主流。**城市化是农村人口向城市的集聚，逆城市化是城市人口向农村的迁移。人口在农村和城市之间对流，在前城市化和后城市化时期大体平衡，是一种常态。但在中国，逆城市化现象屡屡被媒体大书热炒，为学术界过度解读，反映的是国人对城市化自觉性认识上的不足。其一，我国城市化率虽已超过50%，但还有30个百分点左右的上升空间，城市化还在快速推进过程中，今后几十年内城市化仍将是我国发展的主旋律。逆城市化现象虽有存在，但只是支流末节。既不应以支流掩盖主流、否定主流，依据逆城市化规划设计城乡发展政策，更不能动摇推进城市化的信心和决心。其二，要对逆城市化现象进行具体分析，界定真伪。首先看农民工返乡。我国农民工数量达2.6亿人，已经成为城市工业、建筑业、中低端服务业从业的主体，农民工返乡原因多种多样。春节期间集中返乡属于人口在城乡之间的短期摆动，与逆城市化无关；东南部沿海地区产业结构调整，企业转型转移，劳动力需求减少，农民工返乡待业，是对区域经济转型的市场调适，而不是真正意义上的逆城市化；西部大开发、中部崛起，工业化城市化加快推进，就业机会增加，部分中西部地区农民工返乡就业，是就近城市化，乃区域经济梯度发展的必然，亦非逆城市化。只有不再外出的返乡农民工才可称为逆城市化。这些不再外出的返乡农民工，若因为无力在城市安居，返乡只是一种无奈；若立志于返乡创业，也只能是少数。因为在城市创业成功的概率远较农村为高。其次看农民进城但不愿退出农村户口。城市生活质量高于农村，进城是多数农民的意愿。但农村户口是和土地权益联系在一起的，当土地权益日益看涨，而进城收益又不足以弥补土地权益的时候，农民进城而不退出农村户口就成为理性选择。所以，以农村土地权益制度改革为基点，设计农业转移人口市民化政策是必须迈出的关键一步。最后看城市居民迁居农村。这种现象大致可分三类，一是躲避城市嘈杂、拥挤、污染，追求清静，或者为记得住乡愁而迁居农村，主体是有较高收入而无家庭拖累的老年人，总数不会太多，而且将大大少于进城与子女团聚的农村老年人。二是为投资圈地而迁居农村的城里人，这是资本下乡，而非逆城市化。三是因城市高房价而迁居近郊的城里人，与其称为逆城市化，莫如认定为城市扩张的一种形式。

第二编　城市化发展：区域发展的引擎

城市是与农村相对应的两种社会聚落形态，既是特殊的区域，又是区域的经济社会主体。本编选录了13篇文章，其中第一篇“扩大县域经济发展的自主决策权”是我一直坚持的主张，其他12篇均为具体区域案例，代表了我的以城市化带动区域发展的基本观点。

1. **建制市不是城市概念**。各种类型的城市遍布中华大地，但中国没有严格意义上的城市统计数据，有的只是建制市的统计数据。在我国，建制市是行政区划概念，故有直辖市与省（自治区、特别行政区）、地级建制市与地区（盟、州）、县级建制市与县（自治县、旗）、建制镇与乡等相互对应的行政区划等级，在直辖市和地级市之间又有副省级建制市。目前进行的镇级市设置试点，又将把我国建制市的行政级别增加到五级，也将进一步加剧高行政级别建制市副市长领导低行政级别建制市市长的奇特现象。我国同一行政级别的建制市下辖区域面积、人口相差数倍甚至几十倍。例如，同为县级建制市，有的辖区面积数万平方千米、人口数万，有的只有数百或上千平方千米，而总人口超百万。我国建制市的设置是政府行为，建制市设置的数量是政府行为偏好的结果，而不是真实城市数量的增减。1998年我国建制市设置数量达668座的高峰，以后由于特大城市近郊撤市建区的行政区划调整和撤县建市行政审批的几近停顿，全国城市化率虽然增加了20个百分点，但建制市数量却减少了十几座。而数以百计的大县城和超级镇已经发展成为名副其实的中小城市，却仍被排除在建制市名单之外。全国2万座建制镇绝大多数也只是撤乡建（并）镇的区划名称变更，与城市化进程没有直接的联系。提高地方政府资源配置权限，加快城市建设与撤县设市、设置镇级市也没有必然的因果联系。我国城市建成区的概念更接近真实的城市形态，以调整行政区划名称推进城市化依然是计划经济思维。

2. **以城市化带动区域经济发展**。城市的本质是以空间换时间，因而有更高的要素配置效率。城市是区域经济的重心，是节能减排、发展循环经济、低碳经济和突破资源环境约束的主体，带动区域发展的龙头。区域农村要素向城市聚集，城市率先发展，进而带动农村发展是经济发展的规律。实施城市化带动是区域发展的关键，不仅要有高度的自觉性，还要有顶层战略思维。其一，不以发生社会矛盾和利益冲突而动摇推进城市化的决心。城市化进程是社会利益矛盾的多发、集中爆发时期，矛盾的主要方面是发展不足。以发展为第一要务，在发展中协调各种利益关系，化解矛盾，实现共赢，才有光明前景。其二，不以“城市病”而否定城市化的方向。城市病有的属于阶段性的必然现象，在很大程度上是取得城市效益必须支付的成本。治理和减少城市病应该努力去做，但奢求没有城市病的城市化则是因噎废食。科技的进步、发展路径的调整可以把城市病成本降到最低。其三，不因城乡差距的一时扩大而改变城市化带动的信心。农村工业化有利于缩小城乡差距，但与工业企业集中布局的规律相悖，这种分散的工业化成本极高，被城市工业取代不可避免。城市化最终目标是缩小城乡差距。在当前，农村相对落后的深层根源还在于城市化进程的滞后，城市带动农村发展的能力还不够强大。实施城市化带动区域发展要有明确的战略目标和重点。一是构建以首位城市为中心的区域城市体系，合理布局空间。二是明确各级城市的功能定位和重点发展方向。旧城旧区的更新改造和新城新区建设各有利弊，要因地、因时、因条件统筹安排。三是以提高城市综合承载力为目标，加快城市公共基础设施建设，为人口聚集和产业发展提供依托。实施城市化带动区域发展要以改革创新为驱动力。一要深化管理体制机制改革，强化公共服务，减少对微观经济行为的行政干预，努力构造良好的商务环境，发挥市场配置资源的决定性作用。二要改革投资融资体制，细划PPP模式，吸引社会资本参与公共设施建设和公共服务供给。三要深化用地制度改革，破解现行土地制度和用地政策对城市化用地的羁绊。四要深化改革人才的管理、引进、使用、激励制度。科技创新的基础在人才，人才充分发挥潜力的条件有二：一为无后顾之忧的生活环境；二为无行政管制束缚的自由空间。

3. **改进区域发展规划编制。**区域发展，规划先行。编制国民经济与社会五年或更长时期的发展规划，已经成为我国地方政府指导组织区域发展的重要工具。我曾有30多年参与区域规划工作，深知提高规划的科学性、发挥其对实践的引导作用始终是一道难题，必须在实践中不断改进和完善。第一，规划是行动的纲领和指南，而不是罗列美好目标的清单，规划期内经过努力也难以达到的美好目标，既不可写入规划，党政领导也不要随意表态、许愿。要突出目标实现条件的分析和可能性、合理性论证，做好项目的轻重缓急、先后排序。经济发展依然在规划中占有基础地位，一切非经济的社会事业发展都要建立在经济发展的基础之上。第二，经济发展不应以区域第一、二、三产业结构比例的高低和升降为目标，而应以充分发挥比较优势，有更高的资源配置效率为目标。要顺应经济全球化趋势，主动参与区域分工，在区域合作交流中获得更好的比较利益。高端新兴战略产业是国家的产业发展方向，但不能克隆为区域产业政策，要视区域具备的相应条件及其能否赢利、能否可持续而定。区域既有的传统产业和所谓的低端产业也不是简单的退出问题，而应以市场需求为导向，加快技术改造，实现转型升级。即使是高消耗、高排放、高污染企业，也不是关闭了之。应针对具体企业对症施策，或就地进行技术装备更新升级，提高资源配置效率，降低污染，达标排放，或主要通过经济杠杆，改变企业成本，促使企业搬迁，并在搬迁中完成技术改造。第三，重在合理布局空间和各类关系的协调。建设特色城市是各地的普遍追求，“千城一面”被广泛用于批评城市规划建设，但没有人能够找出两个“一面”的城市来。其中的原因在于城市的共性与个性的对立统一。城乡基础设施、房屋建筑物等空间上不可移动，或者移动成本极高。区域发展规划首先要合理规划城乡功能分区，明晰城乡边界，按功能分区，以宜居宜业为目标规划建设基础设施；依托城市规划布局产业园区，引导产业向园区集中；适应农业转移人口向城市集中的趋势，完善城市公共服务功能。第四，注重各类关系的协调。区域发展是一个复杂的系统工程，区域的各个组成部分相互依赖又相互制约。协调好区域之间、部门行业之间、企业之间、个体之间的关系，统筹经济、社会、文化、政治发展和生态文明建设，减少内耗形成合力，是区域发展规划的重点内容。

4. **京津冀协同发展的本质是破除省域壁垒。**京津冀协同发展上升为国家战略，有其现实迫切性，也有其历史的必然性。京津冀拥有同一个自然地理单元，同一个资源生态环境和相同的历史文化源渊，三地共属畿辅之地已有700多年历史。60多年前京津大部分郊区还隶属河北，天津曾一度是河北省会。京津辖区较小，陆域被河北“合围”，对河北开了“天窗”。京津是河北的城市，河北是京津的农村。京津冀客观上存在着强烈的相互依赖关系，在经济社会发展、历史文化承传和生态环境保护上本应融为一体，只是因为行政区划和现行管理体制被割裂开来。这种关系类似于国际上的南北关系，类同于国内的城乡关系和省内层次上的地市关系。在计划经济体制时期，我国经济政策方向是农业支援工业，农村为城市提供积累。京津冀区域的资源要素配置首先要服从国家计划，执行中央指令。由于特殊区位，满足京津两大城市发展需要的外部成本首先要由作为农业农村大省的河北来承担。京津二市既然能够通过中央计划满足自身发展需要，也就没有必要和动力去与河北进行相对艰难的平等合作。改革开放以后，计划经济体制逐步退出，但授权经济、审批经济仍在，地方发展权限很大程度上由中央赋予。京津冀虽同为省级行政区，但在政治话语权、争取中央赋权发展上，北京优于天津，天津优于河北。京津二市既然拥有相对优势地位，又有自身发展空间，着力于自身发展也就成为理性选择。只有京津二市在自身发展空间已经不能容纳自身发展体量，授权经济和审批经济效应大幅衰减的今天，二市才有了与河北协同发展的内在动力。这是京津冀协同发展从提出理念经过20多年才付诸行动的体制根源，也是京津冀协同发展的现实迫切性所在。针对京津冀区域发展面临的主要障碍，京津冀协同发展的本质是破除省际体制壁垒，最终目标是协调区域发展，实现2+1>3效果；近期目标是疏解北京非首都核心功能，在京津二市继续转型发展的同时，加快河北发展，缩小与二市过大的差距。基本路径是建立健全经济要素跨区域自由流动的体制机制，基本原则和出发点是互利合作共赢。为此必须深化改革行政管理体制，减少审批和对微观经营活动的行政干预，发挥市场配置资源的决定性作用，同时规范有形的行政之手，界定政府权力的边界，发挥好政府在区域发展中的协调作用。

第三编　城市化建设：节约资源保护环境的重心

我国经济的持续发展，面临的资源环境约束趋紧，节约资源、保护环境在决策中占有越来越高的权重。城市是提高资源效率、治理污染的重心。与在城市化实践上不乏自信，但在认识上缺少自觉不同，国内学术界和媒体对环境保护不乏认识上的自觉，但在实践上似乎少了些自信。我对破除中国发展进程中资源与环境困境的思维基点可以概括为以下几点。

1. **资源和环境保护是人类社会发展的永恒主题。**任何人类生存和发展都要以一定的资源消耗和相应“三废”排放为前提。而且在技术水平既定的条件下，这种消耗和排放强度与人口数量和发展水平呈正相关关系。当“三废”排放强度超出自然净化能力（环境容量）的时候，必然造成污染。从这种意义上说，污染可能是发展必须支付的成本。治理污染是把污染的危害控制在可以接受的限度内问题，本质是求得发展与环境容量的平衡。我国环境质量问题严峻有自然的和历史的原因，也有发展阶段和人为的技术体制原因。自然地理、资源禀赋、人地关系要通过顺应适应自然、趋利避害、因势利导去解决，发展阶段的原因是缩短过程、减少成本的问题，人为的原因才是调整、转型、改革、创新问题。

2. **解决我国资源环境问题要长期坚持不懈**。我国虽有部分行业产能过剩问题，但重化工业阶段还没有过去，大规模的现代化基础设施建设还将持续一个较长时期。靠外贸进口解决不了13亿人口实现现代化对重化工业产品的基本需求。我国人口基数大，整体发展水平低，未来发展要努力节约集约利用资源，提高资源效率，减少排放强度，但资源消耗总量仍将难以降下来。我国治理污染任重道远，既面临多难选择，又要长期坚持不懈。实现发展与排放脱钩可能还要经过几十年。治理污染、保护环境、提升生态功能关系人民健康和可持续发展，必须高度重视，提高决策权重。但治污与环保又不能一票否决，而应在“五位一体”的总体布局中统筹安排。目标过高、标准过严、要求过急，虽然占据着道德高地，有利于鼓舞士气，形成治污环保的社会压力，但脱离实际，成本高昂，成功的概率极小，也会打击士气，进而贻误治污和环保的顺利推进。

3. **节能减排的关键在技术进步**。由于国家不断持续强化的政策导向，当前我国治污和环保不乏高度的自觉，但似乎少了一些应有的自信。所谓自信就是正确评估我国以往几十年来治污环保成就和存在的失误，而不是对以往成就视而不见，过度夸大问题的严重性；就是要相信人类社会能够解决自身发展中的资源环境问题，中国的资源环境问题只能靠中国自身努力在发展中解决。中国是一个大国，各地资源环境问题差异大，环境保护和污染治理要因地因时、因条件制宜，对症施策，组合施策，注重实际效果；态度要积极，但要讲条件，进行成本与收益的全面评价。中国资源和环境中心问题是节约减排，主体是用高效的设备、装备、工艺、技术改造既有产业，实现产业的转型升级。而支撑节约减排的是技术进步。科技进步的基础在教育、在技术的创新和体制机制的创新。

4. **城市是节约资源保护环境的主体。**我国的城市化高歌猛进，“城市病”也凸显严重危害。城市人口和产业高度大规模聚集，必然有资源的大规模集中消耗和“三废”的大规模集中排放。这种大规模集中排放的污染物必然快速、强度突破城市空间的自然净化能力，形成环境公害。但把城市效益与城市环境公害联系起来看，无疑是城市收益大于城市环境公害。从因果关系上看，城市公害又是取得城市效益必须支付的成本，关键是如何以较小的环境公害换取更大的城市效益。从发展过程来看，城市“三废”大规模集中排放在加剧了城市环境公害的同时，又为城市环境公害的集中化、规模化治理提供了有利条件。依托于城市进行集中化规模化的公害治理更有效率、更具可持续性。依托于城市的循环经济、综合利用资源更有生命力，依托于城市的工业化、产业集群化更有资源效率和环境效益。城市不仅是人们生产生活的主要载体，而且是节约资源、保护生态环境的主体。享受同等生活水平，在城市消费比在农村更节约。关闭和转移高消耗、高排放、高污染企业，优化产业结构是中心城市治理污染、保护环境的首选。但一个企业是否应被关闭不取决于是否“三高”，而取决于其产品（服务）是否有真实的市场需求。有真实的市场需求，又没有经济性的替代品是此处关闭、彼处生产问题，即产业、企业转移。企业转移即排放污染的转移，企业转移改变了排放地域，并没有减少污染对地球的整体危害，只有伴随技术进步的企业转移才是可取的。城市用地集约有利于减少城市建设成本，提高城市运行效率，但也将加大城市空间的稀缺和环境质量压力。提高城市规划水平，把自然山水融入城市之中，生活在城市，记得住乡愁，令人向往，但城市毕竟是人工产物，还要进行成本与收益的评估。合理布局产业和功能分区，增加绿地空间，建设城市绿化隔离带和空气流通廊道，等等，有利于提高城市环境质量，但也将增加城市用地和城市建设与运行成本。这里没有是与非、对与错，关键是一个“合理度”的把握。

5. **我国应对气候变化要有定力。**应对气候变化越来越成为一个重大国际性课题，作为负责任的大国，我国必须为此作出应有的贡献，但应对气候变化更多的是一个国际政治博弈问题。其一，相对于几十亿年的地球演化，几十万年的人类发展史只是一瞬间，人类对全球气候变化的原因、影响、未来走势还有诸多未知，人类的知识还是不足以对地球、太阳系、宇宙的演化规律及其对地球生态圈的影响作出准确的判断。太阳光照地球表面的角度可以使极地和赤道温度相差数十摄氏度，太阳是否光照地球表面可以使地球同一地点昼夜温度相差十几摄氏度，说明人类活动对地球温度的影响微不足道。把当前的地球变暖归结于人类活动依据并不确定，可能是另一种形式的“人定胜天”。其二，不同的国家地理区位不同，面对的社会经济发展的主要矛盾不同，对应对气候变化有着不同的诉求，对应对气候变化应负的责任也有不同的认同。发达国家以其先发优势和科技资金优势占据着应对气候变化的道德高地，掌控着应对气候变化的理论、理念、标准、策略的话语权，但又不愿承担起与其碳排放量相对应的历史责任。作为发展中大国，我国采取应对气候变化引领战略风险极大。其三，应对气候变化与治理空气污染有交集，但并不完全等同，必须区别施策。治理空气污染关系人们的健康，具有极端的紧迫性和现实性，但多为区域性环境保护问题。应对气候变化主要是减少二氧化碳排放问题，是全球性问题，要在国际政治经济博弈的视野中寻求对策。

第四编　城市化的先导：土地与房地产开发

土地是城市化的物质载体，房地产是城市化的先导产业。房地产与土地不可分割。我国住房体制市场化改革以来的十多年，房地产作为经济社会发展的热点和焦点持续不衰。我对土地和房地产的研究是从城市发展视角切入的。本编选录了我的《牛眼看房产》一书 2012 年出版以后撰写的 17 篇文章和演讲稿，对土地和房地产重大政策和热点问题提出了自己的看法。观点有所深化，但没有根本变化。

1. **经济性不是土地配置评价的唯一标准。**土地制度是基本的经济制度，土地制度对我国房地产市场走势和宏观调控具有重要影响。土地的特性和功能决定了经济性不是评价土地资源配置的唯一标准。土地是重要的经济要素，但又不是一般经济要素，也不仅仅是经济要素。土地的空间位置具有不可移动性，数量有限，不可人为地增加；同一块土地可以有多种用途，用途可以人为地改变，但满足某种特定用途的土地总是稀缺的；区位决定土地价值，投资可以改变土地的区位；城市土地升值是社会资本凝聚积淀的结果，与土地使用者的努力几乎没有关系，城市土地级差收益应该归社会所有。土地是自然资源，是财富之母，一切社会生产生活都要依赖于土地；在市场经济制度下，土地是资产、资本，是生产要素，在社会主义市场经济体制下，土地是宏观调控和实现社会再分配的介质；在当代中国，土地还是国家粮食安全和生态安全的基础保障，是平衡城乡公共服务差异的重要手段。忽视土地的特性和多种功能，囿于土地经济效率的提高，不是正确的方向。拓宽视野，立足于土地特性和土地综合功能的充分发挥，才会有正确选择。

2. **房地产业的性质与地位是客观存在，不以人们主观愿望和经济发展形势的变化为转移。**十多年来房地产业一直被某些学者和媒体视为异己，至今仍余音绕梁。实际上，房地产业既非经济过热的罪魁祸首，也不是治理经济下行的唯一灵丹妙药，它只是国民经济体系中的重要一员。

房地产业的主产品是各种物质形态的房屋建筑物，是满足居住需求和工商业活动场所的物质基础，是城市化建设的先导型产业。把房地产视为虚拟产业，与实体经济对立起来，在理论上和实践上都说不通。房地产业是否被中央文件和学界赋予基础产业地位无关紧要，但房地产业是关联上下游数十个行业的节点产业不可否认。房地产发展为钢铁、水泥等上游行业提供市场需求，中游关系数千万建筑工人就业，下游为家电、家装、家具开拓需求空间，为小区服务业发展奠定前提条件。房地产开发建设属于固定资产投资，一旦开工建设务须完成，否则将形成资金沉淀，造成巨额亏损，而不能像股市那样实现资金的快速转移。把房市等同于股市，至少在中国现阶段不能获得预期效果。房地产从拿地、规划设计到完成建设，满足社会需求，一般要经过2—3年的周期，相对于宏观经济形势的变化往往滞后，对宏观政策作出反应往往有一个滞后期，所以把房地产调控作为宏观调控的应急工具往往难以奏效。这是我国十多年来房地产政策越密集出台，与预期效果越远的原因所在。我国现阶段房地产开发的主体是住宅建设，购房的主体是自住型需求。购房是一次性支付，多年消费，按现行统计制度不计入消费。若把购房支出转化为住房租金，则我国的消费率将上升6—8个百分点。所以房地产作为优化结构、扩大内需、推进城市化、改善民生的重要节点和平台，在以防过热为主旋律的宏观调控背景下被抑制被贬低，实践证明是有害的。房地产开发要占用大量的土地和资金，是土地资金密集行业，在经济下行压力加大的背景下，以行政手段救市、托市，矫枉过正，再度扭曲供求关系，对房地产寄予过高的希望，同样难以取得预期效果。基于房地产业的地位和行业特点，淡出房地产业不应承担过多的经济社会功能，赋予房地产行业以“国民待遇”应是房地产行业政策顶层设计的基点。

3. **价格上涨是我国房地产市场总体趋势。**房价的变动与我国经济社会发展具有高度关联性，也具有高度的社会政治上的敏感性。十几年来我国房价大幅度上涨有其客观原因，也有主观原因。其一是开发建设成本上升的推动。物价上涨和货币的贬值、土地和资金成本的上涨、人力资本和原材料成本上升的不可逆，推动房地产开发成本上涨。其二是人民收入水平和居住需求水平提高，住房市场需求强劲。城市化进程中的基本住房的需求，居民生活水平提高的改善性居住需求以及城市更新改造对住房的被动性需求相叠加，市场需求强劲，推动价格上涨。价格上升引导有效供给增加，是达到新的供求平衡的基本动力。其三是制度设置提高了购房价格。土地出让金70年一次性征收，房地产用地招标配建各种基础设施和保障房，房地产开发销售过程中各环节征收税费等制度设置提高了房地产经营成本。购房高价，居住低价，是我国现阶段特殊的制度安排。其四是政策的逆向推动。政府的政策调控目标是控制房价过快上涨，实现房价的合理回归，本应增加有效供给，但又为抑制经济过热，关紧两个“闸门”，限制房地产用地和信贷资金供给，减少房地产有效供给，等于政策效力内部相互抵消。其五是舆论推波助澜。房价的涨涨落落本是市场配置房地产资源的基本形式。价格上涨，表明市场供不应求，要求增加有效供给，客观上也抑制需求；价格下降，表明市场供大于求，要求减少投资建设，客观上也刺激需求。房价下降乃购房者所愿，房价上升开发商欢迎，本可以通过市场博弈达到均衡，但由于“房价关系民生”主导了舆论，又使“控制房价过快上涨”的政策出台似乎有了强大民意基础，强化了居民购房预期，加剧了供求矛盾。其六是理论的误导。房地产泡沫在中国风靡了十多年，目前仍有市场。房地产泡沫生成的条件是：①房地产高度资本化和高流动性；②虚拟经济的恶性膨胀；③过度的社会投机；④宏观政策的失误，特别是货币金融政策的严重失误；⑤市场信心的丧失。客观冷静分析，由于我国的社会主义市场经济体制，仍在进行中的城市化、工业化发展阶段和大国经济特征，上述条件没有一条是完全具备的，更不要说是全部具备了。房价快速上涨是房地产泡沫的主要表现，但我国住房体制改革后的房价快速上涨更多的是市场形成价格的开始和真实房价的发现过程。我国至今还没有完成市场形成房地产价格的体制机制建设，所谓的“房价合理回归”回归到何处也是一个模糊的主观愿望，我国哪一年房价是合理的，也没有人能作出结论。

4. **房地产调控政策要与市场规律相吻合。**房地产年投资近10万亿元人民币，是第一大内需；房地产价格变化关系亿万人民的切身利益，从来是社会关注的热点。房地产不存在要不要进行调控的问题，关键是如何调控，调控对象、范围、边界、时机、方式方法、力度节奏的把握问题。在房地产调控上，顶层政策设计首先应明确划分房地产行业调控、房地产市场的调控和住房政策调整的不同目标。房地产行业调控，一要使房地产行业在国家财政金融货币政策环境中平等地配置资源，在国民经济发展中发挥应用作用。二要从行业特点和客观地位出发，适应宏观经济发展的新常态，以体制改革和技术创新为驱动力，推进企业转型升级和行业的健康稳定发展。三要以增加房屋的有效供给为主要目的，加快经营体制和经营组织形式的创新，加快技术进步，建造更多更好更高性价比的房屋，满足社会多样化的需求。房地产的市场调控要逐步淡化以抑制房价过快上涨为主的政策目标，着力于项目空间布局的合理性，市场交易秩序的合理合法与规范，产品（服务）质量和售后服务的监管。限购、限价、限贷，90平方米以下套型占商品房建设的70%以上等政策规定，是对市场关系的扭曲；以公共财力奖励、补贴房屋交易，是对市场关系的另一种行政扭曲。住房政策要坚定住房制度市场化改革的方向，少数低收入群体通过保障房满足基本住房需求，多数人通过市场满足改善性住房需求，中间夹心层通过金融信贷支持解决住房问题。住房政策要着重社会公平，也要从国家公共财力支持能力出发，提高使用效率。泛化保障住房范围，过度扩大公有保障住房规模，推行住房双轨制，不仅模糊了住房保障的本来意义，而且有公共财力公平配置和新的社会不公问题；不仅是对住房制度市场化改革的腰斩，而且有扩大腐败、以权谋私的空间之虞。房地产是区域性市场，地方政府对市场信息的把握一般比中央政府更充分。我国各地房地产市场变化千差万别，面对的主要矛盾和约束条件也极不相同。中央政府对房地产的调控应减少指令性，增强弹性和地区差异性，赋予地方政府更多的调控自主决策权，方能取得更好的调控效果。房地产生产周期较长，相对于政策的出台，市场作出响应总有一个滞后期。房地产市场时时刻刻都在发生变化，在对房地产市场变化的把握上，开发商一般比政府更关注、更有责任心，应对市场的变化也更有积极性和主动性。所以，不仅期望房地产政策发挥宏观调控的应急工具作用不可能有效，房地产政策密集出台同样与房地产业的特点相悖。政策密集出台等于政策多变，等于现有政策尚未发挥效力，又被新的政策所取代，放言还有更严厉的政策出台则等于宣告现行政策也不可靠。这种政策多变只能加剧市场预期的波动，降低政策的权威和可信度。

5. **以创新破解房地产用地困局。**土地是房地产开发的基础要素。城市居住用地约占城市用地的1/3—1/4。我国每年房地产开发购地面积在数百平方千米左右。这种土地利用结构的大变动是社会利益结构重塑的重要平台。房地产用地的征地补偿与出让价格的巨额差异，地价与房价的密切关联，政策的导向和具体操作环节的失当，理论上众说纷纭和舆论上的推波助澜，往往使房地产用地成为社会矛盾的焦点和社会群体性事件的引爆点。房地产开发用地直接涉及地方政府、征地拆迁户、开发商、房屋购买者的利益分配，间接地关系到城乡居民整体利益的调整。不同的群体对此有着相互矛盾的利益诉求，关键是房地产开发用地升值的利益分配。其中征地拆迁户要求有较高的补偿，开发商要求有相应的投资回报，购房者要求房价便宜，都是理性的。地方政府要求有较高的土地出让金和税费收入（土地财政），用于公共基础设施建设和城乡公共服务转移支付，代表的是城乡居民长远的整体利益。一方面，在房地产开发收益既定的条件下，开发商投资回报、征地拆迁户补偿和土地财政收入的提高意味着房地产开发成本的上升，开发成本上升最终要由高房价来埋单。另一方面，在房地产开发成本既定的条件下，开发商收益、征地拆迁补偿和土地财政收入之间又是此消彼长的关系。这是一个相互依存、一损俱损、一荣俱荣的利益链，开发不成，都是输家，而没有赢家，开发成功才有下一步的收益再分配。破解房地产用地困局关键在用地政策的调整和政府组织协调好各方利益关系，基础在深化用地制度改革。首先，在思想上应该明确，城市土地属于国有，城市土地级差收益归社会，以土地财政进行社会再分配合理合法。土地财政是改进、完善、用好、用活问题，取消土地财政要以有可供替代的财政来源为前提。土地财政有寅吃卯粮的一面，也有卯事寅做一面。寅吃卯粮不可持续，但卯事寅做是一种代际承传。土地出让金70年一次性征收不仅有推高房价之弊，也有集中公共财力、加快城市现代建设之利。地王是土地财政的一种表现，支撑地王的是地块的稀缺和地块开发的高回报，隐藏于地王背后的还有以各种形式配建为名的公共支付的转嫁。以“面粉比面包贵”的比喻批判地王推升周边房价并不全面。因为今天的房价对应的是过去的地价，今天的地价对应的以后的房价，而今天面粉（地价）做出的可能是更好的面包，也可能是更高级的点心。其次，完善房地产开发用地收益分配机制。城市是人口大规模高度聚集，个体行为的相互依赖性强，相互关联度高。城市更新建设涉及的利益关系错综复杂，不仅要强调产权、人权，保护个人、群体的特殊利益，而且要倡导集体主义，提倡局部的近期利益服从全局的长远利益。在市域内要统一征地拆迁补偿标准，土地出让拍卖价格不应是征地拆迁补偿的依据。鼓励勤劳致富共富，反对不劳而获，允许资本赢利致富，依法抑制凭借占有自然资源致富是社会主义基本分配原则。征地拆迁不是对住房产权的剥夺，而是住房产权空间位置的置换。土地产权、住房产权是要求合理补偿的依据，但不是要求过高补偿标准的理由。过高的补偿标准，是新的社会不公平，突然降临的巨额补偿还会扭曲被补偿者的心理，造成一系列社会问题。购房者买房支付了高房价，作出了较多的财政贡献，但也获得了住房的低成本持有。最后，统一各类城市用地价格。工业用地低价、公益用地零价最终都要由商住用地高价进行平衡，不仅扭曲了各产业部门的真实成本和效率，而且不利于工业和公益事业建设成本核算，增大了政府调节各方关系的难度。

6. **警惕农村集体经营性建设用地入市关联效应。**党的十八届三中全会通过的《中共中央关于全面深化改革若干重大问题的决定》提出，在符合规划和用途管制的前提下，允许农村集体经营性建设用地，实行与国有土地同等入市、同权同价。这是我国城乡用地制度的创新，有助于打破国家垄断城市建设用地供应，形成多元供地主体，应视为完善社会主义市场经济体制的一项安排；进而促进土地市场竞争，或可降低地价，增加农民收益，缩小城乡差距。但应该看到，政策允许入市的既不是全部农村土地，也不是全部农村建设用地，而是把占农村集体建设用地大头的农村宅基地排除在外的经营性建设用地。这类经营性建设用地估计不超过农村建设用地的10%，而且只有城镇近郊地区才有入市变现的可能。若入市试点选在城市规划区以外区域进行，可以大胆预言，农村集体经营性建设用地入市对城市土地市场不会产生多大影响。即使如此，农村集体经营性建设用地入市所引发的关联效应也不可不予以高度关注和警惕。其一，远郊农村的经营性建设用地极少有入市成交的可能，要公平分享城市发展成果，还须作出相应的制度安排。否则将造成农村地区之间新的不公平。其二，近郊农村经营性建设用地入市成交后，土地的巨额收益将对社区心理产生剧烈冲击。面对家庭结构发生的变化，如何确认集体成员资格，公平分配经营性土地收益是一道难题。留作集体资产进行经营又将面临村干部经营管理水平和道德约束等多重风险。其三，近郊征地拆迁补偿标准过高，形成城乡居民利益倒挂，将抑制农村居民转为市民的意愿。农村经营性建设用地入市，将加剧这一趋势，成为新的城市化阻力。其四，农村集体经营性建设用地入市成为城市用地后，若属国有，仅是城市用地征用程序的改变，若仍属集体所有，将形成城市土地国有和集体所有二元所有制。农村集体经济的基础是土地，对应的是相对稳定的社区成员，经营性建设用地入市后将融入城市经济社会发展，对应的是高频率的流动人口和结构复杂易变的城市经济。在农民工市民化仍是一大难题的情况下，城市社会又出现了市民、农民工、拥有土地产权居民的社会三元结构。由此对城市规划建设与和谐社会构建带来新的不确定性。其五，农村集体经营性建设用地与小产权房有密切联系。农村集体经营性建设用地入市将对小产权房转正形成社会压力。其六，近郊农村集体经营性建设用地入市对于满足合理的城市用地只是杯水车薪。远郊农村因人口进城建设用地大量闲置，而近郊农村土地转变为城市用地不可避免。实现远郊农村建设用地复垦与近郊农业用地顺畅置换，不仅关系耕地红线保护，而且关系到远郊农业转移人口市民化的顺利推进。城乡一体化发展已成共识，但城乡分割的二元制度与城乡一体化发展相悖。破解之道是在宪法层面上改革土地制度，变农村土地集体所有为城乡统一的土地共有（国有或全民所有）制，城乡实行统一的所有权与经营权分离，农民家庭对农业用地实行永佃制，而不是农村土地私有化。土地共有制与国家的基本经济制度和城市土地国有制高度一致，与农村土地集体所有和农业用地家庭承包制高度吻合，基本不变动现有土地利益格局，因而较少社会经济震荡。实际上，两千多年来我国从来就不曾有过真正意义上土地私有制。普天之下莫非王土。封建王朝以皇粮国税行使对土地的所有权，农民只是皇家的佃户，地主也不过是王朝土地的代理人。

7. **去库存的本质是解决房地产供求区域性错位问题。**3年前聂梅生等业内人士就曾呼吁房地产去库存。2015年年底中央经济工作会议后，去库存成为房地产调控的主流方向。中央把房地产去库存列为供给侧结构性改革的五大任务之一，目的在于通过解决供求区域性错位，促进房地产业健康发展，体现了房地产业在国民经济发展中的重要地位和作用。但房地产受到政策的特殊关注又隐育着再度受到政策抽紧的可能。由此可以推想，房地产业要获得既不受歧视、又不被溺爱的国民待遇还需要一个时期。而夸大房地产库存量，矫枉过正式的过度行政干预、蜂拥出台去库存优惠政策措施，将消解去库存政策的正效应，引发一系列不良后果。首先，库存底数众说纷纭，影响去库存决策。国家统计局数据为7亿多平方米，去化期为8个月左右，不具实际政策意义。一些人把在建面积和规划面积计入，得出去化期5年或者10年以上的结论，属概念错误，将误导政策。杨红旭等人把尚未出售的现房和已经批准预售而未售出的在建面积共22.9亿平方米作为库存量，计算出去化期约为2年，可能比较接近实际。其次，房地产库存过高，行业风险增大，低库存、零库存一直是开发商的理想，但适量库存扩大了购房者选择空间，有利于稳定房价，也是房地产市场充分竞争的条件。房屋是几十年的耐用品，建设周期较长，合理的库存与适度的去化期相匹配，才有稳定的市场供求关系。适度的去化期取决于市场销量，市场销售又受多种社会经济因素影响，处于不断变化之中。库存量和去化期要因具体条件而定。房地产库存与金融安全有较强的关联性，但中国金融安全风险主要来自于金融机构内部治理结构。我国房地产信贷大多属优质资产，年末贷款余额只占金融机构年末贷款余额的22%，故金融界大佬屡有申明：我国房地产金融风险可控。再次，我国房地产市场区域分化严重。一些三、四线城市去库存“压力山大”，而一线和某些热点二线城市主要任务则是增加有效供给，满足市场需求问题。去库存的本质是解决市场供求区域性错位问题。在总体态势上，我国房地产社会存量不足、质量不高仍是主要矛盾方面，面对的是增加存量、改造提升存量质量的双重历史任务。既要完善住房保障体系建设，加快危旧房、棚户区、“城中村”改造，补齐短板，又要增加高品质商品房有效供给，包括适应经济发展的新常态，放开别墅和豪宅建设的限制，以满足多样化的社会需求，为稳增长、调结构、惠民生作出应有贡献。最后，房地产去库存的基本途径是减少供给和加快销售，要求政府和开发商协同动作。减少供给先要减少房地产投资，但应由市场预期而定，由政府决定既与稳增长宏观目标相左，于满足市场需求亦等于釜底抽薪，作为政策选项应慎之又慎。二是停止供地。在去化期内停止供地似有决策简单化、以行政之手再度扭曲市场之嫌。加快销售的方法，一是开发商优惠销售；二是政策鼓励购房。是否降价销售、降价多少、何时降价以及对购房提供何种优惠是开发商权衡利弊得失后的自主决策，政府强制干预是越俎代庖。政府以各种购房补贴、税费减免等鼓励购房，与公共财力收支平衡和调整密切联系，要以不造成新的社会不公为必要考量。所以，房地产去库存首先是取消已经过时的各类限购、限价、限贷政策，还市场以本来的面目，是松绑而不是救市。以行政手段再度扭曲市场关系，无论是以优惠刺激购房，还是限制购房、抑制投资均不是正确选项。

第五编　城市化的支撑：宏观经济与产业发展

城市化是经济和产业发展的结果，经济和产业的发展为城市化提供支撑。我国经济发展进入新常态，新型城市化仍将继续。城市在国民经济中的主体地位没有变，以城市化推进经济发展策略也不能变。本编选择的10篇文章代表了我对宏观经济和产业发展的几点基本看法。

1. **新常态要有新思维**。新常态是指我国经济发展出现了新态势，面临着新环境，迎来了一个新的时期。以增长速度的换挡期、结构调整的阵痛期、刺激政策的消化期“三期叠加”解释新常态并不准确。因为换挡、阵痛、消化等用语均有“短暂”内涵，与“常态”内涵并不匹配。比较准确的表述应是，增量持续扩大的适度增长期，科技创新躯动的结构持续优化期，深度体制改革推进的增长潜力持续释放期。在新常态下经济适度增长，但增长的效率和效益提高，新业态、新产品、新服务、新需求层出不穷，新的经营方式和组织形式不断涌现，创新、创业、创客队伍的持续扩大。在新常态下，对GDP增速要有新认识。GDP是国民经济核算的工具，用于核算国民经济发展速度和规模有效，但不能准确反映国民经济的质量和效益。GDP挂帅是人们认识出现的偏差，不能归咎于GDP本身。增速是增量与存量之比，同等增量，存量越大增速越低，存量越小增速越高。国民经济发展速度是增量与基期存量之比，是国民经济发展的结果，作为发展规划目标只能是预测性的，从来不应成为必须达到的硬约束。随着我国经济总体规模的扩大，增速减下来是一种正常现象，不必作出过度反应。还应该看到，我国经济在增速下降的同时，增量仍在持续扩大。在新常态下，对我国经济未来发展前景要有新的认识。一是尽管国内外经济形势和发展环境发生了新变化，但我国经济发展的基本面没有根本改变。14亿人口全面建成小康、实现现代化的国内市场需求依然存在，内部调整空间大，抵御外部冲击的弹性也大。二是我国仍处于并将长期处于社会主义初级阶段，建成现代化还需艰苦努力几十年。经过30多年的改革发展，我国已经成长世界第二大经济体，但人均还排在世界第80位左右。我国即使年均增速达6%—7%，美国增速1%—2%，2030年我国人均GDP也只及美国的1/3左右，发展是硬道理要坚定不移。三是转变增长方式，优化结构将伴随经济发展始终。我国的转方式、调结构已经进行了20年，目前仍在继续。实际上只要有科技进步，结构调整、发展方式转变就不会停止。调结构、转方式将伴随经济发展全过程。四是在新常态下，我国经济宏观调控要有新的思路。以防过热、防过剩为主基调的宏观调控持续多年，与着力解决我国社会主义初级阶段主要矛盾的战略要求并不合拍。应该说这种调控的惯性与后金融危机时代国际经济形势变化形成“共振”，是我国当前下行压力增大的一个推手。实际上，把一两万亿增量、10%以上增速判断为过热，而把3万—4万亿增量、6%—7%增速称为过冷，始终值得商榷。在新常态下以稳增长、调结构、惠民生、防风险为宏观调控主导方向也就成为必然。

2. **投资仍应是宏观调控的着力点**。在拉动经济增长“三驾马车”中，投资与消费同属内需，在逻辑上与外需相对应。我国宏观调控既有扩大内需、以补外需乏力之论，又把增加消费，抑制投资，降低投资率作为结构调整方向，效果如何，仁者见仁。投资与消费是对立的统一。在一国一定时期所创造的既定财富中，消费、投资、外汇储备占比是此消彼长的关系，这种占比会因国情和发展阶段的不同而有不同。投资是为了明天更好地消费，外汇储备是暂时借给外国的消费，以发达国家为参照判别我国的投资率高低不具可比性。投资和外汇储备都是年度创造财富的积累，从经济发展的一个长期过程来看，消费与投资和外汇储备的目的是一致的。我国作为发展中大国，底子薄，人均占有的社会物质财富少，积累能力弱是发展的主要障碍。持续强化公共基础设施投资，满足经济社会发展和生态文明建设的需要；持续做好消费品扩大再生产投资，满足人民消费结构升级的需要；持续扩大教育、科技、文化、卫生、体育、健康、旅游业投资，满足广大居民发展的需要，既为新常态下稳增长、惠民生所必需，又为全面建成小康社会和实现现代化奠定物质基础。但若把以投资稳定增长，把投资转换为拉动消费落到实处，还须着力于适合的投资领域、投资行业的选择和投资效率的提升，特别是补齐短板的投资和优化提升存量的投资。产能过剩的根源不在投资率的高低，而在于选错了投资方向、产业、产品、生产地点和操盘手，供给侧结构性改革的重点是投资结构的调整和投资管理体制的深化改革。而投资的重点区域在城市，城市化进程要靠投资来支撑。

3. **以城市化推进“四化”的协调发展。**“四化”（即工业化、城市化、农业现代化、信息化，下同）同步是美好的愿望，但在内在逻辑关系上又只能是协调发展。先看城市化与工业化的关系。传统理论认为，工业化是城市化的动力，工业化在前，城市化在后。但城市的历史远比工业化久远，城市化的动力也不仅仅是工业化，交通、商贸、文化、教育、研发、旅游等服务业的发展同样推动城市发展。人们为了生活得更美好进入城市、建设城市，是城市化的根本动力。一方面，工业企业的发展和空间聚集催生城市、助推城市发展；另一方面，依托于城市化的工业化更有效率，更符合工业企业聚集发展规律。所以工业化和城市化良性互动最为理想。再看农业现代化与工业化和城市化的关系。我国长期的粮食供给紧约束，使国人对农业现代化有一种特殊的情结。农业现代化的主要标志是用现代化技术装备农业，完善的农业社会服务体系和有效率的经营组织，较高的土地产出率和劳动生产率，较强的农产品供给和生态环境安全保障。工业化为农业现代化提供现代化技术装备和物质基础，城市化为农业现代化提供产品市场和剩余劳动力就业岗位。超越于工业化、城市化的农业现代化没有实现的可能和必要。最后看信息化与工业化、城市化、农业现代化的关系。信息化是科学技术创新的产物。现代信息技术的普及与广泛应用的信息化，将深刻改变经济社会生活方式，标志着经济社会发展进入了新阶段。用现代信息技术装备工业，是工业化的升级，用现代信息技术装备农业可以大幅度提高农业现代化水平。应用现代信息技术管理城市、治理城市是智慧城市建设。城市是现代信息技术进步的策源地、工业化的依托和农业现代化结果的承接者。“四化”交汇于城市、“四化”的节点在城市，以城市化推进“四化”协调发展应当能够成立。

4. **城乡一体化发展的基础在城市化。**统筹城乡发展、城乡一体化发展不存在争论，但对具体内涵的理解和具体路径选择又多有争议。在我看来，作为两个相互对应的不同类型的分工区域，城乡发展是对立的统一。城乡一体化发展的目标是缩小过大的城乡差距，而不可能消除城乡的差异。城市以非农业为主，农村以农业为主，只要这种地域分工不变，城乡产业结构、职业结构的差异性就将存在，城乡一体化能够改变的是城乡的二元体制和二元制度。城乡一体化发展的实质是协调城乡发展，而不是以农村为重点的发展，加快农村发展也不是削弱城市的发展。以城带乡的发展前提是城市的强大，城市的率先发展。农村要素向城市集聚，提高了社会要素整体配置效率，对农村发展的负面影响是暂时的局部的，正面影响则是长久的全面的。大规模的青壮农村居民进城务工经商，降低了农业劳动力的平均素质，但不影响农业劳动力的有效供给。由于技术装备的进步，农业劳动强度大大减轻，为妇女、老人胜任农业生产需要提供了可能。这是社会劳动力的优化配置，也是家庭劳动力的合理组合。城乡一体化发展的实质是破除对农村居民身份事实上的歧视，城乡居民拥有平等的共和国公民权，公平分享城市发展成果。城乡一体化发展的关键是变革城乡分割的二元户籍制度和土地制度，赋予农村居民以迁居城市的自主选择权，视已经进城的农村居民为平等的市民，并逐步实现城乡基本公共服务的相对均等化。

5. **破解“三农”问题的钥匙在城市。**第一，农业、农村、农民（“三农”）问题是我国经济社会发展的难点，难中之难在于农民增收，而农民增收难的根源在于农民群体的庞大。要富裕农民，必须减少农民，只有减少农民，才能有农业的适度规模化经营和农业劳动生产率的提高，才会有农业的现代化。而减少农民的基本途径是城市化。一个多数人口从事农业生产的大国要实现现代化是不可想象的。第二，在我国制度和政策设计上，一直把与土地有联系的农村居民统统视为农民，引发诸多

“三农”政策上的混乱。在严格意义上，农民是职业阶层的概念，拥有土地且从事农业生产劳动、依农业谋生的才是农民，自有土地达到较大规模、农产品量较大的是农场主。拥有土地，而不从事农业生产，靠地租为生的是地主；有地租补充家计的是小土地出租者。没有土地，但从事农业劳动、领取劳动工资的是农业工人，租用他人土地从事农业生产劳动的是佃农。雇工从事农业企业经营的是农业企业家。厘清农民的概念，“三农”政策才能精准发力。第三，农业是国民经济的基础，但农业不具有物质财富的代际积累和传承功能。农业发展滞后，威胁国计民生的稳定发展，农业发展过度超前，既无可能，也会错配资源。14亿人的饭碗要端在自己手里，但又不应囿于农业自给自足。积极参与国际分工，通过两种资源、两个市场，在世界范围内优化农业资源配置，为工业化、城市化提供更大的发展空间应是我国重要选项。第四，以工补农有利于改变农业比较收益偏低的格局，稳定农业发展，但长期依靠补贴的农业不可持续，不仅扭曲农业与其他产业之间的正常关系，社会成本极高，而且有碍于提升农业竞争力。逐步理顺农产品价格体系，优质优价，是食品安全、农业持续发展的重要保证。第五，消灭贫困人口是建设全面小康社会的硬指标。贫困地区多与自然资源贫乏、生态环境恶劣相伴相随。治本之策是实施异地扶贫，减少贫困地区人口压力。建设美丽中国，在生态脆弱和敏感地区实施退耕还林还草，必须与退人相结合，实施生态移民才是可持续的。异地扶贫、生态移民的最佳迁入地是城镇，而不是农村。与城市化统筹安排的异地扶贫和生态移民才更有成效、更可持续。

以上是我对本书主要观点的简要叙述，欢迎争鸣和讨论，更期待批评。

2016年8月于北京

目录
Contents

第一编　城市化进程：现代化的必由之路

第二编　城市化发展：区域发展的引擎

第一编

城市化进程:现代化的必由之路

城市拆迁利益博弈与和谐拆迁构建

（2012年6月30日）

城市拆迁是当前诸多群体性事件的焦点和社会争论的热点，又是为城市化和城市现代化进程提供基础条件而必须完成的一项重要工作。正确认识城市拆迁，处理好城市拆迁中各种矛盾和利益关系，是对地方政府执政能力和执政智慧的考验，也为顺利推进现代化建设不可或缺。

一、城市拆迁是我国现代化建设的必要条件

我国现代化建设进程中面临的“三农”问题、节能减排、保护环境、转变发展方式、扩大内需、改善民生、创新推动等一系列重大问题无一不与城市化、城市现代化建设息息相关。城市化和城市现代化建设是我国低成本实现现代化的必由之路。土地是城市化、城市现代化建设须臾不可离开的物质载体，而满足城市用地需要是顺利推进城市化、城市现代化建设的前提条件。目前我国655个建制市城市建设用地4万多平方千米，全国城市（镇）建设用地不足5万平方千米，容纳了5亿人口。未来几十年是我国城市化加速时期，城市人口每年增加1500万人，城市建设用地每年需增加1500平方千米左右，2050年基本实现城市化之时，我国城市建设用地将达12万平方千米，将有80%以上的人口居住在城市。

我国人多地少，宜居土地尤为稀缺，加之开发历史悠久，适宜建设新城市的无人居住之地几乎没有，现有城镇向周边地区扩张是城市化进程的主旋律，近郊周边农村地区土地转换为城市用地成为满足城市用地增量需求的基本来源。由此带来了城市近郊周边地区农村居民点的大规模拆迁。近郊农村地区农业用地占较大比重，故单位城市用地拆迁量较小。按城市用地增量7万平方千米，每平方千米农村居民700人计，拆迁

涉及大约5000万农村居民。

我国城市现有建设整体水平较低，建筑物质量大多不高，规划布局多已不适应发展的要求。随着经济社会的发展和城市功能的升级与调整，现有城市面临着大规模拆迁改造。提高城市科学规划水平和建筑物质量，减少拆迁是应该努力去做的，但要解决历史遗留问题和实现城市功能的提升，拆迁改造仍必不可少。保护城市古迹，延续城市历史文脉，不是需要与否问题，而是公共财力的支持能力和投入产出的综合效果比较问题。为保持现有旧城风貌而建设新城，以满足城市发展的要求，又有一个占用更多的农村土地和支付较高的城乡建设成本问题。"城中村"、危旧房、棚户区的拆迁改造关乎消除城市公共安全隐患和改善民生，争议不大，但拆迁又不可逾越。城市公用设施的改造和升级也要以城市拆迁为条件。因此，可以说在当前的中国，没有城市拆迁就没有城市建设用地的满足，就没有城市化、城市现代化建设的顺利推进。大规模的城乡拆迁是我国现代化建设的必要条件，也是我国城市化、城市现代化过程中的必然现象。城市拆迁是城市用地结构的大变动，也是利益结构的大调整，必然诱发一系列利益矛盾和社会冲突。回避拆迁中的矛盾冲突无助于拆迁问题的解决，无视拆迁中的矛盾冲突危及拆迁的完成，以社会稳定为名否定拆迁，因噎废食，没有出路。正视矛盾冲突的存在，并采取正确的措施协调拆迁中的利益矛盾，化解各种社会冲突，顺利推进拆迁，我国的城市化、城市现代化建设才有光明的前景。

二、城市拆迁的核心问题是土地升值收益分配

分析城市拆迁中的相关利益主体及其诉求，不难看出，拆迁中的矛盾冲突根源在于对自身利益的诉求，核心问题在于拆迁后的土地巨大升值收益如何分配。城市拆迁的直接相关利益主体包括近郊农村居民、"城中村"和"半城中村"居民、企业单位、地方政府、征地拆迁企业以及拆迁后土地的最终使用者（单位、企业、个人），间接相关利益主体则涵盖整体市民和整体农村居民。这里首先分析不同拆迁类型，再分析拆迁中直接相关利益主体及其诉求和相关关系。

①近郊农村拆迁。

在一般情况下，国家任何征用农村土地都意味着农民失去祖祖辈辈赖以生存的土地，所以农民失地与农民失业、失利密切相连。但在合理的征地补偿条件下，农民失地与失利并不存在必然因果联系；在农村居民就业结构正发生根本性变化的条件下，也不是所有失地农民必然失业。农民失地与农村拆迁相联系，但不是所有失地农民都会面临拆迁。保护农民征地拆迁的合法权益是国家征用农村土地必须妥善解决的基本问题。

在近郊城市化地区和一般农村地区之间，实际上存在着两种不同类型的国家征地和农民失地拆迁。在一般农村土地地区，国家征地是因为现代基础设施建设，如水库、高速公路、铁路的建设等，农民失去的一般不是全部土地，拆迁的也往往是部分农民，失去部分土地的农民仍然是农民，拆迁的农民安置地多数也依然是农村。国家征用土地的价值由于被隐含于基础设施使用效益之中，难以量化和显化，以当地农用地经营收益和居民异地重建为标准对征地拆迁损失进行补偿也容易达到农民心理预期，为相关农民所接受。这种征地拆迁不是本文讨论的内容。近郊农村地区国家征地主要用于城市建设，失地和拆迁农民将全部转为市民，失地和拆迁地区将成为城市的一部分。农民对于失地和拆迁所受损失的补偿诉求多以城市土地收益和相邻地段房价为参照系。城市土地显性的高收益和失地拆迁农民之间利益受损形成的巨大差异，使得补偿标准难以百分之百达到农民满意的心理预期。而法律上的农村土地集体所有，进一步提升了农民对征地拆迁补偿要求更高标准的合法性。近郊农村地区信息的相对充分和片面的社会舆论的引导，又强化了农民对征地拆迁补偿要求更高标准的心理预期。

②“城中村”改造拆迁。

“城中村”是我国快速城市化过程中城乡二元体制的产物。改革开放后，城市用地快速扩张，周边农业用地被占用殆尽，而包围于城市之中的农村居民点因为体制的阻碍被保留下来，成为今天的“城中村”。一方面，“城中村”的存在降低了城市化的即期成本。若“城中村”与农村土地同步城市化，城市用地扩张成本将大大增加。“城中村”以区位优势，适应城市市场需求，发展非农产业，特别是为满足城市外来人口低租金住房需求的租赁业，使城市保持劳动力低成本优势成为可能。“城中村”成为农民工的聚居区，也使“城中村”成了当地居民提高收入的重要平台，形成了相对独立的“城中村”利益群体。另一方面，历史欠账总是要还的。由于“城中村”是在原有村落上发展起来的，基本上没有建设规划，随着人口的大量聚集，成为城市脏乱差的代名词和公共安全的死角，进行拆迁改造势在必行。在拥有相对独立的社区利益和社区成员之间对拆迁补偿不同的诉求上，“城中村”与近郊农村相近，由于“城中村”经过了更长时间的城市化洗礼，内部利益结构更为复杂，对于拆迁补偿比近郊农村有更高的期望，拆迁的利益矛盾协调也更为困难。

③危旧房、棚户区拆迁。

危旧房、棚户区改造拆迁是民生工程，顺民心、合民心，一般受到拆迁户的拥护。但危旧房、棚户区住户家庭收入、住房水平并非整齐划一，因拆迁利益受损程度不同，对拆迁补偿的诉求也有不同。在拆迁户之间，补偿标准低的要求向标准高的看齐，补偿标准高的又向市内其他更高的拆迁补偿标准看齐。相互攀比的补偿诉求增加了危旧房、棚户区拆迁的不确定性。

④市政建设拆迁。

城市现代化水平的提高，大量的基础设施建设要求对规划范围内的住户、企业单位进行拆迁。市场化改革促进了涉迁住户、企业单位相对独立利益的形成和维权意识的觉醒，致使任何形式的城市拆迁都要以对涉迁户和单位受损利益合理补偿为前提。

城市拆迁的目的是满足城市建设用地需求，拆迁的组织和推动者均是城市政府，拆迁的实施者是政府特定部门或委托企业，拆迁的对象是规划范围内的居民家庭、企事业单位，拆迁后经过整理的土地使用者是居民或企事业单位。由此构成了城市拆迁直接相关利益主体：城市政府、拆迁企业、拆迁范围内的原居民家庭（市民和农民）和企事业单位、拆迁土地的使用者。上述直接相关主体聚焦在拆迁节点，形成相互依赖、一损俱损、一荣俱荣的利益链。此外，城市拆迁的背后还隐含着更为复杂的间接相关利益主体：即作为整体的城市市民和农村居民。市民和农村居民整体虽然与城市拆迁不发生直接联系，但受到城市拆迁外部性的强烈影响。政府通过组织实施城市拆迁，实现城市规划和功能改造升级，惠及的是包括城市拆迁直接相关主体在内的市民整体；通过城市拆迁获得相应税费，增强了公共财力和转移支付能力，提高了社会公共服务水平以及支持农村发展的能力，又是包括市民在内的整体国民利益所在。拆迁的居民家庭和企事业单位因拆迁而自身利益受损要求有相应的补偿，补偿的标准越高，越容易获得拆迁户的配合。实施拆迁的企业要获得相应的经营利润，利润越高，企业拆迁的动力越强，越会有下一轮的更大规模的拆迁；利润过低则制约拆迁的可持续性。拆迁土地的使用者希望有较低的土地使用成本，以降低经营成本（企事业单位）和住房价格（居民家庭）。土地使用者又是土地拆迁成本的最终承担者，包括政府的土地拆迁税费收入、拆迁企业利润、征地拆迁的各种补偿和管理费用在内的所有征地拆迁成本最终都要由土地使用者埋单。由此构成各个征地拆迁直接相关主体利益此消彼长的相互依存关系。征地拆迁总体成本过低，土地价格下降，土地使用者高兴，但上述关系难以协调，也会造成稀缺的城市土地低效率、浪费性的占用。征地拆迁成本过高，土地使用者负担过重，将提升作为土地使用者的企业（单位）经营成本和作为土地使用者个人的住房价格，进而提升城市的经营成本和居民生活成本，抑制城市的整体活力和竞争力。由此构成了复杂的征地拆迁外部关联利益关系。这里各种相关主体的利益诉求没有谁是与谁非的区别，只有合理度的把握。其中的核心问题是各利益相关者通过对话、沟通，达成对土地收益分配的共识，关键在于政府既要代表社会整体利益，实现城市规划和土地税费使用效益的最大化，又要创新制度和机制，平衡相关方面的合理利益诉求，做好拆迁规则制定者和规则执行监管者的角色，促进和谐拆迁，实现共赢。

三、和谐拆迁离不开正确的思想认识指引

城市拆迁之所以成为社会矛盾集中、群体事件多发的热点，直接原

因是各相关利益主体对土地升值收益分配进行有利于己方的博弈，也与某些简单化、绝对化的思想认识误导了不合理的分配预期，有意无意地激化矛盾冲突密切相关，其中以下四点影响尤为深远，不能不从理论和实践的结合上加以廓清。

一是“土地是农民的命根子，不许打农民的土地主意”。

在我国，农村居民和农民是两个不同的概念，但包括笔者本人在内常常不加区分，混同使用。农村居民是居住生活工作在农村地区的居民（包括在农村地区从事非农工作的就业者），我国目前大约有6.7亿人；已经进城生活工作，但仍然拥有农村户籍和农村土地权益的农民工及其随迁家属大约有2亿人，两者合计约8.7亿人。在统计城市化成绩时农民工被列为城市化人口，在讲农村发展问题时又将其统计为农村人口，故有半城市化、准城市化人口之谓。严格上的农民是指拥有土地和其他基本生产资料，且主要从事农业生产劳动的群体及其家庭成员。扣除从事非农业劳动的时间，以全年从事农业劳动9个月折合为一个标准农业劳动力计算，我国从事农业生产经营的劳动力大约在1.5亿人，真正意义上的农民当不会超过3亿人，约占总人口的22%。对于真正的农民来说，农地是其谋生的主要物质基础，从这个意义上判定“土地是农民的命根子”能够成立。但在我国现阶段，农民群体数量是快速减少的趋势，而且这个趋势不可逆转。与农村土地权益仍有联系，但已经不再依靠土地为主要谋生手段的总数达5.7亿的农村人口，把自己农村土地权益变现是他们中多数人的期盼，争得更有利于己的土地权益变现则是他们在变现过程中的诉求。他们的根本利益在于顺利地成为城市平等的一员，在视土地为命根子和把土地权益作为融入城市的阶梯之间，他们更多的是选择后者。所以把土地视为农民的命根子还要作具体分析。从整个国民经济社会发展规律来看，农业是国民经济的基础，但农业不具有物质财富的代际积累和承传功能。农业提供的产品主要是食物，食物是人类生存的基础，没有足够的食物供给，就没有人类的生存。但由于农业产品是有机物，一个社会一定时期内对农产品的需求有一个上限，弹性较小，又不能长期储存实现代际之间承传。所以一个国家、一个社会从事农业生产的人越多，物质财富的积累能力越弱，这个国家和社会越穷。“三农”问题是我国发展的瓶颈，“三农”问题的重点和难点都在农民增收，农民增收难的最大根源在于农民数量的庞大。只有减少农民，农民的人均农业资源占有量才能增加，才会有真正的农业规模经营和农业劳动生产率的提高，也才能实现农民的富裕。而减少农民的根本途径是进城。以土地是农民的命根子为由，限制农村土地转变为城市用地，无异于自我束缚手脚，是一种单向思维。如果农民土地不被“打主意”，何来城市建设用地的满足和城市的发展？又何来农民土地权益的变现和农民对城市化红利的分享？

二是“土地升值收益向农民倾斜”。

农用土地升值收益无论来源于级差地租Ⅰ或级差地租Ⅱ，由农用土地所有者和经营者占有没有疑义。针对农村土地征用过程中农民的合法土地权益受到侵害，提出土地升值收益向农民倾斜也具针对性和一定的合理性。统而提倡土地升值向农民倾斜虽有保护农民土地权益的良好初衷，但有过于武断之嫌。

首先，农村土地转变为城市土地后的迅速升值既不是农村集体所有土地转变为国有的结果，也与原土地所有者和使用者个人的努力无关。城市土地以城市中心区为原点形成的巨大级差地租，是城市基础设施和公共服务配套完善、区位改变的结果，所导致的周边土地价格大幅度提升既不是农业级差地租Ⅰ，也不属于农业级差地租Ⅱ。城市土地的高价来源于其更高的使用价值，而城市土地高价值是大量社会资本集中投入的凝聚。城市土地升值收益归公、归社会，天经地义，合理合法。而代表社会的目前只能是公共财政收入。

其次，土地升值收益向农民倾斜的农民是仅指城市土地征用拆迁直接涉及的农民，还是指农民整体。若是指前者，那些远离城市的农村地区永远没有被征地拆迁机会的农民要受惠于土地升值收益的倾斜，还要以城市土地升级收益归公，再进行财政转移支付为前提。

最后，在现实生活中，城市土地征用拆迁既有失地与失业相连的问题，也有因征地拆迁而过度、过高得利问题。在一些城市近郊农村和

“城中村”改造过程中，因为征地拆迁的高额补偿而一夜暴富者大有人在，以致有学者称之为新的食利阶层。由于巨额财富突然降临，一些人心理失衡，生活堕落，引发了家庭失和、兄弟成仇、父子反目、子女失教等社会问题屡见披露。只是我们的舆论把关注重点更多放在农民征地拆迁失利上，而对征地拆迁中不当得利不愿关注或者缺乏必要的勇气罢了。

三是“摆脱土地财政依赖，不与民争利”。

我国地方公共财力过度依赖土地开发收入，确实存在着极大风险。本届政府花光以后几届政府的钱，当土地开发高潮过后，地方公共财力将有断炊之虞。把土地财政等同于土地腐败，加以整体丑化和全盘否定也于事无补。我国地方公共财力对土地收入较高度的依赖根本原因在于国家财政税收制度设置，也与发展阶段的特殊需要有关。在我国现阶段，从自然属性看，土地是工农业生产、城乡建设生活须臾不可离开的物质基础。从经济关系来看，土地是重要的经济要素，是资产、资本。从社会政治角度看，土地是重要的宏观调控手段和实现社会再分配的介质。政府通过土地开发计划，调整产业结构，实现产业和人口的布局优化，通过土地收入实现公共财政转移支付，提高公共基础设施建设和公共服务水平，整个社会受益。一次性收取70年土地出让金，提升了地价，进而抬升了房价，但地方在短期内集中了公共财力，有利于加快城市公共设施建设和保障住房建设，又为以后各届政府减少财政支出、扩大房地产税源提供了条件。这就是寅吃卯粮与卯事寅干的相互对应。土地财政不等于土地腐败。土地腐败要靠严肃党纪国法来解决，土地财政则要深化改革，不断革除弊端，进一步完善、充分发挥其社会再分配的杠杆作用。以一种更优越的制度取代弊端丛生的旧制度是我们的追求，也是制度创新，但在没有找到更好的制度取代土地财政之前，断然判处土地财政死刑，于顺利推进城乡建设百害而无一利。

不与民争利是一个颇顺人心的口号，但极易造成误解。既然是土地收入转变为地方财政，其所代表的是社会整体的利益，是共和国全体公民对城市土地升值收益的分享。与民争利的“民”如果仅指土地征用拆迁直接涉及的“民”，也只是人民整体的一部分。土地财政所代表的整体利益也包括了这部分涉迁居民。把土地财政等同于与民争利，背后的含义是地方政府与人民根本利益是对立的，除了否定政府的合法性，扰乱城市征地拆迁思想认识以外，没有任何积极意义。

四是“拆迁户不满意就不准拆迁”。

非法拆迁、强制拆迁、野蛮拆迁成为当前群体事件的重要诱因，以拆迁户满意不满意作为政府行为的重要检验标准，体现了执政为民的理念，以拆迁户满意作为动迁前提条件于维护社会安定、保护涉迁居民合法权益也不无积极作用。但拆迁户不满意就不准拆迁的提法则过于武断。其一，满意是人们的一种主观感觉，是与人们的预期愿望得到满足相联系的。期望越高，满足的可能性越小。其二，满意是百分之百的拆迁户满意还是多数拆迁户满意？拆迁户对拆迁的期望千差万别，要达到百分之百的拆迁户满意很难很难。满足少数不满意户的不合理诉求，必将产生攀比效应，因为参照系不断变化，最后很可能无解。其三，拆迁户不满意的原因多种多样。安置区位、安置房标准、生活、就业、就学条件和邻里社会关系的变化等都可能是不满意的原因。其中核心仍然是拆迁补偿标准和补偿公平问题。补偿标准越高，越容易得到拆迁户满意，但要增加拆迁成本；而补偿公平不仅有家庭、个人之间的公平问题，还有拆迁户与城市其他非补偿群体之间利益平衡问题。所以“拆迁户不满意就不准拆迁”的口号虽然高扬了道德旗帜，亦有维护社会安定、保障拆迁户合法权益的积极作用，但难以操作，执行的结果或是拆迁被无限期推迟，建设项目流产，或者支付极高的拆迁成本。前者将是城市现代化建设历史机遇的丧失，以今天的社会安定换来明天的更大不安定。后者将是城市拆迁的成本的不合理提升，推升地价和房价，加剧城市经济、社会关系的扭曲。

四、构建城市和谐拆迁的舆论氛围和法制环境

在当代中国，面对的不是要不要城市拆迁问题，而是如何通过和谐拆迁，顺利实现拆迁，达到低成本地推进城市化和城市现代化建设的问

题。为此必须构建和谐拆迁的舆论氛围和法制环境。

所谓构建和谐拆迁的舆论氛围，就是在正确理论指导下，通过全面准确的相关信息传播，影响公众对拆迁的思想认识，转变涉迁居民对拆迁的非理性预期，减少拆迁阻力，形成理解拆迁、支持拆迁的社会共识。其一，媒体不能以代表某个阶层的利益、为谁说话自诩，即使是代表困难群体利益亦不是永远立于不败之地。代表社会公平正义，为公众的根本利益说话，对报道的新闻事件真实性负责，是媒体应该坚守的道德底线。其二，城市拆迁乃我国现代化建设所必需，顺利推进城市拆迁是包括拆迁户在内的中华民族整体利益所在，和谐拆迁就是以人为本，也与建设节约型社会、环境友好型社会目标相一致，应成为媒体宣传的主旋律。其三，对拆迁中的某些负面个案、典型事件进行报道，以吸取教训，警示社会是必要的，但要少用情绪化煽动性语言，多一些客观实情描述和理性分析；要尽可能地报道事件的全貌，也不能以个别案例、典型推论整体，不要以拆迁中个别失误否定拆迁。其四，既要报道拆迁中的负面典型，也要报道正面典型。负面典型给人以教训，正面典型给人以信心和经验。既要报道拆迁中某个时间断面的发生事件，又要跟踪报道拆迁全过程及其最终成效。因为在一个时间断面发生的事件往往是过程的一瞬间，并不能代表整个过程。

所谓构建和谐拆迁的法制环境就是通过立法、执法和执法监督，规范涉迁主体行为，做到依法拆迁，合理补偿，各得其所，和谐共赢。构建和谐拆迁的法制环境核心问题是制定合理的拆迁补偿标准。拆迁补偿标准只能依据社会经济形势的重大变化，按既定的程序进行修改，不能因为拆迁户（企事业单位）的要求而随意调整。合理的拆迁补偿标准有两大基点，一是保障拆迁户（企事业单位）的合法权益；二是拆迁土地升值收益归社会所有。城市土地属于全民所有，拆迁土地变为城市用地巨大的级差收益归公共所有合理合法已如前述。城市土地级差收益归公既是增加城市公共产品（服务）的重要保证，又是实现社会再分配的重要杠杆和城乡居民平等分享城市化成果的重要途径，舍此只能是社会经济的紊乱和产生新的社会不公。

拆迁户（企事业单位）合法权益包括住房、固定资产等物质资产因拆迁受损而得到相应补偿的权益和因拆迁易地居住、生活环境改变受到精神损失而得到相应补偿的权益。拆迁户（企事业单位）受到的物质层面损失，用异地重建方法计算较为简单合理，精神层面的损失包括因居住区位改变造成的就业、上学、出行、购物、休闲、娱乐等的不便，邻里、亲情交往的不适应等应给予相应补偿，具体标准难以把握。确定合理的拆迁补偿标准事关涉迁各方利益，要解决的问题千变万化，是一项具有高度的社会敏感性、严肃的政策性，又是一项复杂的技术性和细致性工作。但以下几点具有普遍意义：一是补偿标准不以拆迁后土地升值收益为基础依据。否则既不利于城市内部的和谐发展，也没有城乡之间的公平。二是同一城市不同地段拆迁的物质层面补偿标准差别不宜过大，精神层面的拆迁补偿标准不宜过高。因为不同地段过大的物质层面补偿标准差别和过高的精神层面补偿标准都是对城市土地级差收益的不公平的分割。三是对公益性和非公益性用地拆迁实施同一的补偿标准。不同用途的征地拆迁与城市建设规划布局相关，与拆迁户（企事业单位）拆迁损失无关，相关的只在安置区位的不同。此外，对公益性和非公益性用地拆迁实行同一补偿标准，为同城同地段同地价提供了依据，进而为公益性建设成本的核算和真实显现提供了条件，有利于理顺社会经济关系。

构建和谐拆迁法制环境的另一项重要任务是规范地方政府拆迁行为，界定地方政府拆迁权力边界。城市拆迁的强烈外部性、高度复杂性和关联性，要求地方政府在城市拆迁中发挥好组织领导者、利益关系协调者、推动者、监管者和服务者的多重作用。一是按照既定的城市建设规划，组织领导城市拆迁；二是制定公平合理的拆迁补偿标准，协调拆迁相关者的利益关系，实现互利共赢；三是科学制订拆迁工作方案，精心组织实施，推进拆迁顺利进行；四是监督委托企业完成规定动作，依法拆迁，督促拆迁户和企事业单位按规定完成搬迁，为拆迁企业和拆迁户（企事业单位）提供咨询服务；五是合理使用拆迁土地公共收益，为城市建设用地提供基础条件。为此，一要加强廉政建设，建立制度关口、预防土地腐败，加大拆迁中内部交易查处力度，实现廉洁拆迁。二要以提高区域居民整体福祉为目的，精心组织、精细化管理，以创新性制度和创新性工作及时化解拆迁中的各种矛盾问题。三要公开拆迁方案、拆迁工作程序、拆迁补偿标准等信息，接受社会公众的民主监督。四要正确舆论导向，妥善解决拆迁中的各种利益诉求。

构建和谐拆迁的法制环境涉及更深层次的国家征地制度改革问题和城乡二元土地制度变革问题。有论者主张在宪法层面上修改城市土地属于国家所有的规定，在城市范围内，允许各类经营企业以出让、出租、入股、联营等方式使用农村集体土地。这一设想好处多多，不能说没有道理，但仍然是对城乡二元土地制度的某种改良，在城乡二元土地制度之上又增加了一个城市土地二元制度。这一设想只能解决近郊快速城市化农村地区对城市土地收益的分享问题，而于解决远离城市的一般农村地区平等分享城市化成果问题无补，也没有触及近郊农村集体成员之间对土地升值收益的公平分享问题。而解决这两大问题的根本出路可能还在实现一元化城乡土地制度变革，这里的城乡土地制度一元化不是土地的私有化，而是一元化的城乡土地国有（共有或全民所有）制。

本文系作者为《中国中小城市发展报告（2012）》而作

当前城市化若干热点问题分析

（2013 年 2 月）

2011 年，我国城市化率达 51.27%，城市常住人口首次超过农村常住人口，表明我国开始进入以城市社会为主体的新时代。党的十八大报告提出，坚持走中国特色新型工业化、信息化、城镇化和农业现代化道路。我国城市化和城市现代化面临诸多问题和挑战，对相关的热点问题作出正确的分析与解释，关系到我国城市化的自觉和城市化进程的顺利推进。

一、城镇化与城市化：区别何在

为了强调小城镇在经济社会发展中的作用，中央文件多用城镇化的提法，意在强调小城镇的作用。小城镇是乡之头，城之尾，在农村地区发展中发挥着龙头作用，但在生产、生活方式上已与乡村有质的不同。小城镇与城市的区别只在于人口和产业聚集的规模较小，而没有本质的不同。所以小城镇是城市结构体系的基础组成部分，城镇化和城市化是同一内涵。从人多地少的基本国情出发，我国必须走集中型的城市化道路。所谓集中型的城市化，一是较高的城市化率；二是大城市的率先发展，大城市人口占城市总人口的较高比重；三是若干个不同等级的城市密集区的形成与发展；四是城市空间的紧凑型布局。我国现有的 2 万余座建制镇是行政区划设定的产物，其中只有少部分有成长为小城镇的可能。过度强调小城镇在城市体系中的作用，甚至奢望小城镇在城市化进程中发挥主体作用，与城市化大规模高度聚集的规律相悖，将支付极高的分散城市化成本。

二、新型城市化：新在何处

所谓新型城市化是指不同于发达国家已经走过的城市化老路。具有中国特色的新型城市化大致包括以下几点：第一，我国城市化是以人为本和城乡居民平等分享城市化成果的城市化。城市化的根本目的是建设富强民主文明和谐的社会主义现代化国家，提高全民福祉，而不是为少数阶层发财致富、独享城市化成果的城市化，更不能是掠夺殖民地和剥夺本国农民的城市化。第二，我国的城市化是以政府主导，发挥公有制为主体的制度优势，由上而下推进，又与社会主义市场经济体制相匹配、市场发挥配置资源基础作用，由下而上推进，两者相互结合的城市化。由此既有利于协调城市化过程中的各种利益矛盾，减少内耗，形成合力，又有利于减少行政配置资源的失误，提高效率。第三，我国城市化是内在动力和外部动力共同推进的城市化。一方面，在经济全球化的背景下，国际要素的进入加快开放地区城市化进程；另一方面，国内要素跨区域流动，推动后进地区的城市化进程。第四，资源节约、环境友好型的城市化。以科技进步为支撑，注重资源环境效率的提升，建设环境优美、宜居宜业的城市，不走先污染、后治理的老路是我国新型城市化的重要内涵。第五，跨区域的城市化。以城市化为契机，立足于全国人口布局的优化，实现农村就近进城和远距离的跨区域进城并举，是我国新型城市化的重要特征。第六，多元动力推进的城市化。城市化的根本动力是人们为了追求更美好的生活。已经完成城市化的国家多是工业化推动，我国城市化除了工业化的推动以外，交通物流、文化教育、旅游休闲等服务业需求的发展亦成为城市化的重要推动力量。

三、城市病：利大于弊，还是弊大于利

作为一个过程，城市化是农村人口向城市的集中；作为一种状态，城市化是现代化的重要标志和工业化的载体与依托。城市的本质是人口和非农产业在一定地域空间上的大规模高度聚集，是以空间换时间。城市化提高社会要素的整体配置效率，城市是人居中心、产业中心、知识

创新中心和社会财富创造中心。城市是节能减排、发展低碳经济、循环经济的重心，依托于城市的污染治理工程有更高的效率和可持续性。城市有更深度的社会分工和更快的技术进步，能够提供更多的就业岗位，为人的自由发展和阶层流动提供更广阔的空间，因而是构建和谐社会的主体。拥挤、污染、占地、公共安全风险等城市病是城市化之弊，但在很大程度上又是取得城市化收益必须支付的成本。城市之利大于城市之弊，是城市存在和发展的依据。城市化是我国低成本实现现代化的必由之路。通过技术进步和调整发展路径，可以把城市病的负效应降到最低，过度夸大城市病的负效应无异于因噎废食。在这一最高层次上作出正确判断，提高城市化自觉，才会有正确的城市化政策取向。

四、城市化形势：冒进还是滞后

形势判断是政策出台的基础依据。多年来我国城市化过快、冒进之声强劲，对高层决策颇有影响。有城市化过快、冒进的形势判断，就会有城市化刹车、减速之举。判断我国城市化过快、冒进的依据无非是大规模农村人口进城没有做到“有序”，城市基础设施不堪重负，城市拥挤、污染加剧，等等，但这恰恰也可以成为判断我国城市化滞后的依据。2000—2010 年我国城市化率每年增加 1.37 个百分点，城市化速度较快，但判断为过快依据不足，更不应称之冒进。2010 年我国产业非农化率已近 90%，就业非农业化率已达 63.3%，而城市化率还不足 50%，远低于我国经济社会发展客观要求的应有水平。事实上，一个大国的城市化本质上是一个自然的历史过程，城市化政策只能对其起延缓或者加速作用。顺应客观发展规律的城市化政策将对抓住战略机遇，减少城市化成本产生重要影响。以往 10 多年的城市化水平快速提高，既是我国经济社会发展的必然结果，又是我国经济社会发展的重要推动力量，亦与我国多年被压抑的城市化能量集中释放密切相关。我国城市化总体上滞后于工业化进程的基本态势至今还没有得到改变。与此相对应，我国的城市数量不是多了，而是少了；绝大多数城市的规模也不是大了，而是小了。我国的城市数量和平均规模将同向增长。预计 2050 年我国城市化实现之时，全国城市人口将达12亿左右，城市数量将达2000座以上，将有十几座千万人口级以上超级城市，数十座300万—1000万人口级的特大城市和上百座100万—300万人口级的大城市出现于中华大地之上。

五、城市化转型：速度导向还是质量导向

我国经济社会正处于全面转型时期，转型之说风靡各行各业和各个领域。我国城市化水平快速提高，面临着以农民工市民化滞后为主要表现，包括交通拥堵、环境污染、基础设施供给不足、公共安全隐患、分配不公、社会保障和公共服务亟待改善、房价高涨等诸多质量提高的现实挑战，必须下大力气去解决。但我国在城市化水平快速提高的同时，城市化质量也在不断提高，上述城市化发展中的问题正在得到逐步的不同程度的解决（尽管速度和程度还不能令人满意），也是不争的事实。相对于完全的城市化，大量进城农民没有获得平等市民身份的“半城市化”（准城市化）是严重的缺陷，必须尽快采取措施加以解决。但“半城市化”毕竟比“农村化”前进了一步。以“半城市化”为由，为农民进城设置门槛，以期达到有序进城是南辕北辙，以农民工派生的一系列社会问题否定农民进城更不可取。近年来我国土地的城市化速度快于人口的城市化速度是事实，但应视为快速城市化阶段的一种正常现象。因为土地是以宗地、小区、集中连片为单位转变为城市用地的，而农村人口是以自然人为单位进城的。城市土地扩张先于人口进城在快速城市化阶段具有必然性。致力于建设低碳城市、生态城市等理念的实现，要依据不同的条件，分阶段推进，还要支付一定成本，要依据不同的发展阶段，赋予经济、社会、生态环境等因素以不同的决策权重。所以现阶段，我国是否有必要刻意出台城市化转型政策要慎重研究。以延缓城市化速度为条件向城市化质量转型，还是在积极稳妥地推进城市化进程中，提升城市化质量，笔者倾向于后者。

六、城市化与转变经济发展方式：相辅相成还是非此即彼

以科学发展为主题，以加快经济发展方式转变为主线是关系我国发

展全局的战略选择，深化体制改革是加快经济发展方式转变的关键。城市是政治中心和经济中心，深化经济体制改革的政策要在城市出台，加快发展方式转变的重点行业集中在城市。城市是知识创新和科技进步的中心，实施创新驱动发展战略的主体平台在城市。加快转变经济发展方式的主攻方向是推进经济结构战略性调整，扩大内需是基点，而城市化是最大的内需，是扩大国内需求的主要载体。以每年城市人口增加1500万人，城市建成区面积扩大1500平方千米计，仅城市新增公用基础设施建设以满足城市新增人口生产生活服务需求即有6万亿元人民币的市场规模。城市是加快战略新兴产业、高新技术产业和先进制造业发展，加快传统产业转型升级的主要依托。工业化与城市化的良性互动，是低成本实现新型工业化的基本途径。建设下一代信息基础设施，发展现代信息技术产业，健全信息安全保障体系，推进信息网络技术的广泛应用，城市是重心、是节点。全面提高开放型经济水平，建设引领国际经济合作和竞争的开放区域，城市是重点、是战略高地。所以，积极稳妥地推进城市化与加快转变经济发展方式是相辅相成的关系，甚至在很大程度上可以说，没有城市化就没有真正完整的经济发展方式的转变。

七、城市化与生态环境保护：彼此对立还是互为前提

面对资源约束趋紧、环境污染严重、生态系统退化的严峻形势，建设生态文明，坚持节约资源和保护环境的基本国策，关系人民的福祉和中华民族的未来。伴随城市化进程的人口和非农产业的大规模聚集而来的是资源能源的大规模集中消耗和“三废”的集中排放，这种“三废”集中排放超过了自然净化能力，必然造成环境的污染和自然生态系统的退化。随着人们的环境质量意识和健康诉求的提高，城市污染越来越多地成为公众关注的社会事件。但这只是问题的一个方面。还有另外一面，即城市的这种集中排放和污染又为进行集中治理污染、规模化的治理污染提供了条件。所以依托于城市的污染治理工程建设更有效率，也更具可持续性。城市是环境保护的重心。城市产业集中，又是节能减排的重心，依托城市发展循环经济和资源综合利用、集约利用更具经济性和可

行性。城市人口集中，共用基础设施配套完善，享受同等生活水平在城市消费比在农村更节约。国家选择武汉都市圈和长株潭城市密集区作为推进资源节约型、环境友好型社会建设试验区，正是对这种城市化与保护资源环境相互促进规律的顺应。回顾城市发展的历史，科学技术的进步，发展路径的调整，是可以把城市污染降低到更低程度的；借鉴发达国家经验，城市污染是一个长期积累过程，治理污染也需要一个过程，我国要有所作为，积极创造条件缩短这一过程。但创造条件也需要条件。例如，治理机动车尾气污染，限车限行只能治标，不能治本。提高发动机性能和燃油标准，改进交通设施，规范行车才是治本之策，即车好、油好、路好、人好，但需时日。另外，我国人地矛盾尖锐，不改变数亿农民以土地为生的格局，环境脆弱和生态敏感地区退耕不能与退人同步推进，建设美丽中国的目标将难以实现。而改变多数农民以土地为生的格局的根本途径是城市化，生态脆弱、敏感地区移民（退人）的基本出路是进城。

八、城乡一体化：如何统筹发展

我国“三农”问题的难点和重点均在农民增收难，农民增收难的主要根源在于农民的数量庞大。调整农业结构、发展乡镇企业、减轻农民负担等对农民增收不具全局性的持久意义。要富裕农民必须减少农民，而减少农民的根本途径是城市化。破解“三农”问题的总钥匙不在农村，而在城市。我国农村的相对不发展根本原因在于城市的相对不发展，在于城市带动农村的能力还不够强大。以城带乡的前提是城市的率先发展，是城市的率先强大。在当代，农村再也不可能脱离城市、自我循环、自给自足地发展。农村土地、资金、劳动力等向城市聚集是社会生产力要素的优化配置，具有阶段性的必然性。其对农村发展的负面影响是暂时的、局部的，正面影响则是持久的、全局的。农村的发展要依赖城市为农业提供市场、为农村劳动力转移提供就业岗位，为农村和农业的发展提供物质技术基础的支撑。城乡一体化发展的核心是城乡居民公平分享发展成果，而不是农村向城市看齐，也不是城乡同步发展。一个长期受到补贴的农业是没有竞争力的，也是不可持续的。所以，和以农补工一样，以工补农只能成为暂时的权宜性政策。城乡一体化发展政策的基点，一是农村居民享有迁居城市的自主选择权，二是已经进城且有稳定工作的农民工公平享有同城市民权益，三是城乡公共服务的逐步相对均等化。农村公共基础设施建设要考虑农村人口正在大量减少的因素，要与增强城市综合承载力统筹兼顾。统筹城乡发展要改变的是城乡二元制度，而不可能是城乡二元结构。我国的城乡一体化发展受到城乡二元户籍制度和二元土地制度的双重强烈制约。不改变城乡分割的户籍制度和土地制度，就不可能顺利推进城乡统筹和城乡一体化发展。

九、城市化与农业现代化：怎样相互协调

农业是国民经济的基础，是客观规律，必须遵循。但以农业为基础是方针、是政策，具有阶段性，必须随着时代的变化而调整。农业的劳动者剩余是推动非农产业发展和城市化的基础，农业基础稳定才有城市化的稳定发展。由于持续几十年的农业基本建设积累和家庭经营体制的确立，20 世纪 80 年代中期，我国农产品基本供求关系发生了根本性变化，我国工农关系和城乡关系的主要矛盾格局也发生了根本性变化，推进城市化的硬约束已经解除。我国农业还面临着生产成本上升、资源环境约束趋紧、品种品质结构升级、对外依存度提高、基础设施建设滞后、经营体制和流通体制有待改善、技术装备和生产资料供给有待加强、科技和金融支撑能力有待提高等诸多挑战，实现农业现代化才能为全面建成小康社会固本强基。农业现代化的主要标志是先进的物质技术装备，完善的经营体制和流通体制，较强的基础设施保障，较高的劳动生产率，满足社会基本需求的农产品稳定供给和生态环境功能的充分发挥。农产品市场需求在一定时期内有一个合理的上限，大规模净出口不是我国的比较优势；农产品是有机物，不能长久储存，农业不具物质财富的代际承传和积累功能。农业现代化水平必须与城市化对农产品市场需求相适应，与工业化和城市化对农业技术、装备提供的支撑能力相适应。城市化过度超前于农业现代化，由于失去基础而不可能稳固；农业现代化过

度超前于城市化和工业化，也是资源的一种错配，由于缺少支撑条件亦无可能性。

十、城市化用地：能否威胁我国的农业安全

土地是城市化的物质载体。城市化进程也是土地利用结构大调整的过程。满足合理的城市化用地对农业生产有一定影响，但不构成对我国农业安全的威胁。其一，合理的城市化用地是更集约的用地。以城市化率 80%、城市人均用地 100 平方米计，我国城市化用地的上限为 12 万平方千米左右，占国土面积不足 1.3%，但将容纳 80% 以上的人口和 90% 以上的社会产出，不仅是国土利用结构的优化，而且成为保护农业用地的重要前提。其二，在城市化用地增量与农村建设用地减量之间，存在着后者大于前者的置换关系。我国目前农村建设用地约 16 万平方千米，城镇用地不足 5 万平方千米。实现城市化之时，若农村建设用地与农村人口同比例减少，则理论上将有 10 万平方千米可转变为农业用地，而城市化用地增量仅为 7 万平方千米。当前城乡建设用地没有能够实现及时增减置换，主要是因为城市化政策和土地使用制度调整滞后。其三，近十多年来，我国耕地确有快速减少，但主要是退耕还林所致，另有农业结构调整、基础设施建设占地以及灾毁等原因，因城市化用地而减少的耕地只占 7%—8%。城市化要坚持节约用地、集约用地，抑制不合理用地，查处违规用地，惩处违法用地和以地谋私，但以保证农业安全为名限制合理的城市化用地则是本末倒置。

十一、城市征地拆迁：何以引发群体事件

满足建设用地需要是城市化和城市现代化顺利推进的前提。我国实现城市化的用地增量按 7 万平方千米计，大约涉及近郊农村地区人口 5000 万人。我国城市现有建设水平较低，建筑物质量大多不高，规划布局多有不适应发展需要之处。危旧房、“城中村”、棚户区的改造关系到公共安全和民生改善，公用设施改造升级，也要以拆迁为前提。大规模的城市建设征地和拆迁是现代化建设的必要条件，也是城市化和城市现

代化建设过程中一种阶段性的必然现象。城市建设征地和拆迁是土地利用结构的变动和利益结构的调整，必然引发一系列社会利益矛盾和各种思想观念的冲突。回避或夸大征地拆迁中矛盾冲突，均无助于问题的解决；以维护社会稳定为名，否定征地拆迁，更没有出路。正视利益矛盾和冲突，采取正确的政策措施协调征地拆迁中的利益关系，化解社会冲突，我国城市化和城市现代化才有光明的未来。分析城市征地拆迁中的相关利益主体及其诉求，矛盾冲突的根源不外乎对自身利益的诉求，核心问题在于征地拆迁后土地升值收益的合理分配，重点在失地农民合法权益的保护。这里的直接相关利益主体既包括近郊农村居民和“城中村”（或“半城中村”）居民、企事业单位、地方政府、征地拆迁和开发企业，以及土地的最终使用者，也包括间接相关利益主体：整体的市民和整体的农村居民。各个相关主体的利益诉求没有谁是谁非的区别，只有合理度的把握，关键要通过对话沟通，达成对土地收益分配的共识。这里关键中的关键是地方政府既要代表社会整体利益，实现土地税费收入效用的最大化，又要创新制度和机制，协调相关主体的利益诉求，做好征地拆迁规划、规则制定者、执行者和监督者的多重角色，实现和谐征地、和谐共享、合作共赢。

十二、农民工现象：是社会的进步还是后退

满足合理的城市化用地不会危及我国的粮食安全。同样，大规模的农民工进城也不会危及我国的农业安全。因为限制农民大规模进城的依据早在20世纪80年代中期即已不复存在。进城的农民工是农业劳动力剩余部分，于农业劳动力的供给影响甚微，我国农民工进城与农业稳定增长多年并存就充分证明了这一点。青壮农民工进城降低了从业农业劳动力平均素质，但农业技术装备水平的不断提高又为“3861部队”（妇女和老人）胜任农业生产提供了可能。对于一个家庭来说，青壮年外出务工，妇女老人在家务农，农业收入不减，又有一笔务工收入，这是家庭成员的合理分工；对于社会来说，较高素质的农民工就业于非农业岗位，由“3861部队”从事农业生产，是社会劳动力资源的优化配置。我国农

民工回乡创业会有出现，但只是少数，不会成为主流。因为农民工进城就业、创业的空间和成功概率远较农村为大。农民工进城就业与市民就业的正面冲突概率较小，因为农民工就业的多是市民不愿意从事的岗位。农民工已经成为城市产业工人的主体，城市的运行和发展再也离不开他们。与农民工现象伴生的农村留守儿童、空巢家庭和夫妇分居等问题，是社会之殇，但属于发展中派生的问题，根源在于滞后的城市化政策。农民工进城是理性的自主选择，为的是追求更高的收入和美好的生活，主流是社会的进步，而不是社会的退步。农民工现象的存在客观上降低了城市用工成本，提高了城市效益，但派生的社会成本往往单方面由农民工及其家庭承受，凸显了我国社会政策的深层结构性矛盾，加剧了城市化政策调整的紧迫性。

十三、农民工市民化：关键何在

农民工的市民化是社会主义制度的本质要求，对于防止城市内部出现新的二元社会结构，构建和谐社会具有关键意义。农民工融入城市的主要障碍不在于农民工自身，而在于城市的接纳，在于城乡制度壁垒的破除。农民工融入城市的主导权掌握在政府之手。由于体制的惯性和利益结构的刚性以及改革的难度，农民工的市民化将是一个长期的渐进的分步实施的过程。农民工平均素质较低，主要就业于低端工作岗位，收入水平受到限制，其生活方式和思维方式也有一个与城市相适应的过程。第一代农民工必须接受的这种城市化洗礼，是痛苦的，充满着社会不公，但客观上又使农民工进城变得相对容易，并成为第二、第三代农民工融入城市、成为市民平等一员的阶梯。基于现行体制制度和城市公共财力的可能性，第一步可以考虑首先对在城市工作年限较长、岗位和收入相对稳定的农民工实行市民化政策，优先解决他们的社会保障和子女上学等现实问题。同时积极创造条件，拆除城乡户籍制度壁垒。以土地换社会保障、换职业培训不失为促进农民工市民化的一种社会震动较小的方案。这里的要害不在于对农民工土地合法权益的剥夺与否，而在于是否由农民工自主选择，关键在于农民工流入的城市与流出地区之间利益关系的调整，在于有大量农民工进入的城市政府的决心及其公共财力的可支持能力。

十四、“城市化不等于房地产化”：背后的动机何在

国家推进城市化政策取向更加明晰以后，学界即出现了“城市化不等于房地产化”的论调。何为房地产化，未见定义，除提出者以外也未见任何人使用过。众所周知，房地产行业发展、房地产政策、房地产调控等与房地产化不是同一概念，也未见有人主张“城市化等于房地产化”，所以“城市化不等于房地产化”的论调虽然正确，但属无的放矢。笔者猜想，“城市化不等于房地产化”的背后动机在于告诉世人，即使积极稳妥地推进城市化，房地产被严重挤压的地位也不能改变，最严厉的房地产调控政策也不能松动。事实上，房地产业是否被政府政策（文件）和教科书赋予基础产业或支柱产业无关紧要，但房地产业是上下游关联度高的产业，是为人民生产生活活动建设场所的部门，则是确定无疑的。城市的外在物理表象是各种建筑物的排列组合，房地产业把各种要素组合起来，建设成各类房屋等建筑物，满足社会需求，是为城市化提供物质基础的先导产业。房地产业虽被划为第三产业，但符合实体经济定义，而非虚拟经济。房地产业的主要产品是住宅，住宅首先是消费品，其次才是投资品。我国居民购房的主体是自住需求，保值增值是第二位的。在我国居民吃穿用行等物质消费基本得到满足的情况下，改善居住条件不仅成为消费结构升级的重点，而且是普通家庭的第一消费支出。在城市化加快阶段，房地产业是扩大内需与改善民生的重要节点。我国房地产业的快速发展是完成工业化、实现城市化阶段的必然，与经济过热、产能过剩、通货膨胀等没有直接的因果关系，房地产政策不应，也不可能成为宏观经济调控的应急工具。房价、地价背后是复杂的社会再分配关系，土地财政是实现社会再分配的杠杆，关键是如何改进和用好问题，而不是简单的贬损和否定。套用发达国家已经高度资本化的房地产市场参数，误判我国房地产形势，甚至把房地产妖魔化，除了发泄情绪、吸引关注以外，没有任何正能量。

十五、城市问题热点：何以集中爆发

我国的城市化过程，一方面是农村人口大规模向城市的聚集，生产生活方式的根本转变；另一方面是城市人口规模的快速扩张，城市社会经济的快速发展，产业行业的快速深度分化，物质财富的快速积累，社会阶层的快速流动。这是社会结构转型和多元利益结构大变动时期。社会活动在城市空间上的大规模高度聚集，各种社会现象五光十色、变化无穷，各种社会思潮和社会信息集中生成，又在快速传播中高频率相互碰撞，层层放大效应，强烈刺激公众心理发生变化。由此引起各种热点问题集中爆发。心理决定行为，行为校正有赖于正确的心理干预和引导。加强理论和舆论对社会心理的正确干预和引导，是顺利推进新型城市化，建设和谐城市、幸福城市有力的支撑。

本文系作者应《上海城市管理》杂志之邀而作

我国城市化战略的再讨论[①]

（2013 年 9 月）

内容提要：遵循城市化客观规律，提高城市化自觉，围绕解决当前发展中的主要矛盾，统筹兼顾，把握合理的“度”，应成为谋划城市化方略的逻辑起点。城镇化意在强调小城镇的作用，城市化也不否定小城镇的重要作用。拥挤、污染、占地、公共安全风险、高地价、房价等城市病，在很大程度上又是获取城市化效益必须支付的成本。大城市有大城市病，中小城市有中小城市病，农村有农村病，各有其发展和存在的依据。大中小城市和小城镇协调发展是理想的城市化目标，但作为城市化战略没有现实意义。城乡一体化发展首先要破除城乡二元制度，而不是改变城乡二元结构。“三农”问题的核心是减少农民，减少农民的根本途径是城市化。以城带乡的前提是城市的率先发展。农民工进城整体上是社会的进步，而不是社会的倒退。城市化用地是更集约的用地，满足合理的城市化用地不会对我国粮食安全构成威胁。土地财政是社会再分配的工具，是如何改进改善问题，简单的否定于事无补。投资建设是城市化的物质基础，高调宣扬城市化不等于造城运动、城市化不等于房地产化、城市化率不是越高越好、城市化速度不是越快越好等，对于推进城市化没有积极意义。

积极稳妥地推进城市化是我国低成本地实现社会主义现代化的必由之路，面临着多重严峻挑战。党的十八大以来，城市化问题再度成为热点，争论也风生水起，反映了人们在城市化认识上的差异和偏好。通过

① 相关观点在不同场合和文章中已有表述，本文针对当前一些热点提法再作归纳和分析。

争论达成共识是我国城市化方略选择的必需程序，关系到能否实现低成本的城市化。

我国是一个小农经济历史悠久、逆城市化思潮积淀深厚的国度。20世纪50年代至70年代中期，“城市是产生资产阶级的温床”曾经成为主流思潮。所以，50年代末的严格的城市人口户籍限制，60年代初的城市干部职工下放，“文化大革命”中的大规模的知识青年上山下乡运动和“我们也有两只手，不在城里吃闲饭”政策的推行，虽有复杂的政治经济原因，但均以此种思潮为理论支撑。改革开放后由于城乡二元体制的持续，乡村工业化、农村城市化、抑制大城市发展、小城镇大战略等一度成为主流认识。当前则有城市化不等于城镇化、城市化不等于土地的城市化、城市化不等于消灭农村、城市化不等于投资建设、城市化不等于房地产化、城市化不等于造城运动、城市化率不是越高越好、城市化速度不是越快越好、城市规模不是越大越好等时髦论点。这些认识和政策固然有解决当时社会经济现实问题的考虑，也是既定的城乡利益格局和思维惯性使然，更有意识形态和理论认识上的原因。城市化本质上是一个自然的历史过程。在城市化进程中警惕和防止出现某种极端化、片面化倾向是必要的，但城市化的特定内涵决定了城市化不可能等于其他什么“化”。高调宣扬城市化不是什么，不等于什么，不仅无益于应对城市化各种挑战，而且蕴含着否定城市化、因噎废食、误导舆论和政策的危险。积极稳妥地推进城市化，有赖于城市化方略的选择和城市化政策的顶层设计，而城市化方略和城市化政策的顶层设计又要以对城市化的理性思维、辩证思考为前提。不同的学者有着不同的知识结构、信息把握和价值取向，对于城市化方略的选择会有不同。但从我国基本国情、特殊的发展阶段和大国特征出发，应是讨论城市化方略的共同起点。遵循城市化的普遍规律，提高城市化自觉，围绕解决当前我国现代化建设中的主要矛盾，统筹兼顾，把握合理的“度”，则是谋划城市化方略的逻辑起点。本文针对当前几个流行的观点，就我国城市化方略再作讨论。

一、城市化还是城镇化？

城镇化成为我国大多数官方文件的用语，大约始于20世纪80年代初。其时代背景是，农村改革的初步成功，农村劳动力剩余高度显性化；城市工业生产留出巨大的市场空间；城乡壁垒依然不可动摇，农村生产潜力只能就地释放。在这种背景下，长三角、珠三角等一些历史上商品经济相对发达、与大城市联系密切的地区，乡镇企业蓬勃兴起，迅速改变了农村面貌，刺激了小城镇迅速繁荣。这一社会现象经以费孝通先生为代表的著名学者理论归纳，提升为离土不离乡、进厂不进城、农村工业化、农村城镇化发展的模式，并被誉为中国农民的又一伟大创造，具有中国特色的农村发展道路。之后小城镇大战略上升为国家政策，撤乡建镇、撤乡并镇成为潮流，全国建制镇数量迅速达到2万座。应该说，乡镇企业的发展，释放了农村生产潜力，填补了工业品市场空白，在一定时期内成为农村区域发展和小城镇发展的重要推动力量。但是随着城市工业的恢复和发展，工业品市场供求关系发生根本性变化以后，乡镇企业低成本优势逐步弱化，而远离市场、缺少技术支撑、产品质量整体不高、村村点火、处处冒烟的分散布局等劣势也逐步显现出来。90年代后期，乡镇企业或者为市场所淘汰，或者向城镇园区集中成为城市工业的一员，整体上风光不再也就成为必然。由乡镇企业推动的小城镇发展动力不再强劲也就成为一种普遍趋势。如果说，在城市大门紧闭的制度约束下，农民进入小城镇虽然是一种理性，但又是无奈的选择，那么当城市的大门开启，城市门槛不再是不可逾越的时候，农民直接进入城市，或者由小城镇转移到大中城市也就成为一种必然。

事实上，我国大规模地设立建制镇只是行政区划名称的调整、把乡政府改称为镇政府而已，多数建制镇镇区仍然只能发挥农村集贸市场的功能，并未达到人们所期望的小城镇的大发展。只有多数的县城镇和少数发达地区的建制镇镇区才是名副其实的小城镇，而且这些小城镇多数正在向着小城市发展，有的已经发展成为小城市，甚至中等城市。小城镇的生产生活方式与城市已经没有质的不同，是城市体系的组成部分，只是因为其人口聚集的规模尚小而未被赋予城市之名。

人类社会发展的历史证明，工业企业的聚集催生新的城市，推动城市的发展；城市为工业的聚集发展提供依托和载体，降低工业交易成本。工业化和城市化的良性互动是发展规律，而分散化布局的乡镇企业（少数原材料生产和就地加工的企业除外）与工业企业聚集发展的规律相悖。乡镇企业被市场淘汰，或者融入城市，成为城市工业的一员是历史的必然。农村与城镇是两种完全不同的人类聚落形态。这种不同的聚落是城乡分工及其所依赖的资源禀赋不同的结果。农村成长为城镇就不再是农村。农村公共设施建设和生产生活条件的改善与提升，准确地说是农村的现代化，说农村城镇（市）化逻辑上不通。鉴于此，20 世纪末，有关中央文件已经将“重点发展小城镇”改为“有重点地发展小城镇”。城镇化意在强调小城镇的重要作用，但小城镇不能承担起城市化的主体重任；城市化也不意味着否定小城镇的重要作用，但城市化的提法更能准确反映我国经济社会发展的本质进程。可能出于强调发展小城镇的重要性，或者思维的惯性，城镇化仍为官方文件的主流用语。但即使是党的各类文件虽然以城镇化为主体用语，也仍有城市化的提法出现。所以，笔者一直认为，城市化与城镇化是同一概念内涵，在城镇化还是城市化上非要争论出来一个结果，现实意义不大。

二、怎样看待城市病?

拥挤、污染、占地、公共安全风险、高地价、高房价等城市病是客观存在，防治和减少城市病是城市化和城市现代化建设应有之义，要进行坚持不懈的努力和艰苦探索。但夸大城市病的危害，或者对城市病过度恐惧，又可能导致否定城市化，走上反城市化的歧路。城市的本质是人口和非农产业在空间上大规模高度聚集，是以空间换时间。这种大规模高度聚集使社会深度分工、高度专业化成为可能。而深度社会分工、高度专业化则是技术快速进步、知识创新涌流的前提条件。所以城市不仅成为人居中心、产业中心，而且是科技进步中心、知识创新中心和社会财富的创造中心。城市有更高的社会要素配置效率，有更多的更新的工作岗位创造出来，城市改变了农村熟人社会和宗法关系的羁绊，使人们有了更广阔的自由发展空间和社会阶层流动的机会，为人们充分就业、发挥聪明才智、实现个人价值提供了广阔舞台。在城市成为社会主体的当代，城市是转变发展方式、扩大内需、优化结构、改善民生、构建和谐社会的节点和主体平台。这是城市发展的根本依据，也是人类社会进入城市化高级阶段的根本原因所在。

天下没有免费午餐。取得城市化的正效应必须支付相应的成本。人口和非农产业的大规模高度聚集必然带来人均空间的狭小和拥挤，但这种拥挤又为城市完善交通体系，特别是为建设公共交通体系提供了规模化需求，成为公共交通体系建设的动力。人口和非农产业在城市的大规模高度聚集，必然造成资源和能源的大规模集中消耗和“三废”的集中排放，当这种集中排放超过自然净化能力的时候，必然造成污染。但这种集中的排放和污染又为进行集中化、规模化的治理和资源的综合利用提供了前提。所以依托于城市的污染治理和资源的循环利用更有效率，也更具可持续性。城市公共服务设施配套完善，使用效率高，享受同等生活水平，在城市消费比在农村更节约。服务业的大发展要以规模化的服务需求为前提。人口聚集才能提供服务业规模化需求。没有城市化水平的提高，我国服务业比重的提升就失去了内生动力。

城市以土地为载体。城市化的过程是新的城市产生、城市数量增加和现有城市规模的扩张，必然占用更多的土地。集约用地是一定的土地面积容纳更多人口和非农产业。而人口和非农产业的空间聚集又必然导致人均占有土地的稀缺，造成土地价格和房屋价格的上升以及公共安全风险的增加。从这种意义上说，城市病是不以人的意愿为转移的客观存在，在很大程度上是取得城市和城市化效益必须支付的成本。但城市和城市化的收益远大于城市病所带来的成本，否则城市和城市化就没有了存在价值。另外，随着对城市发展规律认识的加深，通过技术进步、发展路径的调整和生产生活方式的转变，人类又可以把城市病危害减少到更低程度，从而大大提升城市和城市化收益与成本的比率，或者疏解城市病对城市规模的硬约束。

三、如何判断当前我国城市化的总体态势?

正确地判断总体态势是正确制定城市化方略的重要前提。21 世纪初我国就有城市化过快、城市化冒进之论，受到高层肯定，故先后有农民工有序进城、鼓励农民工回乡创业、以规范为名清理农民工子弟学校、限制非户籍人口购房、防止城市化陷阱等直接地和间接地抑制城市化政策措施出台。当前则有城市化速度不是越快越好、城市化率不是越高越好、城市化要由速度向质量转型等观点流行。

城市化速度是经济社会发展的客观进程的反映，城市化速度不是越快越好，恐怕也不是越慢越好。城市化速度快与慢各有其利弊和客观条件，但以行政手段强制加快或扼制城市化速度往往事与愿违，得不偿失。近 12 年来，我国城市化率每年提高 1.3 个百分点，若以 1952 年为基数，则 60 年来我国城市化率年均提高不足 0.7 个百分点。近十多年来我国城市化速度每年超过 1 个百分点，既有以往多年积累的城市化潜力集中释放的原因，也是我国城市化正处于加速阶段和城市化支撑条件相对充分使然。当我国城市化达到较高水平（如 70% 以上）阶段，城市化速度降下来亦属正常现象。若考虑 2.6 亿农民工并未完全市民化的因素，断言我国城市化速度过快、过热、冒进更不能成立。

城市化率是衡量城市化发展水平的重要指标，城市化率的高低不以人的主观意志转移。城市化率不是越高越好，但也不是越低越好。2012 年我国统计的城市化率达 52.57%，而非农产业比重已近 90%，非农就业率已达 2/3。当前我国城市化率不是高了，而是严重不足，远远滞后于经济社会发展的要求和提供的可能，这是问题的主流和本质。大规模的农村人口进城，提高城市化率，建设以城市为主体的社会，是建设全面小康社会的客观要求，而且需要进行长期的艰苦努力。城市化率过高的可能性是几十年以后的小概率事件。在农村社会向城市社会转变时期，面对城市人口占总人口的比重刚刚过半、城市化水平远远落后于经济社会发展客观要求、提高城市化水平任重而道远的基本现实，高调宣扬“城市化率不是越高越好”，有误导决策之嫌。

在我国城市化进程中，确实面临着提高城市化质量的严重任务，如交通拥堵、环境污染、资源和用地紧张、公共基础设施不足、社会保障体系建设滞后、公共安全风险增加、农民工市民化等，但以此作为城市化由速度向质量转型的依据并不充分。我国城市化中的一系列问题，也可以视为城市化滞后的表现。有的是历史遗留问题的累积，有的是城市化快速发展和城市化特殊历史阶段必然存在的阶段性问题，有的属于公民环境意识、健康意识、权力意识和民主参与意识的觉醒而产生的新的诉求。这些问题有的正在解决之中，有的正在积蓄解决的条件。从整体上看，我国城市化在快速推进中质量在不断地提高也是不争的事实。提高城市化质量的思路有二，一是把速度与质量对立起来，以减缓城市化速度为代价，实现质量的提高，即所谓由速度向质量转型；二是把握速度与质量的对立统一关系，在城市化正常进程中提高城市化质量。笔者以为后者更为稳妥，也更加符合我国的基本国情和特殊发展阶段的特殊要求。

四、何为新型城市化?

新型城市化是在传统的城市化面临严峻挑战的背景下提出的。所谓新型城市化就是不同于以往的城市化，是切合中国基本国情、特殊发展阶段和大国特征的，具有中国特色的城市化。

第一，新型城市化把以人为核心的城市化理念提升到前所未有的高度。新型城市化的根本目的是为了人们生活得更美好，宜居、宜业、宜学、宜养、宜游成为城市规划建设必须坚守的准则。新型城市化是全体国民平等分享城市化成果，而不是少数阶层独享城市化成果、部分阶层利益受损的城市化；是城乡居民共享城市化成果，而不是剥夺农民的城市化。

第二，城市化动力的多元化。工业化、商贸旅游服务业的发展、文化教育的繁荣、人们生活水平的提高等共同推动城市化进程。经济全球化和社会主义市场经济体制的完善，内生动力与外部要素的进入共同推动，生产力要素在更广阔空间上实现优化配置，加快了城市化进程。

第三，城市化主体的多元化。发挥体制优势，政府主导，公众广泛参与；行政引导资源配置与市场发挥资源配置的基础作用相结合，由上而下和由下而上相结合的城市化，有利协调城市化中各种矛盾冲突和利益关系，减少城市化的社会成本。

第四，全新的城市化发展路径。摒弃先污染、后治理的老路，把生态文明建设融入城市化全过程。新型城市化是以科学的空间规划为先导，以科技进步为支撑，以节能减排为中心，致力于建设绿色城市、低碳城市、园林城市、生态城市，推进资源节约型、环境友好型的城市化；是用现代信息技术装备城市产业，服务于城市社会生活，提升城市管理水平，建设智慧城市；是与工业化良性互动，城乡统筹发展，与农业现代化协调发展的城市化。

第五，城市化进程的多样化。各区域城市化进程极度不平衡，城市空间密度、经济和人口密度、城市体系极不统一；跨区域进城与就近、就地进城并举；现有城市扩张与新建城市并进，摊大饼式地向周边蔓延与组团布局和开发园区、卫星城、新城、新区建设等跳跃式空间拓展等城市扩展形式并存。

第六，全新的城市化制度、体制和机制设置。城市化的各项管理制度、体制和调节机制具有高度的公平、公正、公开、透明和包容性，对城市各阶层和利益群体各得其所、和谐相处发挥保证作用。

第七，集中型的城市化。我国新型城市化的未来形态总体上将有一个较高的城市化率（60%、70%都不行，至少要80%以上）；大城市率先发展，大城市人口占城市人口较高比重，数十个不同等级的都市密集区的形成与发展；城市个体空间紧凑布局，城市个性、文化特色彰显。

第八，与基本国情相适应的城市功能体系和城市规模体系的形成。大中小城市和小城镇各自发挥不同的功能，优势互补。将有十几座千万人口级的超级城市，几十座300万—1000万人口级的特大城市，上百座100万—300万人口的大城市，数百座50万—100万人口的中等城市，上千座10万—50万人口的小城市，以及数千座小城镇分布于中华大地上。

综合上述，我国新型城市化内涵不仅指主体、动力、路径和形式、形态上与传统的不同，而且表现出全新的目的、制度和机制特征。新型城市化不仅是我国顺利推进城市化的必由之路，而且关系到社会主义现代化建设的全局。

五、怎样践行以人为核心的城市化？

城市化是人类社会发展到高级阶段的产物。人本主义作为一种社会理念在欧洲已有数百年的历史。“城市让人们生活得更美好”成为城市建设理念已有80多年的历史，但在城市实践中始终充满各种社会冲突和利益矛盾，曲折前行。今天欧美发达国家的城市化现状是其数百年几经反复调适的结果。我国提出以人为核心的城市化，就是城市化的根本目的是为了包括农村居民在内的全体国民生活得更美好，是社会主义制度本质的体现。但国民又是划分为不同的阶层和群体的，各阶层和群体成员又处于不断流动、变化之中。要把以人为核心的城市化落到实处，不仅要树立坚定的理念，要有科学的顶层设计，更要有符合实际的精细操作和正确的舆论导向。

首先，实现以人为核心的城市化要经过长期的艰苦努力。城市化的过程是社会经济结构剧烈转型时期，也是社会利益矛盾多发期。这种利益矛盾将加剧城市内部的内耗和摩擦，利益矛盾的解决将是一个长期的反复的过程。实现以人为核心的城市化不仅要依赖于物质财富的长期积累，而且要以深化改革与以人为核心的城市化不相适应的制度、体制、机制的不断推进为前提。

其次，推进以人为核心的城市化要进行系统性战略谋划。以人为核心的城市化是我国实现现代化的基本战略。我国现代化建设面临着发展与改革、发展与资源环境的硬约束、阶层分化与利益的再分配、城市率先发展与城乡差距扩大等各种结构性矛盾，必然在城市化进程中交集和凸显出来。以积极稳妥地推进新型城市化为主要平台和抓手，突出以人为核心的城市化理念，统筹经济、社会、文化、政治建设和生态文明建设，才能将社会主义现代化建设顺利推向前进。城市是人口和产业的高度聚集，个体行为的外部性极度放大，个体之间互为服务对象，具有高度的相互依赖性。要求个体自由与行为规范的统一，保护个人合法权益与弘扬集体主义并重，局部利益与整体利益兼顾，是以人为核心的城市化顶层设计必须坚持的原则和解决的课题。

再次，协调发展与改善民生关系。民生的改善是以人为核心的城市化最终落脚点，而民生改善要以生产力的发展为基础。我国仍处于并将长期处于社会主义初级阶段，发展是硬道理，发展是科学发展观的第一要义的历史时期还没有过去。发展的目的是改善民生，但发展与改善民生的近期目标又往往存在矛盾和冲突。统筹安排发展与改善民生近期目标是把以人为核心的城市化落到实处的关键环节。

最后，统筹改善民生的诸多关系。改善民生是一个含义广泛的概念，包括教育、医疗、养老、就业、住房、环境质量、食品安全、公共安全等多个领域，而各个不同的群体在不同时期对民生改善又有不同的诉求。在一定时期内可供改善民生的公共资源总有限度，在民生改善的各个领域配置公共资源又是此消彼长的关系。改善民生不能仅仅以是否需要、目标是否正确决定取舍。因为在现阶段，改善民生的需求数不胜数，必须对各类民生改善事项统筹兼顾，分别轻重缓急，科学安排先后次序，优先解决关系全局、影响深远的民生问题。

六、大中小城市协调发展应否成为城市化战略?

战略是针对特定的历史阶段、为解决主要矛盾而进行的顶层设计和总体安排，具有阶段性、可调整性。不同的国度，随着不同时代主要矛盾的变化，要进行相应的战略调整。在我国城市化战略选择上，长期存在着崇小抑大的偏好。小城镇大战略、抑制大城市发展、积极发展中小城市等表述都不乏拥护者和认同者。但我国的城市化实践却是大城市规模仍在持续扩大，大城市的扩张并没有被抑制住，反而支付了很高的社会成本；中小城市和小城镇虽然在发展①，但并没有达到许多人的预期。事实上这种现象的存在是客观规律作用的结果。在一般情况下，城市的聚集效益和规模效益与城市规模呈正相关。城市的规模不是越大越好，但也不是越小越好。城市的产生、发展和规模决定于其自身的发展条件和社会经济发展需要。在边际效益存在的情况下，城市的扩张是不可避免的，以行政力量加以限制，成本极高，收效甚微。当然一个城市的规模又不可能永远扩张下去，当其扩张的边际效益为零的时候，其人口的增长也将停止。所以在城市化加速阶段，大城市的率先发展，大城市人口占城市人口比重的提高是正常现象。当大城市发展到一定阶段后，才会有更多的效应外溢，从而使以大带小成为现实，中小城市也将迎来更快的发展。

党的十七大报告提出，按照统筹城乡、布局合理、节约土地、功能完善、以大带小的原则，促进大中小城市和小城镇协调发展。大中小城市和小城镇协调发展被视同城市化战略。大中小城市和小城镇各有其功能定位，各有其优点，也各有其存在的依据，不能相互替代。大城市有大城市病，中小城市和小城镇有中小城市病和小城镇病，农村有农村病。大中小城市和小城镇协调发展，优势互补，构成合理的城市功能体系和规模体系，是我们追求的目标。这一目标在中国受捧，在其他国家也不会遭到反对；在今天城市化加速阶段正确，几十年后城市化实现之后仍然不会改变。以此作为城市化战略没有实际指导意义。在现阶段，我国面临的主要问题不是大城市多了，而是数量不足，一批中小城市成长为大城市的趋势不可阻挡；我国多数大城市的主要问题也不是平均规模过大问题，而是仍有巨大扩张空间。一些百万人口级的正在向300万—500万人口特大城市发展，300万—500万人口级正向着千万人口级的超大城市迈进，即使京沪等千万人口级的超大城市也仍然有扩张的空间，限制

① 有论者根据国家统计局数据得出我国2000—2010年小城市数量减少的结论，并不是我国小城市发展的真实反映，而是对统计数据的误读。因为统计的小城市主要指县级建制市，而县级建制市数量的减少又主要是大城市行政区划的调整，撤市设区所致。实际上，10多年来我国有相当一部分县城镇和少数重点建制镇区已经成长为小城市，小城市的实际数量一直在持续增加。

人口迁入只能延缓其人口机械增长强度。城市化政策与城市化规律相吻合，才能发挥正向的推动作用，否则只能事倍功半。所以无论是限制大城市发展政策，还是鼓励中小城市和小城镇发展的政策，都应进行政策执行成本和效果评估，全国一个指令、“一刀切”将面临着极高的行政错配资源的风险。尊重和扩大各个城市发展的自主决策权，实现各类城市的竞相发展才是正途。以行政手段限制超大城市人口规模，成本过高，效果不佳。若真想减少超大城市过度发展带来的负效应，必须规范政府配置资源的权力边界、调整区域发展政策、深化财政体制改革，从改变超大城市的功能叠加、公共资源过密配置、分散超大城市功能入手。

七、如何统筹城乡一体化发展?

统筹城乡一体化发展是我国城市化的重要路径选择，但在统筹城乡一体化发展的基本思路、具体目标和基本策略政策选择上又多有不同意见。我国城乡关系的根本症结在于城乡分割的二元社会制度，统筹城乡一体化发展首先是拆除城乡二元的制度壁垒，特别是对农村居民歧视性的户籍制度，而不是消除城乡二元结构问题。因为城乡不同的社会阶层、职业结构和产业结构是城乡分工的结果，只要以农为主的农村和以工为主的城市城乡社会分工格局还在，消除城乡二元结构就是不可能的。统筹城乡一体化发展的主要目标是农村居民成为平等的共和国公民，城乡居民平等分享包括城市化在内的现代化建设成果。其政策顶层设计的基点，一是农村居民享有迁居城市的自主选择权；二是已经进城的农村居民成为市民的平等一员；三是逐步实现城乡公共服务的相对均衡配置；四是建设城乡要素平等交换的制度和机制；五是变农村土地集体所有制为城乡统一的土地国有（共有或全民所有）制，农民对土地享有永佃权。

农业、农民、农村问题对我国的持续稳定发展与建设和谐社会构成严峻挑战，但“三农”问题的重点和难点均在农民收入的增长。农民增收难的根源在于农民数量的庞大。只有减少农民，才能富裕农民，而减少农民的根本途径是大量的农村居民转变为城市人口，是城市化。城市化不等于消灭农村，但城市化是农村人口比重大幅度降低、农村自然村落大规模撤并和减少的过程，也是城市文明向农村渗透、农村生产生活方式逐步现代化的过程。

在国家综合实力已经大为增强，工业化基础已经具备的情况下，农村发展严重滞后于城市的发展，过大的城乡差距是不可持续的，必须强调以城带乡，城市支持农村，促进城乡共同繁荣。以城带乡的前提是城市的强大，城市的率先发展。农业是国民经济的基础，但农业不具有物质财富的代际积累和传承功能。农产品市场需求弹性较小，又是有机物，不宜过量长久储存，农业的严重滞后和过度超前发展均是资源的错配。城市的市场需求是农产品变现的前提，城市就业需求是农村剩余劳动力基本出路，农业现代化的物质装备要依赖于城市工业，农村现代化建设的技术、资金和物质条件也要依赖于城市供给。城市化与农业现代化是协调发展关系，而不可能同步发展，更不可能是城市化要以农业现代化为前提。为应对农业比较利益低下，实施以工补农、工业反哺农业的政策在短期内是必要的，但一个被长期反哺的农业又是不可持续的，不仅存在着公共资源低效率配置的风险，而且将成为农业国际竞争力提升的阻力。尽快理顺被人为扭曲了的农产品价值体系才是治本之策。建立合理的农产品内外贸市场体系，在国内、国际两种资源、两个市场层面上调整农业与非农业占用资源的配置，应成为确保国家粮食安全和生态安全的重要考量。

城市有着比农村更高的要素配置效率，在城市化推进阶段，农村生产要素向城市流动聚集是必然的。这种流动和聚集对农村发展的近期和局部影响是负面的，但长期的全局性影响是正向的。由此，农村发展要更多地依靠国家的支援和财政的转移支付。国家支持和财政转移应有明确的边界和重点，一是农村教育、医疗、养老等社会保障体系建设；二是农业科研、技术推广和市场信息化服务、水利、种子、肥料等市场容易失灵的生产资料有效供给；三是农村的水电路气通信、污染环境治理等公共基础设施建设。在公共财政能力一定的条件下，农村公共基础设施要充分考虑农村人口正在大量减少、撤并村镇的因素，不仅要与增强城市综合承载力统筹兼顾，而且应在县域层次上进行统筹规划，更多地通过市场化运作提升公共资源的配置效率。

八、怎样认识农民工问题?

据统计，我国农民工已达2.6亿人，约占城市常住人口的1/3，由于没有平等的市民身份，被称为准（半）城市人口。农民工问题是我国城乡分割的社会制度与城市化进程交合的产物，对我国经济发展和社会结构的变化产生了重大影响。逐步实现农民工的市民化，是新型城市化应有之义，也是协调城乡发展、建设和谐社会必须跨越的一道门槛。

第一，农民工满足了城市发展对大量劳动力要素的需求。农民工群体已经成为城市产业工人的主体，城市的发展与运行再也离不开他们。农民工从事的许多是苦脏累险的工作岗位，与城市下岗失业居民就业发生正面冲突的概率较小；农民工吃苦耐劳，工资成本较低，降低了工业化和城市化的即期成本，提升了中国制造的国际竞争力，为我国工业化和城市化原始积累作出了重要贡献。

第二，大规模的农民工进城减少了农村劳动力剩余，优化了我国劳动力资源的城乡配置。青壮年、有文化知识的农民工大规模进城虽然降低了农业从业劳动力平均素质，但由于农业现代技术装备水平的提高，农业劳动强度的大幅度减轻，为妇女和老年人胜任农业生产需要提供了可能。农业生产的持续发展，而没有像有人想象的那样受严重制约，即证明了这一点。相反，农民工进城开阔了眼界，提升了就业能力，加强了城乡的联系，加快了城市文明向农村的传播。对于一个家庭来说，青壮年进城务工，老年人和妇女在家经营承包田，家庭农业收入不减，或稍有增加，又增加一笔务工收入，提高了农民家庭整体生活水平，是农村家庭劳动力的优化组合。

第三，农民工远离家庭，带来了留守儿童、空巢老人、夫妇分居等一系列问题，是社会之殇，但属于发展中、前进中的问题，根源在于城乡分割的二元体制和滞后的城市化政策。农民工为了追求更高的收入和美好的生活进入城市，是自主的理性选择，客观上促进了城乡发展，主流是社会的进步，而不是社会的倒退。由于就业竞争能力相对不强和收入水平较低，第一代农民工往往要忍受各种社会不公和痛苦，但这种城市化洗礼又是农民工的第二、第三代融入城市、成为平等市民一员的阶梯。

第四，农民工为城市化作出了重要贡献，但相应的成本往往由农民工及其家庭单方面承担，凸显了我国城乡政策的深层结构性矛盾和加快城市化政策调整的紧迫性。农民工市民化是社会主义制度的本质要求，对于防止出现城市内部新的二元社会，构建和谐城市具有关键意义。农民工融入城市的障碍主要在于城乡分割的二元制度，关键在于城市的接纳意愿和能力。农民工进城是自主、理性的选择。农民工回乡创业或有成功，但是小概率，也不会成为主流。因为农民工在城市就业、创业的条件远较农村为优，就业和创业的成功概率也远较农村为大，否则就不会有大规模农民工进城了。所谓引导农民工有序进城仍是一种计划经济思维。试问，2 亿多农民工进城有多少是政府有序引导的结果？还不是一批批在老乡或朋友的介绍下，背着简单行李从车站直奔工作地点而去？所谓“农民工进城要以能够就业为前提”，那么城市有无合适的就业岗位谁能作出事先判断？实际上农民工滞留农村与进城暂无就业都是劳动力的闲置，但只有进城，农民工才能有更多的就业机会，才能有更多的发展与选择空间，而且农民工进城本身又会创造出新的社会需求和就业空间。

第五，农民工的市民化面临着诸多实际困难，农民工市民化有一个农民工提高自身素质问题。由于体制和思维的惯性和现实利益结构的刚性以及改革的难度，农民工市民化将是一个长期的渐进的过程。根据城市公共财力的可能性，作为第一步，可以考虑首先对在城市工作年限较长、岗位和收入相对稳定的农民工实施市民化政策，优先解决他们的社会保障和子女随迁入学等现实问题，允许不同类型的城市根据具体条件进行不同的政策设计和细节操作。在统筹城乡发展的背景下，以农民工在乡的宅基地、承包地权益置换城市社会保障和城市住房，不失为一种减缓农民工市民化公共财政压力的方案，但要以农民工所在城市地区与其移出地区利益关系的调整为前提。这一方案不应贴上对农民土地权益剥夺的标签，而在于是否符合农民工的意愿，是否是农民工的自主选择。

九、怎样评价我国城市化建设用地?

在我国城市化用地问题上，必须厘清以下几种认识。

一是城市化用地是否威胁我国农业安全。城市化的推进，必然伴随城市用地的扩张，但合理的城市化用地是更集约的用地。据估算，即使我国的城市化率达到80%以上，城市化用地也仅占国土面积的1.3%左右，但将有90%的经济产出。以近十多年我国耕地减少1亿多亩为由，断言城市化用地威胁粮食安全，结论并不能成立。近十多年来我国耕地确有快速减少，但主要是退耕还林所致（占70%以上），另有农业结构调整、基本建设占用和自然灾害损毁等原因，因城市占用只占耕地减少量的不足10%。目前，我国城市建成区面积不足5万平方千米，而农村居民点用地达16万平方千米以上。农民移居城市必然是农村宅基地的闲置，在城市化用地增量与农村居民点用地减量之间，理论上存在着后者大于前者的置换关系。只是因为城市化政策的滞后，进城农民不得不自留后路，继续持有宅基地甚至承包田。以每个农民进城占地100平方米、置换宅基地150—200平方米、未来30年全国城市人口净增5亿，农村人口减少4亿计算，全国城市化用地增量约为7500万亩，折合占用耕地不足5000万亩（垦殖率按65%计），而农村居民点可置换出耕地1亿亩左右。农村居民点置换出的耕地虽有质量问题，但随着技术改良和耕作年限的延长，并非不可改变。

二是我国城市化用地总体上是否存在粗放化趋势？城市化当然不等于土地的城市化，但是没有城市建设用地的相应增加，城市化也就成了“空中楼阁”。在我国城市化用地中，确实存在着征而不用、多征少用、浪费闲置和低效率占用等问题，必须依法依规加以纠正和查处。十年来我国城市建成区的扩张速度快于城市人口增长速度也是事实，但由此判断城市建设用地趋于粗放则值得商榷。因为土地的城市化往往是以宗地、小区、园区、新区为单位，集中连片征用划拨的，要经过多年的开发、配套建设才能满足人口的逐步入住要求。而人口的城市化是以自然人为单位进行的。前者在先，履行完相应审批手续即等于完成；后者在后，要持续一个较长时间。所以在城市化加速阶段，土地的城市化快于人口的城市化是一种正常现象。当快速城市化进程已成过去之时，土地的城市化速度减下来，乃至停止，而人口的城市化进度依然继续，也是一种正常现象。我国城市中心区、开发成熟的新区人口密度不断提高，单位用地产出在不断增加，反映的正是城市用地效率由初期较低到成熟期逐步升高的过程。坚持节约用地、集约用地、合理布局是城市用地必须遵循的准则，但在技术条件一定的情况下，城市用地集约度越高，相应的开发建设的成本越高，对环境质量的要求也越高，两者之间存在着相互制约关系。进行用地成本与收益比较，把握城市用地集约的合理度，是应该重视的重要一环。我国人多地少，耕地资源稀缺，加强土地用途管制，保护耕地，于宏观调控是完全必要的，但对建设用地实施占补平衡、层层分解的政策效果应有清醒认识和全面评估。因为在各地城市建设用地需求与耕地后备资源并不总是匹配的情况下，达到建设用地层层占补平衡，或者不可能落实到位，或者将支付极高的耕地补充的机会成本。

三是城市化用地收益如何合理分配。农村土地变为城市用地会有巨大升值空间。城市土地升值是社会资本投资积淀、凝聚的结果，与土地的原所有者和使用者的努力几无关系。城市土地国有，城市土地的级差收益归社会，合理合法，而代表社会的只能是政府。土地财政的实质是土地级差收益的社会再分配，是如何改进、完善、用好用活问题，简单地否定于事无补。土地财政也不等于土地腐败，土地腐败是党纪国法解决的问题，而不是否定土地财政的理由。“10 年来国家通过征用土地从农民手中拿走了 30 万亿元”的结论没有统计数据支撑；“不要与民争利”口号隐喻的是政府与人民的根本利益是对立的，是对集中财力建设公共事业的一种釜底抽薪。在城市土地征用过程中，不仅存在着地方政府、征地拆迁居民、开发商与土地的最终使用者（购房者、厂商承租者）等直接相关方的利益冲突，还包含着整体的农村居民与城市居民等间接相关方之间分享城市化成果问题。核心在于土地收益在各利益阶层之间的合理分配。被征地拆迁居民的合法权益必须得到保护，但“土地收益向农民倾斜”要作具体分析。远离城市的基础设施用地或者存在着补偿标准过低问题，而近郊建设征地的主要倾向则是对补偿标准过度诉求的问题，是补偿标准的规范化、制度化建设问题。由此引发新的社会不公和家庭社会问题尚未引起足够的重视。开发商获得合理的投资回报，是土地开发得以持续的前提；地方政府通过土地开发获得收入用于公共设施建设和提供公共服务，是对城乡居民的转移支付。这里存在着“寅吃卯粮”问题，也与“卯事寅干”的阶段性任务相对应，是代际之间建设责任和成果享用的传承问题。政府土地财政收入、开发商利润、征拆地居民补偿等最后都将转化为地价和房价，最终由土地使用者埋单。地价、房价过高增加消费者负担，要求提高工资水平，而工资水平的提高又制约企业提升市场竞争力，影响整个城市的活力。这里是一个没有起点、也没有终点，一损俱损、一荣俱荣的利益循环链，而土地不能开发成功都是输家。

十、城市化与投资建设是什么关系?

“城市化不等于投资建设”虽然是一种常识，但其成为时髦口号的背后不得不辨。从直观物理形态上看，城市是各种房屋建筑物的排列组合，是各类基础设施的空间集合。城市化与投资建设虽不等同，但两者联系密切，相辅相成。城市化固然不等于投资建设，但没有大规模的投资建设就没有房屋和各种公共设施存量的大幅度增加，城市居民衣食住行等的满足就失去了物质依托，城市提升综合承载力也就成了无本之源。在城市人口大量增加的城市化加速阶段，城市化建设是第一国内需求，是扩大内需的第一拉动力量。以投资建设提升城市综合承载力，与转变发展方式、优化结构、消化过剩产能相互促进，高度相融，而不是非此即彼的对立关系。国民收入 = 消费 + 储蓄，储蓄 = 顺差 + 投资。顺差是暂时借给外国人的消费，是国际经济结构再平衡的条件，投资是为了明天更好地消费。在投资结构中，既有物质产品扩大再生产，又包括服务品的扩大供给。在物质产品扩大再生产中，既有满足最终消费需求的扩大再生产，也有中间产品的扩大再生产。最终消费品的扩大再生产和服务品的扩大供给，与经济过热、产能过剩无关，而且是抑制通胀、满足消费需求的重要条件。我国经济总量世界第二，但人均水平仍排在世界各国第 80 位左右。我国仍处于并将长期处于社会主义初级阶段。在社会主义初级阶段，人均物质财富存量不足，基础设施、服务品和最终消费品供给不能满足人们日益增长的需要依然是主要矛盾的主要方面，应是制定国内经济政策和公共政策的基点。投资占国民收入的较高比重，为社会主义现代化奠定必要的物质基础，不仅是发展的必然，而且是代际承传使然，具有阶段性的必然性和合理性。把扩大消费、城市化与投资建设对立起来，与社会主义初级阶段的理论相悖。在城市化投资建设中，如何转变理念，提升规划设计水平，做好施工监管和运行维护，以发挥投资建设的最大效益，应该坚持不懈地努力，但把城市化与投资建设对立起来，割裂开来，无异于是对城市化的阉割。试想，没有大规模投资建设，我国的城市化会化成什么样子？

与城市化不等于投资建设相近的观点还有“城市化不等于造城运动”“城市化不等于房地产化”等流行用语。城市是人工的产物，是人类智慧的结晶。没有城市的建造，何来城市化的物质形态？“鬼城”的出现是城市规划建设的失误，但不是我国城市化建设的全部，更不能以局部的过程中的失误作为否定城市建设的依据。周密谋划、合理布局、完善配套、产城融合、把握合理的节奏是城市建设必须遵循的准则，也是减少和防止“鬼城”出现的根本之道。房地产业是为人们生产生活建设活动场所的实体经济，是为城市化提供物质基础的部门，而不是虚拟经济。城市化不等于房地产化，但没有房地产业的支撑，城市化也就失去了物质基础。积极推进棚户区、危旧房改造已成共识，是房地产业发展的重要方向，而不是对房地产业的否定。在房地产业被政策严厉调控、被舆论持续围剿的氛围中，宣扬城市化不等于房地产化，是对房地产业的又一次撕咬，于推进城市化没有积极作用。

十一、就地城市化还是异地城市化？

就地城市化即农村人口不需迁移，就地转化为城市人口。就地城市化无须支付迁移成本，可以坐收土地升值收益，受到很多人的青睐。但就地城市化虽有存在，但只能是极少数。因为仅靠当地农村人口转化和繁衍要达到一个城市的人口规模需要相当长的时间，或者是不可能的。20 世纪 80 年代，我国曾有过离土不离乡、进厂不进城、就地城市化的尝试，但随着乡镇企业为城市工业所取代，就地城市化也沉寂下来。在大城市病广受非议的背景下，基于平衡地区发展的诉求和春节农民工集中返乡的运输压力，就地城市化再度受到追捧，给人以只见树木、不见森林之感。城市化的基本特征是农村人口向城市的迁移和聚集，异地进城是城市化的主体。我国幅员辽阔，农民异地进城可分为就近进城和远距离、跨区域进城。何为就近进城和远距离、跨区域进城，尚无数量上的界定。一般情况下，就近城市化可以视为县（市）域和地级行政区范围内的农村人口向辖区内城区的迁移。远距离跨区域城市化可视为省（区）际之间的农村人口转移进城。目前我国跨省（区）的农民工大约有 7000 万人。由于我国一个省区的辖区面积即相当于一个欧洲大国，跨省（区）域的农村人口进城的距离有时低于省（区）内甚至地区内进城的距离。就近城市化，农村人口迁移距离较短，成本较低，进城农民与市民较少文化、语言上的障碍，又有较多的社会资本可以利用，有利于融入城市，减少进城成本，加快区域发展。但由于各地城市化的条件和进程存在巨大差异，就近城市化既限制了农村人口要素在更大空间上的优化配置，也使一些生存条件恶劣和资源贫乏地区失去了通过异地转移减轻人口压力、为生态环境提供休养生息的机会。城市化总体上是区域人口的再布局和再优化、区域人口与自然资源再匹配的过程，过度强调就地进城，不适当地提升就近城市化权重，人为地限制人口的跨区域进城，于城市化效率的整体提升将产生反向作用。

本文系上海管理科学研究院学术委员会关于城市化进程的征文

为城市化八个时髦用语加后缀

（2013 年 12 月 29 日）

时髦用语是社会思潮、社会风尚、社会潮流的反映。媒体时髦用语往往是主流认识和政策导向的凝聚。我国有关城市化的时髦用语在很大程度上隐含了城市化的理念、战略、路径、模式及其价值取向。

城市化是人类文明发展的高级阶段，本质上是一个自然历史的过程。我国 13 亿人口在几十年内完成的城市化是影响 21 世纪世界历史进程的重大事件。从中国的特殊国情、特定的发展阶段和大国经济的基本特征出发，把城市化融入国家发展的整体战略布局，遵循城市化一般规律，把握中国城市化的特殊性，以高度的城市化自觉和城市化自信，积极稳妥地推进新型城市化是我国低成本地实现现代化的必由之路。

城市化的过程是经济社会结构剧烈变动时期，也是各种利益矛盾冲突多发期。中国城市化面临的各种挑战尤其严峻，面对的各种矛盾尤其尖锐、错综复杂，必须坚持辩证思维，防止一种倾向掩盖另一种倾向。围绕解决城市化进程中的主要矛盾，高屋建瓴、统筹谋划，确定正确的战略方略，方能不走老路、少走弯路，顺利地把城市化推向前进。

城市化时髦用语之所以时髦都有其逻辑起点，有其理论和实事的依据，也反映了某些民意，但又都有其特定的前提和局限，而不是放之四海而皆准，推向极端则会走向反面。这里没有绝对的是与非和对与错，关键是在特定的时空维度上，谨慎把握其合理的“度”。鉴于此，对当前流行的城市化八个时髦用语（“四个不是”和“四个不等于”）加以必要的后缀当会对我国制定城市化方针政策有所裨益。

一、城市化率不是越高越好

城市化率不是越高越好，但也不是越低越好。我国人口基数大，有一个较高的城市化率是客观的必然。以人口高峰15亿人、城市化率80%计，农村人口仍有3亿之多，接近美国目前的总人口。当前我国的城市化仅有52%，城市化率还有数十个百分点的上升空间，城市化率持续上升将是未来几十年不可逆转的趋势。在这一特殊发展阶段，高调鼓吹城市化率不是越高越好，对于积极稳妥地推进城市化只有抑制效应，而较少正面效应。

二、城市化速度不是越快越好

城市化进程具有客观性，城市化速度不是越快越好，也不是越慢越好。城市化的政策顺应客观进程方能取得预期效果，逆城市化发展规律而行只能事倍功半，甚至难以达到预期目的。近十多年来，我国的城市化速度每年上升1个多百分点，根本原因在于经济社会发展的客观要求，很大程度上是被人为长期抑制的城市化潜力集中爆发的结果。长期以来，我国即有“城市化过快”“城市化冒进”之论，城市化速度不是越快越好不过是其翻版。试问，在我国非农产业比重已近90%，非农就业率已达2/3的情况下，城市化率仅一半多一点（包括2亿以上的没有城市户籍的农民工），城市化进程的主要倾向是超前冒进，还是严重滞后？

三、城市规模不是越大越好

一个城市的规模受到区位、自然资源禀赋、经济社会发展的客观要求等多重因素的影响。城市的成长本质上也是一个自然历史的过程。在规模边际效益存在的情况下，城市的规模扩张不可逆转；但一个城市的规模又不可永远扩张下去，当城市规模边际效益为零的时候，这个城市规模扩张也就停止了。我国长期把抑制大城市、崇尚发展小城镇和小中城市作为城市化政策主导方向，但城市规模照长不误，大城市的规模和数量一直持续增加，正是这种客观规律作用使然。城市有城市病，农村有农村病；大城市有大城市病，中小城市、小城镇有中小城市病和小城镇病。大中小城市和小城镇各有优点，各有其功能和存在发展的依据，是互促互补关系而不是相互代替的关系。在当前，我国大城市数量不是多了，而是少了，不仅多数小城镇、中小城市拥有扩张的空间，即使是大城市也仍有增长空间。有条件的小城镇成长为上千座中小城市，有条件的中小城市成长为上百座大城市，有条件的百万人以上大城市成长为数十座数百万至千万人口的特大城市，有条件的特大城市成长为十几座千万人口级的超级城市，大城市人口占城市总人口的较高比重，是我国城市化必然趋势和重要形态。

四、城市化不是去农村化

城市化不是去农村化，完全正确！城市与农村是相互对应的两种聚落形态，即使实现了城市化，只要城乡分工存在，农村的功能仍然不可替代，作为两种聚落形态的城市和农村就将并存下去。所以有以城带乡、建设社会主义新农村、城乡一体化发展、农村现代化等一系列政策措施出台。但是城市化过程是以农村为主体的社会转型为以城市为社会主体的过程。在这一过程中，农村人口大幅度减少，自然村落大规模撤并，农村要素向城市聚集大于城市要素向农村扩散，城市文明向农村扩散和农村的现代化，也是一种必然现象。以城带乡的前提条件是城市的率先发展，城市带动乡村发展能力的强大；建设社会主义新农村要充分考虑农村人口大量减少，村庄撤并的现实，要与增强城市综合承载力统筹兼顾；实施城乡一体化发展的基本途径是拆除城乡二元社会的制度壁垒，大幅度减少农村人口，目标是城乡居民公平分享城市化成果。城乡一体化不是城乡一样化；城乡协调发展也不是城乡同步发展；农村现代化不是农村城市化，亦城亦乡、不城不乡亦不会成为主流。

五、城市化不等于土地城市化

城市化过程是人口和产业向城市聚集的过程，也是城市用地扩张的过程。没有土地的城市化是空中楼阁。城市用地是更集约用地。满足合理的城市化用地不会对我国粮食安全构成威胁。没有合理城市化用地的满足，集约节约用地就成了空话。我国局部地区城市化用地存在的浪费、圈而不用、多征少用，要按照相应法律法规加以纠正和处罚。城市化不等于土地城市化成为时髦用语的依据，无非是近十多年来土地城市化速度快于人口的城市化速度。须知，在城市化加速时期，农村土地变为城市用地，是以宗地、小区、园区为单位进行的，履行完相关手续即等于完成。而人口的城市化是以自然人为单位进行的，要以土地完成开发、具备生产生活条件为前提。所以人口城市化进程滞后于土地城市化是一种阶段性正常现象。当土地城市化完成之后，人口城市化仍将持续一个时期，也是一种阶段性正常现象。

六、城市化不等于房地产化

笔者寡闻，未见有人认领“城市化等于房地产化”这一命题。但房地产业作为国民经济的一个行业，是为城市化提供人们生产生活场所的产业。没有房地产业的相应发展，城市化也就失去了物质基础支撑。在房地产业被多年持续严加宏观调控，房地产业被舆论长期妖魔化的社会背景下，过度渲染并无人认领的“城市化不等于房地产化”这一命题，只能发泄把房地产业打倒在地、再踩上一只脚的快感。

七、城市化不等于造城运动

城市化当然不等于造城运动。但城市是人工建造的产物，每个城市的直观物理形态都是各种人工建筑物的排列组合。没有人工造城，何来城市的物质形态，岂不成了海市蜃楼？“鬼城”的出现是城市规划建设的失误，但不是我国城市化建设的主流，更不能以此否定城市建设。防止“鬼城”出现必须努力去做。周密谋划、合理布局、完善配套、产城融合、把握合理的建设节凑等是减少和防止“鬼城”出现的基本路径。

八、城市化不等于投资建设

城市化不等于投资建设是一种常识，但城市化与投资建设联系密切，两者相辅相成。没有大规模的投资建设就没有城市各种基础设施的大规模增加，城市居民生产生活就失去了物质依托，城市综合承载力的提升就成了无本之源。当前，城市化建设是我国的第一内需，是扩大内需的第一拉动力量，扩大城市建设投资与转变发展方式、优化结构、消化过剩产能并非根本对立，而是相互促进，高度融合。国民收入 = 消费 + 储蓄，储蓄 = 顺差 + 投资。顺差是暂时借给外国人的消费，投资是为了国人明天更好地消费。在社会主义初级阶段，投资占国民收入较高比例具有阶段性的合理性，不仅为奠定城市化和城市现代化物质基础所必需，而且是社会物质财富代际承传的必然。

本文发表于《城市》杂志 2014 年第 2 期

寻求新型城市化与水文化发展的契合点

（2014 年 8 月 6 日）

一、城市与水

水是生命之源。城市是生命个体在空间上大规模高度集合，说水为城市之基当确凿无误。城市依水而建、以水而兴、因水而亡是历史的真实，也是活生生的现实。故世上多有水城、江城、泉城、滨湖之城、滨海之城的称谓，亦不乏因水而消失的城市遗迹，如楼兰古城。城市的人口规模和产业结构及其发展以水安全为前提，城市供水、排水能力，城市防洪、除涝能力是城市安全的重要基础，城市人均日供水能力是城市建设规划的重要指标。城市是人居中心和产业中心，也是水资源消耗和废水排放中心。当这种废水排放超过自然净化能力的时候，必然造成水污染。所以城市又是水污染治理和水环境保护的重心。我国现有 3/4 的城市缺水，成为城市发展的重要制约因素。其中有资源型缺水、水质型缺水、工程型缺水和制度型（区域间的水分配比例、工农业生活生态用水比例）缺水，针对不同的特点，解决城市缺水是当前推进城市化、城市现代化建设中的一大难题。

二、城市文化与水文化

广义文化是指人类在社会历史发展过程中所创造的一切物质财富和精神财富的总和，特指精神财富。由此推理，城市文化是指人类在建设和发展城市中所创造的一切物质财富和精神财富的总和，特指城市哲学、城市科学技术、城市教育和文学艺术、城市主流价值观、道德行为规范等精神财富。城市文化被视为城市之魂、城市之根，是城市成长力、竞争力、凝聚力的重要源泉，也是城市品质、城市品牌、城市知名度的重要标志和载体。水文化则是指人类以水为主要对象创造的物质财富和精神财富的总和，特指人类在亲水、用水、治水、护水活动中所创造的科学技术、法律制度、观念习俗的集合。水文化也可以视为以水为基本载体的文化，人与水关系的文化表现。城市文化与水文化既有共性，又各具特点；既有区别，又有联系；既各具相对独立性，又多有交集。水是城市成长的基础元素，城市文化在一定程度上涵盖了水文化，但水文化与人类文明同步，而城市是人类文明发展的高级阶段，所以水文化比城市文化的历史更久远。随着城市社会的到来，城市文化将成为社会文化的主体，但水文化不仅是城市文化的一个组成部分，而且是乡村文化的组成部分。水文化不仅覆盖城市，而且覆盖乡村。城市文化和水文化都是以人类思想观念为本底，以人类行为方式为表现，以为人类自身服务为宗旨。城市文化与水文化交集共荣于人类的观念和行为之中。

三、寻求新型城市化与水文化发展的契合点

城市化是现代化的重要标志，也是实现现代化的必由之路。新型城市化是从中国实际出发、具有中国特色、不同于西方传统路径的城市化。不同的学者虽然对新型城市化具体内涵有不同的界定，但资源节约、环境友好，人与自然（包括与水）和谐相处的城市化是其共同内涵。建设宜居宜业城市、生态环保城市成为新型城市化的共同目标，而无水就不可能宜居，无水也不可能有生态。加强城市水环境保护和水污染治理，打造优美的城市水景观，建设相应的基础设施满足市民亲水、近水、乐水的生态环境需求，构建城市节水社会，形成保护水环境的社会共识是推进新型城市化的重要环节。弘扬优秀水文化传统，发展水文化将为新型城市化提供思想意识动力和社会支持。另外，新型城市化的推进将大幅度提高我国的资源要素配置效率，推动经济社会快速发展和城市综合实力倍增，市民对水文化的消费需求日益增长，又为水文化的繁荣与创新发展提供了历史契机和强劲的市场动力，为优秀水文化的挖掘承传和发扬光大提供资金、技术保障。所以城市政府多把水环境构造作为城市

现代化建设的规划重点，开发商们也多把构造亲水环境作为楼盘的卖点。新型城市化是包括水资源在内的资源节约型的城市化，是以水环境为重要载体的环境友好型的城市化。繁荣和发展水文化有利于更好地理顺人与水的关系，实现人与水的和谐相处，促进水资源的节约利用和可持续利用，也有利于水文化遗产的保护和开发利用。笔者想这当是新型城市化与水文化发展的契合点。

四、改革创新，发展和繁荣水文化产业

文化产业是以文化为载体的满足人们精神需求的经营性服务业。以此类推，水文化产业是以水文化为载体的满足人们亲水、知水、爱水、乐水等精神享受的经营性服务业。建设社会主义文化强国，增强国家文化软实力是我国的重要战略目标，为繁荣发展水文化产业提供了政策保障。发展水文化产业就是市场在水文化资源配置中发挥决定性作用，企业居市场主体地位。发展水文化产业可以更好地满足人们的各种水文化需求，也是持续繁荣水文化的重要途径。当前发展水文化产业，一要明确水文化事业与水文化产业的不同性质和功能定位，采取有区别的管理体制。二要进行水文化产业管理体制机制建设和改革，包括水文化资产的分类与确权，构建水文化企业的准入与退出门槛，水文化产业服务（产品）质量监管，规范市场交易秩序等。三要正确处理水文化产业的发展与水文化遗产（资产）保护的关系。四要推广应用现代信息传播技术，建设水文化产业服务网络，实现与其他文化产业和服务业的相互配合、融合发展。

本文系作者在“全国水文化学术研讨会”上的演讲稿

当代中国城市治理几个问题的讨论

（2014 年 10 月 25 日）

党的十八届三中全会《中共中央关于全面深化改革若干重大问题的决定》（以下简称《决定》）提出推进国家治理体系和治理能力现代化后，与之相联系的城市治理成为社会热议。关于治理与管理的联系与区别，有学者认为，国家治理更强调法治、依法治国、建设法治国家。饶会林先生在其生前所著《中国城市管理新论》中，把城市管理归纳为导引、规范、治理、服务四项内容，治理是包含于管理之中的。许跃桐先生认为国家治理是比国家管理更高一级的阶段。《辞海》对“治”字的第一释义是管理，并有治水、治乱、治安、治军、治标、治本、治疗等词汇组合，似有强调统治、管制、控制之义。笔者认为，治理强调依法管理，现代管理亦有依法管理的内涵。治理比管理更强调问题导向，但两者含义基本相通，在不同的场景、针对不同问题可以分别使用。实际上党的十八届三中全会《决定》也是把治理和管理交替使用的。今年年会的主题是《城市病与城市治理》，钱学森城市学思想的核心是系统科学，城市是开放的复杂巨系统，以下试用系统科学思想对城市治理的几个问题作简单分析，欢迎争鸣和讨论。

一、城市治理与国家治理

国家治理体系和治理能力现代化是国家的战略目标，也是实现国家富强、民族振兴的根本路径。2011 年我国城市化率超过 50%，已经进入城市社会。今后几十年我国仍将处于城市化加速时期，每年将有 1000 万以上的农村人口向城市集聚。2050 年前后全国城市人口将在 12 亿人左右，城市化率将达 80% 以上。城市不仅是国民经济的重心，而且成为社会的主体。因此，国家治理的基础在城市，国家治理的主体也是城市。国家治理体系和治理能力现代化首先是城市治理体系和治理能力的现代化，国家治理目标首先在城市实现，国家治理中的一切问题和矛盾也将在城市治理中凸显出来。国家治理的方针、政策、策略、措施也将主要在城市治理中进行试验、探索并得到逐步完善。城市和农村是相互对应的两种社会聚集形态，只要城乡的社会分工存在，农村就不可能消亡。农业是国民经济的基础，但农业不具有物质财富的代际积累功能，一个社会从事农业生产的人越多，这个社会物质财富积累能力越弱，这个社会越穷。一个农村人口占大多数的大国实现现代化是不可想象的。城市化不等于农村的消亡，但城市化是农村人口大量减少、农村社区大规模撤并的过程。城市是区域的龙头、区域的人居中心和工业商贸中心，农业和农村要依赖城市的发展，农村治理也应纳入城乡一体化治理。城市治理几乎涵盖国家治理的所有领域。

二、城市治理与以人为本

我国新型城市化要以人为本已成共识，但如何以人为本推进新型城市化似乎又少了一些系统性思维和深层思考。人本主义时兴于西方已有数百年，现移植到中国成为时髦用语，大有取代传统主流观念为人民服务之势。事实上，城市居民是分为不同社会阶层的，是由不同群体组成的。不同的社会阶层和群体利益诉求和价值取向不同，而且这种利益诉求和价值取向有时甚至是根本对立的。鲁迅先生说，焦大是不会爱林妹妹的。一个胖得发愁的人与一个营养不良的人也不会有相同的减肥诉求。即使是同一阶层和群体随着时代的发展和原有问题的解决，也会发生新的分化和利益矛盾。城市人口高度密集，空间拥挤，社会深度分工，个体之间互相依赖性强，发生碰撞和利益冲突的概率更高，偶发事件引发的关联效应也更大。城市社会冲突和利益矛盾高发多发是一种常态。所以，我国城市治理一项基本任务是协调人与人之间的关系，最大限度满足不同阶层的利益和价值诉求，达到不同群体和谐共处、互利共赢。为此，不仅要强调保护个人合法权益，尊重个人选择的自由，还要规范个体行为，提倡集体主义；不仅要服从大多数人的意愿，还要尊重和照顾少数人的合理诉求；不仅要着力寻求各方利益平衡点，还要以系统的观点，统筹兼顾局部与全局、近期利益与长远发展关系。

三、城市治理与城市病

治理城市病是城市治理的另一项基本任务，但不是城市治理任务的全部，更不是一票否决。治理城市病的实质是调整城市人与自然的关系，达到人与自然的和谐相处，实现城市宜居宜业。城市病起源于城市本身，成为严重的社会问题则始于发达国家的20世纪50年代初。我国城市病的凸显与城市化进程加速相重叠，与经济社会发展的矛盾相交织，在城市决策中占有越来越高的权重，也是一种发展中的烦恼。城市病治理关系广大市民的健康和生活质量，关系城市的可持续发展。正确认识城市病的成因及其发展规律是治理城市病的思想基础和取得成功的前提。其一，城市病的首要表现是环境污染，此外还有拥挤、占地、公共安全风险、高地价、高房价等。城市化具有更高的要素配置效率，积极稳妥地推进新型城市化是低成本实现现代化的必由之路。城市化的正效应大于城市病带来的负效应，是城市化存在和发展的依据。其二，城市是人口和非农产业的大规模高度集聚，必然与大规模的能源和资源集中消耗及“三废”的集中排放相伴，当这种集中的“三废”排放超出自然净化能力时必然造成环境污染。但这种集中排放又为集中化、规模化的治理污染提供了前提条件。所以，依托于城市的污染治理工程更有效率、更具可持续性。城市是发展集约经济、循环经济、低碳经济、节能减排的基本依托，是生态文明建设的重心。享受同等生活水平，在城市消费比在农村更节约。其三，城市拥堵是完善城市交通体系的经济社会前提。城市用地是更集约的用地，合理的城市化用地增量不会对我国粮食安全构成威胁。城市土地高价是城市土地高使用价值的表现，是大规模社会基础设施配套投资的转移和凝聚。高地价是高房价之因，高地价、高房价的背后隐含着复杂的社会再分配关系。大城市有大城市病，中小城市有中小城市病，农村有农村病，各有其存在的价值，其功能也不可能相互替代。过度夸大城市病有可能因噎废食，走上否定城市化的歧途。其四，在一定程度上，城市病可视为取得城市化收益必须支付的成本。把城市病负效应控制在社会可以接受的限度内是治理城市病的基本目标，如何减少城市病的社会成本，建设宜居宜业、生态环保城市，实现城市效益的最大化是城市发展的关键所在，也是人们一直坚持不懈的追求。随着科学技术的进步，发展路径和模式的转型、城市空间布局规划的改善，城市病危害可以得到逐步降低或者大大缓解，人类应该有这种自信。

四、城市治理与发展阶段

城市治理体系和治理能力现代化是城市发展的战略目标，也是城市发展和建设的过程和手段。而城市治理体系和治理能力的现代化要从中国的国情和特定的市情出发，城市治理的目标、标准、方式、方法要与城市发展阶段相适应。我国幅员广大，各城市发展极不平衡，面临的治理问题、重点也有极大差异性，但整体上均处于发展中阶段。因为我国仍处于并将长期处于社会主义初级阶段，十几亿人口的大国实现现代化，工业阶段可以缩短，但不可逾越。在城市化加速阶段，大规模的基础设施建设还将持续一个较长时期，必须有重化工业提供基本物质保障，而不可能靠进口得到基本解决。与重化工业阶段和人民生活水平提高相对应的能源原材料消耗总量的增长（单位消耗强度可以降低）以及与之相关联的环境问题也将持续一个较长时期。城市居民生活品质的提高和消费需求的多样化与供给能力相对不足的基本矛盾，与外来人口的快速增加、城市社会结构的分化和利益多元化相叠加，更使城市社会治理目标面临多难选择。面对错综复杂的多种多样的城市治理需求，必须坚持以发展为第一要务的科学发展，运用系统科学方法，针对城市治理主要矛盾的主要方面，集中力量于城市治理的重点领域，分别轻重缓急，统筹安排，做到有所不为而有所为。发展中阶段的城市治理任务千头万绪，艰巨异常，必须树立长期艰苦奋斗的思想，即使占据着道德高地的民生工程和政治上正确的项目也要视具备相应的条件而定，进行成本与收益比较，特别是机会成本分析，并非应该一拥而上，全部上马。目标过大，标准过高，全面出击，急于求成不是城市治理的正确策略。发挥后发优势，要借鉴发达国家城市治理的经验。但要清醒地认识到，无论是城市治理制度体系和治理能力，公民素质和参与意识，社会组织的发育水平，还是公共财力支持治理的能力，公共服务供给能力和基础设施存量质量，我国城市与发达国家均不在一个可比量级上。发达国家城市治理理念、标准、参数可作参考，但不能照搬。正确认识和评估我国城市治理的经验和教训，既看到进展和成就，又看到问题所在和努力方向，才能增强城市治理的自觉与自信。

五、城市治理和舆论导向

城市治理主体是多元化的，治理目标是多样化的并随时代变迁而不断提升的，治理的方式、方法和组织形式也将随着社会发展和技术进步而与时俱进。城市治理的成功首先决定于治理主体达成共识，而治理主体达成共识又有赖于多渠道的沟通和多种形式的民主协商，特别是舆论的正确引导。理论为政策提供支持，影响舆论；政策对理论提出要求，引导并约束舆论；舆论引导社会预期，推动社会思潮形成；脱离实际和社会条件的社会预期和社会思潮导致社会运动和群体事件，威胁城市治理。在理论、政策、舆论、社会预期、社会思潮、社会运动和城市治理成效的互动反馈链条中，舆论具有发酵、扩散、放大效应，发挥着关键链接作用。所以，掌握着一定话语权的理论工作者只应负有对社会现象的专业解释权和对城市治理问题的建议权，而不应自信代表某一阶层的利益。因为没有谁赋权给哪位学者，学者也代表不了谁的利益。政策也不宜高调宣示代表哪个阶层的利益，或者向哪个阶层利益倾斜。作为执政党意志的表现，政策应以社会整体利益最大化为目的，重在协调各方面的利益关系和不同诉求，并把已被实践证明符合城市发展规律的政策及时上升为法律法规，为依法治市、依法行政提供依据。城市治理要进行社会整合，形成合力，社会整合的关键在于政府的公信力，政府的公信力取决于政府行为的长期积累，言必信，行必果。不仅要落实如李克强总理所告诫的，做不到不要写进政府工作报告，还应强调做不到的也不要说、不要宣传。作秀式的许愿、开空头支票只能损害政府的公信力和社会的凝聚力。

本文系作者在“第三届钱学森城市思想研讨会暨浙江城市治理论坛”上的演讲稿

把握城市更新要点

（2015 年 4 月 10 日）

我国经济发展进入新常态，转型发展、创新发展、有质量的发展成为政策方向。与此同时，城市化作为最大的内需所在和解决城乡差距根本途径的战略地位没有变，城市化对实现全面小康和社会主义现代化的支撑作用也没有变。在此背景下，城市更新、提高城市化质量成为热词，似有成为城市化主基调之势。在我看来，要把城市更新顺利推向前进，还要把握四个要点。

一、城市更新要在城市化整体进程中统筹安排

城市更新是通过城市存量资产的改造升级，提升城市质量的着力点。2000 年以来，我国城市化率以每年 1 个多百分点速度推进，同时城市综合承载力不适应、城市生态环境质量不高、城市公共服务不能满足需要，以及农民工市民化等问题凸显出来，于是先有权威人士的城市化“冒进论”和“过度超前论”；后有城市化要“由速度向质量转型论”。两种论调表述不同，但依据相同，政策结论都是欲以减缓城市化速度提升城市化质量。这种思路与国家的宏观政策导向高度一致，很难说不。但仔细想来，又不能作出如此简单的推理。首先是对我国城市化总体形势的判断问题。近十多年来，我国城市化速度虽有较快推进，但整体上依然严重滞后于经济社会发展的客观要求和提供的可能，由此严重抑制了经济增长潜力的充分发挥，这是不争的事实。其次是认识方法问题。速度和质量是推动发展的两大维度，两者是对立的统一。由量变到质变是发展规律。若问，十多年来我国城市化在快速发展的同时，总体质量是在绝对下降还是在逐步提高？似乎还没有人能作出我国城市化总体质量在下

降的结论。我国城市化进程中面临的一系列严峻质量问题，有的属于体制、机制、管理、路径选择和政策策略问题，应着力加以解决，但很多是城市化发展中的问题，是城市化加速时期必然出现的阶段性现象。这些问题只能在发展中逐步得到解决。最后是城市化发展的路径选择问题。城市化本质上是一个自然的历史过程，所谓推进城市化实际上是指破除一切与城市化客观规律相违背的人为制度、政策障碍。十年前的城市化冒进论和城市化过快论，是防过热宏观政策的衍生物，误导了我国城市化路径的选择。在当前经济下行压力加大的背景下，是以抑制城市化速度为代价，为提升城市化质量提供空间，推进以城市更新为主体的城市化，还是遵循城市化的客观规律，在积极稳妥推进城市化进程中，统筹安排城市更新，实现城市质量的稳步提升？笔者以为后者比前者更切合当前中国发展的实际，更有可能实现我国城市化效应的最大化。

二、准确评估城市更新的成本和收益

城市更新与城市（规模）扩张（建设新的城市是城市数量的扩张）是推进城市化进程的两大路径，但两者实施的条件和作用有别。城市更新的主要作用在于提升城市质量和品质，实现城市功能的与时俱进，更好地满足城市经济社会发展的需求。城市扩张则是城市化量的增加和城市化率的提高。城市扩张是实现城市化之前的必须经历的阶段性现象，而城市更新则将伴随城市生命周期全过程。两者各有利弊得失，各自服务于不同发展目标。我国城市基础差，现代化水平低，城市更新具有提升城市综合承载能力、改善城市生态环境质量、提高城市土地集约利用、保护城市历史文脉、改善民生等综合效益，但也面临着高额的征地拆迁安置成本、短期内城市环境负荷加重、复杂的社会利益重构、较高的社会群体事件风险等，同时要以较高的城市政府管理水平和协调能力为条件。城市扩张虽有扩大城市建设用地、农村土地征用和农村居民拆迁安置等问题，以及城市道路和地下管线的延长、公共设施配套与新建等成本增加问题，但征地拆迁安置单位面积成本和社会矛盾复杂程度较低，同等的财力支出和投资成本可以容纳更多的城市增量人口和非农产业聚集。我国还将有数亿农村人口进城，城市化率还将有20—30个百分点的上升空间，城市建成区面积还需倍增。在今后二三十年内，城市扩张仍将是我国城市化极化阶段的重要特征，而城市更新不具成为城市化进程主旋律的必要性和合理性，但具体城市还需作出具体的路径选择。

三、构建公平合理的城市更新收益分配格局

城市更新首先要对更新区域土地存量进行利用结构调整，前提是征地拆迁和原住居民的妥善安置。城市更新是区域土地级差收益变现的契机，由此造成不同的社会群体对土地收益占有的不同诉求。这里既有地方政府税费收入、开发施工企业赢利、拆迁户安置补偿对更新收益的占有份额问题，也有土地新使用者对更新成本支付和城乡居民对城市更新成果的公平分享问题。这是一个此消彼长又相互依存的关系，征地拆迁不能完成都是输家，而没有赢家。其中，地方政府是更新项目的规划、分配规则的制定者和执行者，各方利益关系的协调者和收益分享者多重角色，处于关键地位。拆迁户因为原来的地位不同，利益受损不同，对安置和补偿又有不同的诉求。所以，构建公平、公正、公开、透明的收益分配体制和机制，就成了城市更新顺利进行的关键环节。为此，一要确立城市更新收益分配的逻辑起点。城市更新区域土地潜在的级差收益是社会资本投入积淀、凝聚的结果，土地级差收益的变现主要是社会支付了成本，与原住居民的努力不存在因果关系。城市土地属于国有，城市更新土地级差收益归社会合理合法。现阶段唯有政府能够代表社会。二要确认地方政府占有城市更新收益的合理性和正当性。地方政府虽然占有城市更新收益，但不能视为与民争利，土地财政也不等同于土地腐败。地方政府占有城市更新收益代表了包括拆迁户在内的整体城乡居民根本利益，是实现社会再分配、协调各方利益关系的必要前提和重要手段。三要规范城市征地拆迁补偿标准。拆迁户为城市更新利益受损，必须得到相应的补偿和妥善安置，但要防止出现因征地拆迁补偿一夜暴富的现象。依靠对城市土地的占用权力获得意外之财与社会主义制度相悖，后患无穷。过高的拆迁安置补偿不仅徒增城市更新成本，推升地价房价

和城市生活成本，而且造成新的不劳而获和社会不公，毒化社会风气，于受补偿家庭及其后代发展亦非好事。同一座城市要坚持不同用途的征地拆迁执行同一补偿标准，不能依据实际土地收益的高低和大小决定补偿额度。即使是公益性、公共性建设用地也应视同商住用地，执行同一补偿标准，以利城市更新项目真实的成本核算。四要实施正向的舆论引导。拆迁户的补偿诉求各异，但要求更高的补偿标准是一致的。征地拆迁中的社会冲突和群体事件固然有政府、开发商方面的操作不当、违规违法等多种原因，但根源还在于拆迁户过高的补偿预期未得到满足，而绝少真心反对拆迁者。预期受社会舆论的强烈影响。拆迁户过高的补偿预期与舆论导向、社会氛围密切相关。完善社会主义市场经济体制、构建和谐社会，强调人权、产权、自由、个人主义是必要的，但也离不开集体主义的弘扬和大局意识的提升。城市更新征地拆迁为城市现代化建设所必需，关系全局利益，拆迁中的住房产权问题是住房空间位置的置换，而非单方面剥夺。拆迁户的经济损失容易量化，社会情感上的受损难以计算。但拆迁户都是经济上的得利者，只有得利多寡之别，而没有经济利益受损者。

四、城市更新要因地因时制宜，分类施策

我国有650多座建制市、1500多座县城镇和一大批小城镇，各市镇的发展条件和发展阶段极不相同，面临的主要经济社会环境问题也各有特殊性，一定时期内推进城市化的路径选择应该是多样化的。必须从具体的市情、县情实际出发，确定城市更新的着力点及其与城市扩张的相互关系。城市更新是对城市存量结构的调整和改造升级，内涵广泛。包括老旧工业区、商业区的空间置换和改造升级，危旧住房、棚户区、“城中村”的改造和升级，不适应需要的城市交通道路、各类地下管网、地上公用设施的改造和升级，城市污染源头的治理和公园、公共绿地建设，历史文物、文脉保护和文化街区的保护与开发，等等。不同城市的不同发展阶段，城市更新的重点、实施条件、轻重缓急不同，必须规划先行、整体谋划、统筹兼顾、有舍有取，力戒全面开花、急于求成。应该明确，

并非每一个城市更新项目都有立即开工建设的条件，不具备必要条件，好事也会办成坏事。城市更新具体项目要进行经济、社会、环境的综合评价，根据相关条件具备的情况，特别是公共财力支持能力，科学安排实施的时间顺序、节奏、重点和力度，注意与其他相关配套项目进度相衔接，精心组织、精心设计、精心施工、务求实效。深化投融资体制改革，吸引民间社会资本投资于城市更新，重在界定政府责权利边界，提高投资效率，加快城市更新进程，惠及民生，而不是转嫁政府责任和财政负担。

本文发表于《上海城市管理》2015 年第 3 期

以用地制度创新促进新型城市化

（2015 年 10 月）

建设用地的扩张是推进城市化进程的重要物质基础，必须由农村土地大规模转换而来。这种土地利用结构的大调整、大变动必然伴随城乡社会利益冲突的多发和土地收益结构的重塑。新型城市化也不例外。推进新型城市化已经成为全国上下共识，但对新型城市化基本内涵又有不同理解，新型城市化的基本内涵之一是城乡一体化发展，城乡居民公平分享城市化成果，似乎未见反对之声，但对城乡一体化发展与城乡二元的土地制度存在着矛盾和对立却极少被提及。土地制度是基本的经济制度。我国要满足新型城市化用地需求，必须突破土地二元制度的困扰，以及用地政策（用地计划、土地用途管制、占补平衡等）和土地利益重构等多重约束。

土地是基本的经济要素，但又不仅仅是经济要素，也不同于其他要素。土地是自然资源，具有空间不可移动性、用途可以改变性、满足特定需求的土地稀缺性、区位决定土地价格、投资可以改变土地区位等特性。城市土地升值是社会投资的转移和凝聚，与土地使用者几乎无关。土地是一切生产生活不可离开的物质基础。在市场经济条件下，土地是重要的财产、资产、资本和生产要素。在社会主义经济政治体制下，土地是社会再分配的重要介质和宏观调控的重要工具。在当代中国，土地是生态环境保护和粮食安全的基本载体，农村土地制度安排还担负着部分平衡城乡居民社会保障差别的功能。城市用地制度安排必须从土地上述特点特性出发，统筹满足土地上述多种功能的要求，而不能单纯追求土地经济效益的提高。

解放思想是改革创新的前提。创新城市用地制度首先要摆脱传统的僵化思维束缚，走出思想认识上的误区。以下提法和口号长期占据主流，但仔细分析，有的似是而非，有的逻辑错误，有的方向存在问题，有的局部有理，但全局谬误。不仅误导舆论、误导公众，而且对城市用地政策的出台和土地制度的深化改革产生负面影响。这里略作分析和评述。

一、城市化用地威胁我国粮食安全?

这一提法已风靡多年，但似是而非，亦无统计数据支持。近十多年来我国耕地存量统计数字大量减少主要是退耕还林所致，因城市用地而减少的耕地只占耕地减少量的10%左右。我国土地资源稀缺，人多地少，必须节约用地，而城市用地是更集约的用地。实现城市化之时，全国城市建成区面积也只占国土面积的1.2%左右，但将容纳80%以上的人口和90%以上的社会产出。说城市化用地威胁粮食安全只是杞人忧天。我国目前城市化率为54%，城市建成区面积近5万平方千米。若城市化率达到85%左右，还有31个百分点的上升空间，城市建成区面积还需要增加一倍以上。按增量人均用地100平方米计，需要净增城市用地4.4万平方千米。其中以耕地占比60%计，耕地占用约4000万亩。全国目前农村居民点建设用地16万平方千米以上，维持目前人均占地标准，理论上可有1.5亿亩置换为耕地。这种城市用地增量与农村居民点用地减量之间存在的后者大于前者的置换关系，主要是因为城市化政策的滞后而没有及时转变为现实。

二、土地的城市化快于人口的城市化?

这是近十多年的事实，但又是快速城市化阶段的必然现象。我国人口的城市化是以自然人为单位统计的，而土地城市化以新区、新城、开发区、宗地为单位，按完成规划征地计算的。每有一个农村人口进城就划拨或征用一个人的城市用地没有可操作性。城市新增用地从完成征地规划建设到居民入住要经过一个或长或短的过程，而且与中心城区加高加密同时进行。各城市中心区人口密度加大，拥堵加剧成为管理难题，即是证明。城市化进入后期，将迎来城市用地增速减缓乃至趋于停止，而人口的城市化仍将继续的发展阶段。

三、土地是农民的命根子，不许打农民土地的主意？

农民是职业的概念。拥有土地且从事农业生产劳动，以土地为生的是农民；拥有土地而不从事农业生产劳动，依靠地租为生的是地主；收取地租而不靠地租为生的是小土地出租者。没有土地而从事农业生产劳动的是农业工人；没有土地而从事农业经营、靠雇佣工人生产的是农业企业家。我国“三农”问题的难点和重点均在农民增收。农民增收难的根源在于农民群体的庞大。要富裕农民必须减少农民，只有减少农民，才能有农业的规模经营和农业劳动生产率的提高，才会有农业的现代化。而减少农民的根本途径是城市化，是从根本上改变多数人以土地谋生的格局。在我国，农村居民包括农民，但农村居民不等于农民。农村居民的根本利益在于享有平等的发展权，一是拥有移居城市、进城从业的自主选择权；二是已经在城市拥有稳定职业的农民工平等享有市民权益；三是逐步实现城乡公共服务的相对均等化。

四、保护农民土地权益？

保护农民合法土地权益有利于完善市场经济体制，优化土地资源配置，但社会主义体制提倡勤劳致富、先富带后富、社会共富，不提倡依靠资源占有致富，更不能支持不劳而获的寄生生活。保护农民土地权益，有利于为农民职业转型、转变为市民积累资本，但在城市化加速的土地利用结构大变动时期，强化、固化农村居民土地权益也将加大城市化社会成本和农业经营成本。保护农民土地权益有利于农村和农业的稳定，减少进城农民的后顾之忧，缓解农民工市民化的压力，但把农村居民禁锢于土地之上的制度安排与城市化、工业化的发展方向相悖，于社会主义现代化长远建设弊大于利。

五、土地升值收益向农民倾斜？

农村土地升值收益归农民当无争议，城市建设征用农村土地对涉地农民进行合理补偿亦理所应当，但城市土地升值是社会投资凝聚的结果，与农民没有直接关系。城市土地属国家所有，其升值收益和级差地租归社会合理合法。城市征地拆迁成为一大难的主要根源在于涉地涉迁户的补偿诉求与既定的补偿标准不相匹配。实际上，任何征地拆迁补偿的提高都将转化为地价和房价，最终要由购房者来埋单。房价上涨加重居民生活负担，要求提高工资水平，而高工资又将加大企业用工成本，抑制城市活力。另外，过高标准的征地拆迁补偿造成部分居民一夜暴富，导致一系列新的社会不公和社会问题。执政党的政策出发点应是协调各相关利益阶层的关系，而不宜自诩代表某一个阶层利益或者向某一利益阶层倾斜。

六、中国失地农民有4000多万人？

这是按我国建设用地（城市用地只是其中一部分）数量与人均耕地面积相除得到的推算数。在当代中国，农村居民失地并不等于失业，也不等于失利。实际上，我国农村居民因失地而失业者是少数；对于因失地而失利的情况也要有不同的分析起点，要具体问题具体分析。远郊农村土地较少变现可能，征地往往成为许多居民的期盼。近郊农村居民失地则是如何更多地分享土地升级收益问题。我国从事农业生产的劳动力虽达3亿之多，但老人和妇女（所谓“3816部队”）占很大比例。若折合成标准劳动力或年标准劳动日，实际从业劳动力估计在1.5亿。随着农业技术装备的现代化，农业劳动强度大大减轻，老年人和妇女胜任农业生产需要成为可能。对于一个家庭来说，年轻人进城打工，老年人和妇女在家务农，依托日益完善的社会化服务农业收入不减，又有一笔可观的打工收入，这是农村居民家庭劳动力的合理组合，也是社会劳动力资源的优化配置。青壮农村人口进城打工虽有空巢老人、留守儿童等社会问题，但整体上是社会进步中出现的问题，也只应在发展中得到解决。在制度设置和政策设计上，鼓励和支持已经进城的农民自主选择割断与土地的联系，逐步减少亦城亦乡、两栖流动人口规模，是农民工市民化的基本内容，于顺利推进新型城市化、构建和谐社会成本较小，效果更大。

七、农村集体经营性建设用地入市，与国有土地同权同价？

十八届三中全会这一政策规定有利于打破政府垄断土地价格和市场供给，也为近郊农村集体更多地分享城市土地升值收益提供了政策保证和可能。但农村集体高土地收益不仅增加了农村集体资产经营的风险和集体内部公平分配土地收益的风险，而且孕育着农村集体之间、近郊农民与市民整体之间利益分配结构新的失衡。其关联效应则是城市土地制度由一元国有向国有和集体所有二元结构转变，城市社会由目前的市民和农民工二元结构向市民、农民工和拥有土地产权的市民三元结构转变，对于未来的城市治理造成新的障碍。

八、不要与民争利？

这里的“民”是指涉地涉迁群体，还是指城乡居民整体？其主语是地方政府还是开发商？界限模糊，内涵多解。若指开发商，应是由市场博弈，通过优胜劣汰和供求关系的变动达到均衡的问题。若指地方政府，则背后含义是地方政府有着与人民根本利益相对立的自己特殊利益，无疑隐喻着对地方政府合法性的某种否定。土地财政不等于土地腐败。妖魔化地方政府只能削弱社会凝聚力，加剧社会冲突，而不利于社会和谐。

九、土地财政不可持续？

土地是社会再分配的重要介质，地价、房价的背后是复杂的社会再分配关系和代际承传关系。土地财政既然是社会再分配的工具，在没有更好的替代方案之前，是进一步完善、用好用活问题。卖地不可持续，也不可能、没有必要可持续。城市化进程完成之时，城市用地增量自然停止。寅吃卯粮是与卯事寅干相对应的。以土地财政加快推进城市公共基础设施，是一代建设，多代使用，实质是代际承传关系。随着城市化的实现，房地产存量的增加，房地产税基随之扩大，以房地产税收取代土地财政也就水到渠成。

十、土地私有化？

土地私有化与社会主义的基本制度和中华人民共和国宪法相悖。在城市，人口高度密集、流动性大，个体行为的外部性强，相互依赖性大，土地私有化实现的难度极大。在当前农村，人口大规模向城市聚集，社会结构变动剧烈，回归到农业高级合作化之前的土地家庭所有制，技术上难以操作，实施的成本过高，社会成本几乎不可承受。

城市用地制度的改革和创新涉及深层体制改革。城市征地拆迁涉及各种错综复杂的利益关系，核心问题是土地升值收益在各阶层、利益群体之间的公平合理分配。这里的直接利益攸关方包括征地拆迁户、地方政府、房地产开发商和房地产产品的最终使用者，间接利益的相关方则涉及城乡居民的整体。这是一个相互依存、一损俱损的利益共同体。征地拆迁不成，都是输家而没有赢家。那么，出路何在呢？笔者以为，根本措施是破除城乡土地二元制度对城乡一体化的障碍，在宪法层面上进行农村土地制度改革，变农村土地集体所有制为土地的全民所有制，变城乡土地二元制度为城乡一体的土地共有（全民所有或国有）制，农业用地实行家庭永佃制，城乡实行统一的土地所有权与经营权、使用权相分离制度。在宪法未作相关调整之前，城市政府可从以下几个环节进行改进和创新：一是全市统一征地拆迁补偿标准，可根据不同区位有所差别。应该明确，城市土地级差收益主要应归财政，城市土地价格评估是政府转让和进行招拍挂的依据，商服用地价格也不是征地拆迁补偿的依据。二是继续所有权和经营权相分离制度，完善和改进现行的城市土地征用、一级开发、储备、转让、招拍挂制度，进一步精化、细化操作环节制度性安排，消除土地腐败，革除弊端，充分发挥“土地财政”的正能量。三是各类城市用地实行统一定价，并相应调整公益设施投资和财政拨款体制，以利公益用地成本核算和社会监督。四是创造条件，逐步以城乡公共服务均等化取代依附于农村土地制度之上的社会保障功能，探索建立农民工市民化与农村居民土地权益公平置换的政策机制。五是在城市立法权限内，对相对成熟的城市征用地制度和政策措施进行立法，实现用地制度改革创新与依法治国、依法行政相衔接。六是强化舆论的正向引导。在城市化和城市现代化建设中，不仅要强调保护人权、产权，还要弘扬集体主义，构建个体服从整体、局部服从全局、整体和全局关怀照顾个体和局部利益的社会氛围和体制机制。

统筹城市化与创新创业

（2015 年 10 月 24 日）

以大众创新、万众创业驱动转型发展已经成为我国经济发展新常态下的基本战略和政策导向。城市是创新创业的主体平台，为创新创业构建适宜的环境支持。创新创业的关键在人才，充分发挥人才作用要靠体制和机制激励，而体制机制由城市决定。人才的基础在教育，而教育的重心在城市。城市化是经济社会结构的转型，社会冲突利益矛盾的多发、集中爆发，其理顺和协调有赖于科技创新和体制创新。统筹城市化与创新创业，协同推进，相互融合，方能达到预定目标。

创新是为前人和他人未所为，是经济社会发展的本源推动力量。创业可以界定为组建新的企业，也可以理解为创造新的就业岗位，广泛就业是社会稳定的基石。创新与创业联系密切，但又不完全等同。创新是新思想、新观念、新知识、新技术、新产品的发现和发明，或者是新工艺和新的经营方式的应用。在一定刺激条件下，创业往往意味着新的技术、新的产品、新的理念、新的经营方式走向市场，孕育着创新的基因，成为新的创新平台和母体。企业高管离职另起炉灶，创办新的企业，既可视为既有企业的裂变和扩散，又可能是新一轮次创新的开始。大众创新、万众创业驱动转型发展，对于稳增长、调结构、惠民生、促改革具有重要战略意义和现实意义，而城市化又为创新创业构建适宜的条件支持。在整体的因果关系上，城市化本身就是经济社会的转型，有赖于科技创新和体制创新。

一、城市是创新中心，为创业构建适宜的平台

城市的本质是人口在一定空间上的大规模高度集聚，实现以空间换时间。人口的大规模高度集聚使社会深度分工和大规模劳动协作成为可能。深度的社会分工和高度的专业化是技术快速进步的前提，大规模的劳动协作具有更高的社会生产力。城市因而有更快的技术创新、更高的劳动生产率和更强的社会财富创造力，有更多的新的就业岗位创造出来。城市也因而在成为人居中心和就业中心的同时，成为技术创新中心、财富创造中心。

城市是多样化的人群大规模高度集聚，人与人之间零距离接触，深度交流合作，高频率互动和思想撞碰，更容易激发思想火花，产生更多的创意、创新。农村是熟人社会，家家自给自足，虽然户户世代毗邻而居，但较少深度合作。农村的思想行为遵循传统，道法祖训，往往视创新为离经叛道、异端邪念，因而技术进步缓慢。城市是陌生人社会，崇尚我行我素，较少传统束缚，对标新立异有更多的宽容，创新的阻力较小，城市能够为创意创新提供更加适宜的环境条件。

创业离不开资本、技术、场所、劳动力、市场等多种要素条件的支持。城市是创业各种必备要素的密集区，拥有较好的创业必备条件。城市各种要素流动性强，并不断有新的要素注入，为创业提供了更多的机会，为创业的成功提供了更多的可能。所谓回乡创业，在城市经济景气下行时期成为宣传口号，或对缓解城市就业压力具有某种心理缓解作用。实际上回乡创业虽有成功，但为数不多，更不会成为创业的主流和主体。因为农村创业的条件和成功的概率远较城市低。

二、创新创业的关键在人才，而制约人才发挥作用的体制机制由城市决定

创新创业关键在人才。这里的人才既指科技型人才，也包括技能型人才和管理型人才。人才能否充分发挥作用的基础在体制机制。当前我国推出的各种类型的创新工程、人才工程、创业工程，虽有必要，亦有

效果，但极少见到事后跟踪评估，也难说投入与效果相匹配。原因在于这些工程多由行政部门掌控，偏重表层的管理，而较少触及深层改革。人才体制改革的最终目标是充分发挥人才积极性和主动性，为此，一要使人才无生活后顾之忧；二要使人才拥有自由思想的空间和适合的创业环境。因此，人才体制改革首先是建立起能够体现人才劳动价值的工资分配制度。其次是针对不同类型的创新创业建设公开透明、行政调控与市场化相结合的奖励、激励体制和相应的风险化解机制。再次是逐步完善知识产权保护制度。最后是建设创新创业文化，营造宽容失败的社会氛围。必须重申，知识创新、科技创新、技能型和管理型劳动也是劳动，而且是数倍于简单劳动的复杂劳动。按劳分配、勤劳致富、共同富裕是社会主义制度的本质要求和社会主义核心价值的基本元素之一。建设和完善社会主义市场经济体制要保护合法产权，但不鼓励依靠占有自然资源致富，更不提倡不劳而获的寄生生活。

改革开放30多年来，我国党政机构和教育、科研、医疗等人才集中的单位工资制度虽有多次调整，但无实质性进展。大学教授的制度内工资收入不足以支付子女完成大学学业；已经参加工作的博士、博士后要为住房、子女入托入学缺乏支付能力而烦恼；权力部门低薪之外的畸形福利和补贴，体制内员工维持基本生活要靠体制外收入弥补。当体制外收入占实际收入较高比重的时候，工资分配的激励功能必然被严重销蚀。近年正在进行的科研经费审计，虽然有规范科研经费使用纪律、反腐防腐的必要性，但若无相应的工资制度深层改革和科研经费使用制度的深度调整，很可能成为对科研人员创新积极性的抑制。我国各级政府拥有较强的资源配置权力，掌握着体制内工资制度的决定权。体制内工资分配制度的扭曲必然造成社会经济关系的紊乱，既不利发挥激励创新、提高效率的功能，也是诱发行贿受贿、腐败丛生的制度性内因之一。高薪不一定能够养廉，但低薪肯定不能养廉。城市是政治中心，各级政府机构均设置在城市。决定创新创业的各种体制机制和政策，决定人才充分发挥作用的体制、机制和政策，均由城市人在城市里谋划、制定和推出。断言城市决定大众创新、万众创业的落地、城市决定人才作用的充分发挥当能成立。

三、人才的根基在教育，而城市是教育的重心

“十年树木，百年树人。”创新创业的关键在人才，人才的根基在教育。推进大众创新、万众创业持续发展的泉源在教育。经过多年的努力，我国教育事业有了很大发展，实现了教育经费支出占 GDP 4% 的目标，但与建设现代化的要求，与建设创新型社会的需要还有很大差距。民营资本大举进入教育领域，既可以认为是教育事业发展的需要，也可以视为财政对教育的支持存在巨大缺口。我国教育支出要加大，在一定时期超过经济增长速度，占 GDP 的 4% 以上才属正常。学校是人才密集单位，教师成为社会普遍羡慕的岗位、中小学教师不再以跳出教学岗位为普遍诉求，才是教育已经到位的标志。我国的教育体制要深化改革。基础教育是人才培养的黄金期，面临的主要问题是城乡教育的不均等和城市内部教育的不均等。财政支持农村教育乏力和过度扶持少数城市名校，造成农村基础教育质量难以提高和城市择校成风。高等教育和职业教育是人才成长的关键期，面临的主要任务是深化体制改革，全面建设成为适应新技术革命时代要求的人才培养基地。

教育的重心在城市。我国的大学全部设在城市，90% 以上的中学和职业学校布局于城镇（市），农村小学也在撤并之中。随着城市化的实现，城市将成为教育的主体。教育质量的提高同样有赖于教学的专业化，教学专业化的前提条件是教育的集中化和规模化。城市人口大规模集聚，对教育有着集中化规模化需求。充分发挥城市教育中心的功能，依托于城市的教育更有效率，也才会有更高的教育质量。城市化的过程是农村人口的大量减少，与之相伴的农村居民点和农村教学点的撤并是必然现象。在农村小学撤并进程中，曾经因为校车事故备受非议。正解的解决方向不是停运校车或者回归一村一校，而是改善交通条件，提高安全系数。延续一村一校，甚至一师一校，既不会有农村教育质量的提高，也不可持续。

四、结论

一方面，科学技术创新是突破13亿人口现代化进程中资源环境约束的必由之路，而城市有更快的科技进步和资源配置效率，是创意创新中心。大众创新、万众创业有赖于体制机制的创新和适宜的外部条件，而城市能够更好地满足创新创业所必需的外部条件，有更高的成功概率，而且创新的体制机制决定权在城市。创新创业的基础在人才，人才的根基在教育，而城市是教育的重心和主体，为人才充分发挥聪明才智提供了广阔舞台。要建设创新型社会，把大众创新、万众创业落到实处，就要积极稳妥地推进城市化，而不是以各种貌似有理的借口阻挠城市化。另一方面，城市化是经济社会的根本转型，利益结构的深度调整，各种社会冲突的多发、集中爆发要有赖于在城市体制的持续创新中得到化解。城市化是农村人口大规模向城市集聚、城市建成区大规模扩张、城市现代化建设、旧城旧区改造升级的叠加。2014年我国城市化率已达54%，尚有30个左右百分点的上升空间，城市建成区面积近5万平方千米，亦有翻倍的需要。在城市化增量和存量改造的双重压力下，面对的环境污染、拥挤、占用土地、公共安全风险、高地价、高房价等城市病困扰异常尖锐突出，必须通过科技创新、规划设计创新和社会治理创新等进行综合性系统治理。产城融合是推进新型城市化的必要条件和重要标志，万众创业是产业发展的重要动力和扩大就业的重要支撑，广泛就业又是城市社会稳定和谐的基础。大众创新、万众创业与城市化相辅相成、互为动力、互为因果。以深化改革为动力，统筹城市化与创新创业，实现相互融合、协同推进，当是正确的战略选择。

本文根据作者在“广州创新创业展览会”上的演讲稿整理

城市建设迎来新时代

（2016 年 1 月 16 日）

笔者有一个推理，或者说是判断：中国城市建设迎来了新时代。

2011 年我国城市化率达 51.27%，城市人口首次超过农村人口，标志着我国已经由农村社会进入城市社会。城市成为经济社会发展的主体，也成为一切经济社会矛盾的焦点。2015 年 12 月 20—21 日中央召开第二次城市工作会议，明确了当前和今后一个时期我国城市工作的指导思想、总体思路和重点任务。表明城市作为我国经济、政治、文化、社会活动的中心，在党和国家工作全局中的重要地位，在全面建成小康社会和现代化建设中的基础地位。

改革开放以来，我国经历了世界历史上规模最大、速度最快的城市化进程，成就举世瞩目，但也面临着环境污染、资源约束、交通拥堵、公共安全、文脉断裂、社会分化等一系列难题和风险，亟待转型发展、创新发展，实现科学发展和可持续发展。城市发展是经济社会发展的“火车头”，城市建设是现代化建设的重要引擎。我国城市发展进入了新时期，也意味着包括城市空间规划布局、地上地下基础设施建设、房地产开发、污染治理和环境保护等在内的狭义城市建设迎来了新时代。初步归纳，我国城市建设的新时代基本特征大致有以下 8 个方面的内涵。

一是城市建设的根本目的是为人民服务。城乡建设为了人民，城市建设依靠人民，城市建设成果为人民所共享。

二是城市建设的中心目标是建设和谐宜居、富有活力、各具特色的现代化城市，是为了人民群众在城市生活得更方便、更舒心、更美好。

三是城市建设的思维起点是认识、尊重、顺应城市发展规律，端正城市建设的指导思想。城市建设要顺应城市发展的新形势、改革发展的新要求和人民群众的新期待。

这里我引用城市工作会议文件中一段表述：“城市发展是一个自然历史过程，有其自身规律。城市和经济发展两者相辅相成、相互促进。城市发展是农村人口向城市集聚、农业用地按相应规模转化为城市建设用地的过程。人口和用地要匹配，城市规模要同资源环境承载力相适应。”这段话至少明确了三点：①城市建设不能违反城市发展规律，更不能与城市发展规律对着干。②城市建设与发展是第一要务具有高度一致性，两者本质上并不矛盾。③粮食安全不应再成为限制城市建设用地的依据。这表明，笔者多年坚持的满足合理的城市化用地不会威胁粮食安全的观点得到决策层认同。

四是由于城市建设产品的空间不可移动性、功能的长期性，城市建设的基本路径是统筹空间规划、设计、建设、管理、运行等各个环节，统筹城市生产、生活、生态三大布局，着力提高城市建设的稳定性和可持续性。

五是城市建设规划要进一步增强科学性和导向性。城市空间布局要合理，明确城市功能定位，以城市群为主体形态，强化大中小城市和小城镇建设协作协同，城市与乡村建设的协作协同；加强城市空间立体性、平面协调性、风貌整体性、文脉延续性的规划管控，留住城市特有的地域环境、文化特色、建筑风格“基因”；把好山好水好风光融入城市，控制开发强度，形成绿色、低碳、环保的生产生活方式，实现紧凑集约、低碳高效发展。

六是城市建设运营模式不断创新。首先是建设科技创新、建筑技术、设备、装备、工艺不断升级。低碳、环保、高效原材料广泛使用，互联网、云计算、大数据与城市建设的深度融合，建设产品品质持续提高和个性化、性价比提升。其次是城市公共设施建设投融资体制深化改革，民营资本、社会组织、广大群众深度参与城市公共品的有效供给，相关的运营体制和利益分配机制不断得到完善。最后就是城市建设企业经营组织不断分化、重组，向着大而强、综合化、跨行业发展，或者向小而精、小而专方向发展，企业的社会责任受到更高的关注。随着“一带一路”战略的推进，国内外企业相互融合不断加深。

七是城市建设市场需求持续旺盛。我国人均公共设施存量只及发达国家的1/5—1/3，城市化率还有30个百分点的提升空间；城市建成区面积以每年2000平方千米速度扩大还将持续二三十年，仅新建城区基础设施投资即需达数万亿元；当前房地产虽有去库存压力，但10万亿元的年投资规模当能维持二三十年。随着城市基础设施存量的增加，城市建设的更新改造升级市场亦将扩大。

八是城市建设政策环境持续宽松。我国经济发展进入新常态，改变了固定资产投资在宏观调控中的地位。为增强城市综合承载力奠定物质基础的城市建设项目将受到政策的鼓励和支持。

本文系作者在“第五届中国新城市建设发展年会”上的致辞

农业转移人口市民化：我国城市化的重点和难点

（2016 年 4 月 10 日）

国家“十三五”规划纲要把推进新型城市化列为重大目标任务和举措，李克强总理在十二届人大四次会议上的政府工作报告强调，城市化是现代化的必由之路，是我国最大的内需潜力和发展动能所在，并把加快农业转移人口市民化，作为 2016 年深入推进新型城市化的三项重点工作之一。深层思考，我国推进新型城市化，重点和难点还在农业转移人口的市民化，要把农业转移人口市民化落到实处，还有赖于相关体制机制的系统性改革和创新，进行精准发力和精细化操作。

首先，与以往的农民工市民化提法相比，农业转移人口市民化的指向更广泛，但更精准。农业转移人口不仅包括进城务工经商的农民工，而且首先指升学、参军农村进城人口，不仅包括远离城市的农村地区已经在城镇就业的农业人口，而且包括近郊农村地区不再以农业收入为主的农业人口。我国高等学校和职业学校历来是城市的组成部分。农村学生升学参军不仅等于人已进城，而且意味着极少回乡从事农业的可能。随着高等教育的大众化和职业教育的普及，农村学生升学和参军估计每年达数百万之众。这一群体文化素质较高，在城市就业竞争力较强，而且与农村联系较弱，融入城市的条件更优，愿望更强烈，若不能及时实现市民化，社会后果也更严重。近郊农村正在快速城市化。由于较高的土地权益预期，转移人口的市民化意愿较低。若迟延转移人口的市民化，则有未来城市土地制度二元（国有与集体所有）和城市社会三元结构（传统市民、外来人口、近郊拥有土地产权的市民）的可能，造成建设和谐城市的极大风险。

其次，农业转移人口市民化是新型城市化的核心内涵。城市化的本质是农村人口向城市集聚，大多数农村人口转变为城市人口。新型城市化是以人为核心的城市化。城乡居民公平分享发展成果，农村居民自主选择进城，已经进城的农业转移人口融入城市，成为市民的平等一员是新型城市化的基本内涵。换言之，没有农业转移人口的市民化就没有新型城市化。农村转移人口长期工作、生活在城市，为城市发展辛勤劳动，贡献力量，却不能平等享有市民待遇，是一种社会不公，与社会主义制度的本质相悖，也将对未来的城市治理与和谐社会建设埋下隐患。如果说，在工业化、城市化初期，对农民工就业实行低工资、低保障，以利降低制造业成本，提升国际竞争力，尚有一定必要性；对近郊农村土地低价征用为城市用地，留下“城中村”自我转型维持，“城中村”以自建房为外来人口提供廉租住房使之低工资成为可能，降低了彼时的工业化、城市化成本，那么在国家综合实力已经大幅度提高的今天，延续对农业转移人口的歧视政策已经百害而无一利。而且这一结构性矛盾将越积越深，解决起来难度越大，成本越高。

再次，农业转移人口市民化实施的难度更大。农业转移人口的市民化的完整含义是，有能力在城市稳定就业和生活的农业转移人口举家进城落户，并与城市居民享有同等权利和义务。农业转移人口市民化虽然不能直接提升城市化率，但为提升城市化质量所必需。若能有 1 亿人的农业转移人口市民化，则全国户籍城市化率将提高 7 个百分点。城市化加速时期是社会结构大变动、利益矛盾集中爆发时期，一切经济、社会、资源环境矛盾都将在城市聚焦。作为“十三五”规划时期推进新型城市化“三个 1 亿人”的重大工程之一，农业转移人口市民化任务更具艰巨性和复杂性，实施的难度也更大。1 亿人口的棚户区和“城中村”改造虽然涉及城市内部不同群体利益关系的调整，但与城市现代化建设高度重合，涵盖了包括改造地区居民在内的整体市民利益，属重大民生工程，少有反对之声。即使有反对之声，也多为部分拆迁居民对较高补偿的诉求，而且地方政府不仅具有较高的积极性，也有较大的协调权力和整合资源的空间。中西部地区 1 亿人口的就近城市化，是东部地区产业梯度转移、中西部地区进入加快发展阶段的必然，当地政府求之不得，当然不乏内在动力。与向东部沿海地区流动的跨区域城市化相比，中西部地区就近城市化，农村居民进城距离较近，成本较低，且与进入城市的语言、文化习俗差异性较小，融入难度较低。当地政府在调节就近城市化的农业转移人口市民化利益关系上，因为没有区域之间利益关系的困扰，而有较大操作空间和主动性。农业转移人口市民化首先要求转入城市增加教育、养老、医疗、住房等公共服务有效供给，增加公共服务有效供给的前提是公共财力支撑。而且农业转移人口市民化数量越多，政府公共财力的压力越大；农业转移人口市民化问题解决得越快、越好、越彻底，对外来人口的吸引力越强。近郊农村人口市民化的意愿本来不高，农业转移人口多来自城市行政辖区以外，转入城市政府还没有为其提供均等化公共服务法律上的责任；以农业转移人口土地权益自主退出，置换市民化权益可以减少财政压力，也更体现社会公平，但如何实施退出与置换，如何协调转入地和转出地之间的利益关系，尚无具体政策和制度安排；农业转移人口的话语权转低，即使遭受不公平对待，转入城市政府亦较少舆论压力；当推进农业转移人口市民化只有强加责任，而无相应利益平衡的时候，转入城市政府消极观望或纠结于某些现实困难而不前，也就不可避免。

最后，农业转移人口市民化的关键在体制和机制建设。农业转移人口市民化是我国社会经济制度体制的根本性变革，是构建社会主义现代化和谐社会的必然选择。涉及长期僵化的城乡二元体制的重塑和区域之间利益关系的重大调整。为此，国家“十三五”规划纲要明确，健全财政转移支付同农业转移人口市民化挂钩机制，建立城镇建设用地增加规模同吸纳农业转移人口落户数量挂钩机制，建立财政性建设资金对城市基础设施补贴数额与城市吸纳农业转移人口落户数量挂钩机制，但如何细化、量化，使之落到实处，成为推进农业转移人口市民化的正能量，还要进行深入细致的谋划和大量的反复探索。农业转移人口市民化有赖于在国家层面上进行系统的顶层设计，在城市化和城乡一体化政策、财政收支体制、城乡土地制度和用地政策上建立起于农业转移人口市民化无障碍的制度和体制。农业转移人口市民化的基础在转入城市政府的认识水平、行政能力和意愿，在于转入城市的公共财力支持能力和城市综合承载能力。转入城市对高端转移人口持欢迎态度，超大、特大城市对中低端转移人口多不愿打开大门，打开大门的中小城市又较少公共财力支持和就业机会，对转移人口缺少吸引力。对于城市近郊农村人口市民化，城市政府囿于现行体制、制度的限制，多不愿或不能在根本上有所突破。鼓励城市政府依据当地实际，大胆进行深层试验和探索，是推进农业转移人口市民化的基础一环。

本文发表于《上海城市管理》2016 年第 3 期

第二编

城市化发展:区域发展的引擎

扩大县域经济发展的自主决策权

（2012年5月18日）

县域经济是指以县级行政区为要素配置平台，具有较大相对独立性的区域经济。2010年我国县级行政区有2856个，其中市辖区853个，县级建制市370个，县（自治县、旗）1578个。县、县级建制市经济是名实相符的县域经济，市辖区中有数百个是由辙县（市）建区而来，较高相对独立性的区域经济特征并没有发生根本性变化，实质上仍然是县域经济，如江苏省常州市的武进区、广东佛山市的顺德区、南海区、高明区等。故全国县域经济体约有2300个。县域经济区域面积占全国国土面积的98%以上，人口约占全国的3/4，GDP约占全国的55%，地方财政一般预算内收入约占全国的40%。随着我国地级以上中心城市极化发展阶段的过去和效益外溢时期的到来，县域经济在国民经济中的比重还将有上升。

我国是一个发展中的大国，各地经济要素禀赋、发展水平、面临的矛盾问题差异性极大，全国经济发展一个模式行不通。各地从实际出发，因地制宜、因时制宜、因条件制宜，实现区域差异化发展是推动国民经济健康稳定发展的必由之路。改革开放以来，减少审批，下放权力，扩大地方发展经济的自主权成为经济体制改革的重要取向。在经济资源配置权力过度集中于中央的背景下，地方政府发展经济自主决策权扩大到省区或地区（市、盟）一级还远远不够，扩大到乡镇一级不具大的必要性，扩大到县（市）一级是适当的选择。

第一，我国一个省区即相当于一个欧洲大国的幅员，一个地区（市、盟）亦下辖数百万甚至千万人口、上万甚至数万平方千米，区域内差异性依然非常之大，推行整齐划一的发展模式难以达到预期效果。乡镇内各行政村之间虽有差异性，但空间、人口、产业规模较小，故乡镇政府调整要素配置的空间不能不受到极大限制。

第二，一个县域一般下辖数十万甚至上百万人口、数百甚至数千平方千米，域内工农商服等产业门类相对齐全，城乡兼备，拥有整合资源、优化结构的基本幅员。自秦汉以来，县级一直是我国的基本行政建制单元，党政公检法、工农兵学商等政治机构和社会组织体系完整，具有协调各种利益矛盾，优化要素配置的组织架构。一个县（市）内乡镇、办事处之间差异性较小，县（市）对下辖乡镇、办事处的信息把握相对充分，信息反馈更及时，对所辖乡镇（办事处）实施统一的发展政策更具成功的条件，因而成为地方政府拥有发展经济自主决策权的适宜行政层级。

第三，改革开放以来，以县域为单元的区域经济的横向竞争，县域经济活力的迸发，县域经济的竞相发展成为我国经济持续快速发展的重要推动力量。昆山、常熟、张家港等一批县域经济体迅速崛起，GDP已达数千亿元，财政收入数百亿元，其经济规模和综合实力已超过内地一些地级城市。实践证明，县（市）级拥有较大的发展经济的自主决策权具有更高的成功概率。

扩大县域经济发展的自主决策权实质是减少上级政府对县级配置资源的行政干预，减少建设项目的层层上报、审查和审批，但在完善社会主义市场经济体制的过程中和行政过度掌控资源依然是主要倾向时期，也要防止县级政府对微观经济活动的过度干预。为此，扩大县域经济发展自主决策权还要深化县级行政管理体制配套改革，包括重大经济决策的民主化、科学化、公开化制度建设，人大、政协和公众舆论的民主监督和民主参与制度建设，县级权力制衡机制建设以及提高县级经济管理素质等。

本文系作者应“光明网县域经济发展模式创新座谈会”而作

城市突破是保定再造优势的战略支点

（2016 年 6 月 10 日）

人类经济社会发展历史表明，城市化不仅是现代化的重要标志，而且是现代化的动力。保定是河北第一人口大市，近年来主要经济指标在全省位次后移，与其城市化水平低于全省、更低于全国平均水平，城市带动能力相对薄弱存在着因果关系。保定实施城市突破战略，正是基于对这一客观规律的深刻认识和对现阶段保定发展主要症结的准确把握。

保定实施城市突破首先要坚持顶层战略思维。一是不以发生社会矛盾和利益冲突而动摇城市突破的决心。城市化和城市现代化建设是社会结构、经济结构的剧烈变动，必然伴生各种错综复杂的利益矛盾冲突。社会主义初级阶段的主要矛盾是人们日益增长的物质文化需求与相对落后社会生产力之间矛盾，矛盾的主要方面是发展不足。发展是执政兴国的第一要务，科学发展观的第一要义是发展。没有城市化和城市现代化就没有保定的发展，就没有保定各种矛盾和问题的解决。在发展中协调各种利益关系，化解矛盾，实现共赢，才有保定的光明的前景。二是不因所谓城市病而否定城市突破的方向。城市有利有弊，但利大于弊。城市发展伴生的拥挤、污染、占地、公共安全风险、高房价等一系列城市病，有的属于阶段性的必然现象，有的在很大程度上是取得城市效益必须支付的成本。如何减少城市突破的成本，缩短某些城市病存在时间，减缓其负效应是应该努力去做的，但夸大城市病，奢求没有城市病的城市突破，以致否定城市突破则是因噎废食。三是不因城乡差距的一时扩大而改变城市突破的信心。城市突破的终极目的是缩小城乡差距。在当前，保定农村的不发展深层根源还在于城市的相对不发展，在于城市带动农村发展的能力还不够强大。农业是国民经济的基础，但农业不具有物质财富的代际积累功能。一个社会搞农业的人越多，这个社会财富积累能力越弱，这个社会也越穷。“三农”问题的重点和难点在于农民增收，而农民增收难又在于农民数量庞大。只有减少农民，农民人均农业资源占有量才能增加，才会有真正的农业规模经营和农业劳动生产率的提高，也才能富裕农民。而减少农民的根本途径是农民进城。在当代，农村要素向城市聚焦是市场规律使然，是社会的进步。统筹城乡发展要正确处理增强城市综合承载力与建设新农村的关系，核心是城乡一体化发展，城乡居民平等分享城市化红利，关键在于破除城乡分割的二元体制，而不是简单地加强城市对农村的支援，也不是脱离城市的农村自我循环、自我发展。

保定实施城市突破要明确战略目标和重点。作为地级建制市，从更高层次考虑，保定是京津冀都市密集区的重要部分。从内外发展态势和发展条件考虑，保定又有条件形成相对独立的城市体系。以保定市区为中心城市，以定州和涿州市区为副中心城市，包括曲阳、唐县、望都、顺平、满城、清苑、徐水、定兴、涞水、高碑店等十几个中小城市在内的沿京广、京昆高速交通干线南北带状分布的城市密集区，人口占保定的2/3，面积占1/4左右，是保定资源配置最优区域，也将是保定潜力最大、率先实现城市突破的重点区域。为此，首先要做大做强中心城市保定。作为京津冀都市密集区重要区域中心城市，保定市区实施人口规模、产业规模、城区规模倍增计划，发展成为二三百万人口的特大城市，成为强大的区域增长引擎，具有必要性和可能性。第二是积极推进大县城建设，加快培育一批县域中心城市。推动定州、涿州市区向百万人口城市迈进，加快白沟、高碑店、安国、涞源等市区的中等城市建设，创造条件把县城镇建设成为小城市。三是有重点地建设小城镇。20 世纪 80 年代的小城镇发展对农村经济社会发展功不可没，但在很大程度上又是彼时的城乡二元体制束缚的结果，是城市大门紧闭下的农民无奈选择。小城镇有其优点，也有其弊端，小城镇是城市体系的重要组成部分，但不能担负起城市化主体责任，所以只能有重点地发展，而不能重点发展。保定下辖县域多数数百平方千米、数十万人口，随着交通的改善，县城距最远县域边界不过半小时机动车路程，较少再建小城镇的必要性；若县城镇已经建设成为中小城市，县以下的小城镇建设也多较小可能性。保定虽然有上百座建制镇，但多数建制镇镇政府所在村不具有发展为小城镇的必要与可能，只具农村集贸市场功能。白沟是全国小城镇建设的典型，现已成长为小城市，正在向中等城市迈进，只是特例，不具普遍意义。

保定实施城市突破要有政策措施保证。政府主导和市场发挥要素配置基础作用相结合是我国城市化的特点，也是我国城市化的优点。政府在城市化中的主导作用主要体现为构造各种要素向城市低成本地流动与聚集的适宜环境。一是规划先行，高起点规划，明确城市功能定位和功能分区，为人口和产业聚集提供合理空间，减少布局不合理造成的宏观浪费。二是加快完善公共基础设施建设，增强城市综合承载力，为降低行为个体外部交易成本构建良好的硬件环境。三是深化体制、机制改革，强化公共领域服务，减少对微观行为的行政干预，为降低城市个体外部交易成本构建良好的制度环境。其中两点尤应注意：其一，深化城乡二元土地制度改革，破解城市用地扩张的制度和政策羁绊。人才、资金、产业等要素靠政策可以从外部引进，唯独城市用地必须就地解决。城市突破必然是城市用地的扩张。合理的城市用地是更集约的用地，满足合理的城市用地需求不会对粮食安全构成威胁，相反是把保护耕地基本国策落到实处的重要前提。城市用地扩张中的社会矛盾冲突核心问题是城市用地升值收益的合理分配，关键在于发挥好土地财政在社会再分配中的杠杆作用，协调和处理各不同阶层之间、占地农民和非占地农民之间以及城乡居民之间的利益关系，实现统筹兼顾、合作共赢。其二，扩大县（市）级在城市突破上的自主决策权。保定所辖22个县市，有山区、山前平原和低平原，资源禀赋差异性大，实施整齐划一的城市突破模式难以达到预期效果。各县（市）域产业结构门类相对齐全，拥有整合资源、实施城市突破的基本幅员和地域空间。自秦汉以来，县级一直是我国的基本行政区建制单元，党政公检法、工农兵学商等政治机构和社会经济组织体系完整，拥有协调各种利益关系、实施城市突破的基本组织架构；县级对所辖乡镇信息把握相对充分，各乡镇差异性较小，因而成为实施城市突破政策的适宜行政层级。改革开放以来，以县域为单元的区域经济的横向竞争，县域活力的激活，是我国经济持续快速发展的重要推动力量。当然，扩大县（市）级城市突破的自主决策权也要防止县（市）政府对资源配置的过度干预，为此必须深化县（市）级行政管理体制配套改革。

本文系作者在“保定发展规划研讨会”上的发言

长沙县“两型”社会建设与城乡一体化发展路径

（2013 年 10 月）

中央确定长株潭城市群和武汉城市圈作为资源节约型、环境友好型社会建设综合配套改革试验区，体现了在新的历史时期协调区域发展和城乡发展关系的战略考量。长沙县地处长株潭城市群的地理中心区，在“两型”社会建设中统筹城乡发展，创新城乡一体化发展，构建以城带乡、以工促农、城乡居民平等分享发展成果的新格局，缩小了城乡差距；在统筹城乡发展、推进城乡一体化发展中，突出科技进步和机制体制创新，着力改善城乡发展的基础，扎实推进节能减排、生态建设和环境保护，进一步夯实了“两型”社会建设的基础。长沙县“两型”社会建设和城乡一体化发展良性互动、相辅相成的发展路径，成效显著，具有借鉴价值。

一、规划先行，增强城乡综合承载力

建设“两型”社会是我国现代化建设的必由之路，而以工业化、城市化和农业现代化为基本内涵的现代化建设，既是经济社会发展水平的极大提高，又是人与自然关系和城乡关系的重大调整。科学的发展规划不仅是经济社会发展的蓝图和协调人与自然关系的依据，而且是少走弯路、减少内耗、实现社会财富快速积累的重要保证。长沙县下辖国土面积近 2000 平方千米，到 2030 年前后常住人口估计将在现状基础上再翻一番。科学编制城乡发展规划并严格执行，为长沙县城乡发展一盘棋、建设管理一张图提供了前提。

一是优化空间格局。根据各乡镇的区位条件、资源环境禀赋和经济社会发展基础等，长沙县编制了《城乡一体化规划》，确定了“南工北农”的总体布局。北部依托自然资源优势条件，建设现代农业示范区，根据发展专业化现代农业的要求建设特色村镇，突出生产、生活服务功能，建设快速交通系统，串联城乡，形成点轴状村镇空间结构。中部依托机场、高铁和经济开发区产业聚集的优势，编制了300平方千米的沙星新城总体规划，建设现代化城区，发挥近郊乡村优势，融居住、休闲、生态环境保护等功能于一体，实现城乡功能协调与互补。南部依托地处长株潭三市地理中心区位和自然生态资源优势，发展高新产业和服务于长株潭城市群的特色旅游休闲服务业。

*二是坚持规划城乡全覆盖。*贯彻全域规划、全面规划的原则，长沙县全面推进城乡产业发展一体化，城乡基础设施建设一体化，城乡公共服务体系建设一体化，城乡环境保护一体化。按照组团化、网络化、生态化的要求，编制了19个乡镇（街道）的总体规划和178个村庄规划，形成相互配套、全面对接的城乡规划体系。一方面，全面对接长沙市区，构建北部开元路、长永路沿线，中部长沙—机场沿线，南部长沙—高铁—CBD沿线等三条轴线的发展空间；另一方面，建设县域内的高效便捷的交通体系，把中心镇区作为服务乡村和承接城市扩散的节点，促进城市服务设施向农村延伸和城乡要素的自由流动。

*三是加强规划管理。*长沙县严格规范城乡建设项目决策程序，努力防止和避免随意性现象，强化规划的执行监督检查，严肃查处违反规划的行为。仅2011年全县就拆除违章建筑6.76万平方米。

综合承载力是一定区域内满足一定数量人口生产生活基本条件的总和，既与该区域内自然资源禀赋密切相关，又是各种基础设施建设综合效应的结果。当前我国城乡差距首先表现为基础设施建设上的差距。长沙县合理配置快速工业化、城市化积累的公共财力，统筹安排建设项目，促进基础设施向农村延伸，逐步推进城乡公共基础设施全覆盖。未来10年长沙县将投资76亿元，用于农田水利基本建设，2011年全县完成投资8.5亿元，实施“百条乡村公路，千里河港堤岸，万户农家庭院”三大绿色愿景工程。近年来，长沙县统筹城乡建设，先后启动和实施了开元东路东延、黄兴大道北延一期、芙蓉南路暮云段开通、黄兴大道南延和北延二期、万家丽北路北延、人民东路东延、S207线南延等重大项目，县域内的“八纵十六横”路网格局基本形成。城区空间大幅度拓展，综合承载力大幅度提升。全面推进水电路气信“五网下乡”工程，实现了镇镇通自来水、村村通水泥公路，城乡供电稳定率和用电质量大幅度提高，已有8个乡镇（办事处）接通天然气，全面完成了数字电视平移，有线电视城乡联网，实现了城乡全覆盖。不仅为农村居民平等分享发展成果提供了基础设施保证，而且优化了农村发展环境，大幅度提升了农村居民的生活质量。

建设“两型”社会，城市是点，农村是面；治理污染，保护环境，城市是重心，农村是基础。长沙县统筹城乡生态环境保护，率先践行“生态县”创建。以浏阳河、捞刀河流域治理为切入点，实施“截污、清淤、固堤、增绿、造景”工程，依托生态优势，发展循环经济，实现绿色增长。2011年涉及9个乡镇、42个村的连片整治工程已经基本完成，水源敏感区污染企业已停止排放。在全省率先建立生态补偿机制，2011年计提生态补偿基金5400万元。实施城乡污水处理设施全覆盖、农村生活垃圾处理全覆盖、畜禽分区养殖和污染治理。禁养区退出生猪养殖，一级限养区散户养殖规模控制在20头以下的目标已经实现。各乡镇组建农村环保合作社，村村配备保洁员。全县新建四池净化系统近5万个、沼气池1.28万座，卫生改厕5618座，农村分散居民生活污水处理率达40%。全面推进城乡绿化、农村安全饮水工程和推广节能型路灯建设。不仅改善了长沙县农村环境质量，提升了农村现代化建设水平，而且扩大了全县城乡环境承载力，进一步夯实了“两型”社会建设的基础。

二、以科技进步为动力，促进农村产业的发展

建设“两型”社会的中心任务是节能减排，提高资源配置效率。城乡一体化发展的中心任务是加快农村发展，实现农村居民收入水平的较快增长。农民工进城就业可以提高收入水平，但本质上已不再是农村居民收入，只是因为农民工尚不具市民身份而统计为农民收入，所以提高

农村居民收入水平的基础还在于农村产业的快速发展。长沙县以转变经济增长方式为契机，以科技进步为动力，以新型工业化推进农业现代化，以新型城市化带动农村现代化建设，促进城乡资源要素双向流动，相互融合延伸城乡产业链，不断夯实城乡一体化发展和农民增收的基础。

1. *吸引城市要素向农村流动*。2008 年长沙县出台了《鼓励现代农业发展投资暂行办法》政府文件，规定经营面积 200 亩、注册资金 300 万元以上的新建现代农庄以及在现代农业园区新办的注册资本在 500 万元以上的现代农业企业，且总投资超过 5000 万元或纳税县级收入超过 200 万元的新上现代农业生产性项目，由县委、县政府采取“一事一议”“一项一策”给予支持。经主管部门认定批准的现代农业生产基地，经营耕地连片 100 亩以上的前三年每亩补助 300 元，新办现代农业企业所得税地方留成部分，投产后两个纳税年度由县财政等额奖励，第三年至第五年给予 50% 的奖励；其所开展的试验推广项目，引进的良种、种苗、种畜（禽）免征进口增值税；被国家有关部门认定的高新技术企业，从获利年度起减按 15% 税率征收所得税。在“2011 年中国 · 长沙（深圳）城乡一体化建设投资推介会”上，长沙县共有 5 个项目现场签约，签约金额达 194.77 亿元。

2. *发展特色现代农业*。长沙县依托自然资源禀赋，围绕粮食、蔬菜、茶叶三大主导产品，着力打造特色、规模、品牌优势，促进农业升级和现代化。全县加快国家现代农业示范区建设，被农业部列为双季稻高产创建整县建制推进试点县，建成水稻万亩高产示范片 20 个，获“湖南省粮食生产标兵县”称号。启动三年新扩 2 万亩蔬菜标准化基地建设计划，2011 年已经完成 8033 亩，隆平高科、惠农农庄等农产品生产的有机化、专业化、标准化进一步提高。宇田现代农庄投资 2400 万元建设高标准设施化蔬菜生产基地，采取有机栽培、生物防治，成为香港金明菜场的重要合作伙伴。全县建设湖南省百里茶廊有机茶科技特色产业基地，不断扩大优质茶叶产业示范规模，提升品牌知名度。推广茶园测土配方施肥、频振式杀虫灯等先进适用技术，已被认定为国家级茶叶标准化示范区。“金井”牌白露茶获国际（瑞士）有机茶认证，被评为中国驰名商标。

2011年长沙县无公害农产品产地认定面积达66.2万亩，其中水稻44万亩、蔬菜11.6万亩、茶叶5万亩、水果5.6万亩。全县农产品“三品”认证118个，其中无公害农产品72个、绿色农产品41个、有机农产品5个，认证数量与面积均居湖南省首位。

3. 加快农村非农产业发展。延伸优势农业产业链，发展农产品加工业和服务业。长沙全县规模以上农产品加工企业已达44家，榔梨镇的亚林“小瓜子炒出了大产业”，成为国家级农业龙头企业。发展各类农产品批发市场和品牌产品直销连锁店，推进销售网络建设，发展城乡现代商贸、餐饮、旅游、休闲等服务业，拉动城乡消费。金井镇仅2011年即新增商铺120家，投资3亿元的青山国际狩猎场项目建设已完成立项，全镇农村经济总收入中80%以上来自于非农产业。湘丰茶庄引进优良品种和先进生产设备，打造水晶粉品牌，带动了红薯种植业，农民耕地经营亩收入增加2000元。

4. 创新农业经营机制。长沙县以发展现代农业、建设“两型”农业为目标，以土地流转为契机，以建设现代农庄为平台，创新经营机制，整合资源要素，推进农业产业（企业）化、专业化、市场化。2012年年初长沙县百亩集中连片的现代农业项目已发展到190个，其中现代农庄已有43家；流转土地30.5万亩，几乎涉及所有自然村，近8.5万农户；先后有联想集团、香港枫林公司等一批境内外企业参与土地流转和现代农庄建设，合同投资总额超过200亿元。曙光山城葡萄产业园投资3000万元建设标准化核心示范基地，带动全县葡萄种植面积7000亩，农户每亩收入增加6000多元。长沙县以科技进步为动力，加快农村产业发展，提高了农民收入水平，缩小了城乡差距。2011年全县农村居民人均纯收入14327元，比上年增长19.2%；城乡居民收入比由2008年的2.0：1下降为不足1.7：1，与全国持续扩大的城乡收入差距形成了明显的对照。

三、创建特色示范镇，推进社会主义新农村建设

新型工业化和新型城市化是“两型”社会建设的动力和载体，农业和农村现代化是“两型”社会建设的基础。工业和服务业的空间聚集既

是城市化的动力，又是工业化的客观规律，而城市化为工业和服务业的聚集发展、规模发展和集群发展提供依托，农业和农村的现代化为工业化和城市化提供资源保证和生态环境支撑。长沙县认真贯彻长沙市委提出的“幸福与经济共同增长、乡村与城市共同繁荣、生态宜居与发展建设共同推进”的理念，坚持“跳出农村建设农村，转移农民、富裕农民，调整农业、发展农业”总体思路，以城带乡，以工促农，扎实推进社会主义新农村建设，推动“两型”社会建设向纵深发展。

1. 集中打造特色乡镇，为社会主义新农村建设提供示范。2010 年上半年，榔梨、金井、开慧三个乡镇被长沙市纳入城乡一体化示范乡镇，长沙县结合三个乡镇的实际出台了《关于支持榔梨镇、金井镇、开慧乡城乡一体化试点建设的若干政策》，提出了“资本集中下乡、产业集中发展、土地集中流转、农民集中居住、环境集中整治、公共服务集中推进”的城乡一体化建设总体要求，在行政审批、财政人事、编制、行政执法、管理等方面扩大乡镇权限。到 2012 年年中，三个示范乡镇三年累计投资达 18 亿元，实现了镇区提质升级，发挥了城乡链接的枢纽作用；农村环境面貌焕然一新，发展特色鲜明。金井镇区以建设“茶乡小镇”为主题，发展特色现代农业和生态旅游业，培育了“金茶、金米、金菜、金薯”四个农产品品牌和“金井”“湘丰”两个中国驰名商标；建成了乡村公共自行车系统，打造了 20 家示范乡村客栈，形成了乡村旅游载体。榔梨镇依托毗邻长沙市区区位、千年古镇、自然水生态系统三大优势，突出与市区对接，强力推进新型工业化和城市化建设，完成了房屋立面改造工程和“一点两线”沿线房屋整治工程，对汇集浏阳河的 4 条水系从城市防洪、改善民生、美化景观、统筹兼顾角度确定了设计理念。开慧镇以建设“板仓小镇”为重点，融现代服务业、休闲观光和现代农业于一体，探索远郊农村吸引城市市民、人才、资本下乡的路径；斯洛特水街突出产业发展与城镇建设、营商环境和宜居乐业的统一，开慧纪念馆升级为 4A 级景区，提升了乡村旅游的品位。

2. 改善农村居住环境，提升农民精气神。长沙县以创建“全国生态县”为目标，投资 11 亿元启动农村环境综合整治工程，实施以“清洁水源、清洁田园、清洁能源、清洁家园”为内容的“四洁农村”工程，“户分类减量、村主导消化、镇监督支持、县以奖代投”的农村生活垃圾处理模式已经基本形成；将全县划分为禁止养殖区、限制养殖区和适宜养殖区，达到了全县畜禽养殖数量与环境承载能力相适应。金井镇金龙村通过集中区整体改造和集中新建片区两种形式，累计完成居民住房改造400户，新建68户，同步配套道路改建、路灯安装、庭院绿化，一个极具江南水乡特色的秀美金龙村已经呈现在世人面前，参观人群络绎不绝。同时全镇建立“兼顾四边、四级联动、五位一体”的农村环境治理机制，群众的生产生活方式逐步转变，农村环境面貌大为改善。

3. 提升中心集镇的凝聚力。中心集镇（小城镇）是城乡交流的节点，上接城市的辐射，下为周边农村提供生产生活服务。长沙县在积极支持榔梨镇、金井镇和开慧镇进行城乡一体化试点的基础上，高度重视中心集镇建设，突出规划布局，拓展发展空间，增强小城镇的吸引力和承载力。榔梨镇加强与经济开发区的对接，促进乡城融合，计划经过5—10年的努力，全镇建设成为新城区，实现农民变市民，农村变城区。现“一街三路”景观改造和道路升质工程已经完成，一个明清风格的江南古镇即将浴火重生。金井镇以建设省会北部卫星城定位，先后聘请专业规划设计部门编制了金井镇城乡一体化总体规划、集镇控制性详细规划等一个总规、10个子规；以现代简约风格对临街居民楼进行立面改造，统一招牌；对镇区进行绿化、美化、亮化等提质改造，商业利润和集镇商业价值大幅度提升。开慧镇制订“三年行动计划”，聘请专业规划机构对规划范围内19.2平方千米做了集镇（2010—2030年）建设总体规划，提出了以“三心、三轴、五点”为空间结构的板仓小镇建设规划，计划用5—10年把板仓小镇打造成湘北“经贸重镇、旅游强镇、文化名镇、生态美镇”。现投资2600万元的骄杨路景观改造，给水、污水管铺设，电力电信下地和沿线房屋立面改造已经完工；投资1920万元、占地15亩的斯洛特水街工程已经启动。城乡一体化试点乡镇原则上不批准农民在集中居住点之外新建住房，不鼓励农民在原址改建、扩建房屋，鼓励农民建房向规划的居民点集中。由此形成吸引分散居住的农村居民向集镇聚集和相对集中居住的合力。

4. 构建农村社会保障和公共服务体系。2008—2011 年长沙县财政总收入增加了近两倍。以快速工业化积累的公共财力支持农村公共服务体系建设是长沙县建设社会主义新农村的重要举措。近年来，长沙县财政支出逐步扩展范围，加大投入力度，提高标准，构建覆盖城乡的包括农村低保、新型农村合作医疗、新型农民养老保险等在内的社会保障体系，提高城乡公共服务均等化水平。全县推广“免费门诊”，实施基本药物制度，减轻了农民就医看病负担，基本上实现了“小病不花钱，人人享有基本医疗服务的目标”。推进城乡教育一体化，促进城乡教育均衡发展。改善边远乡镇教师工作生活环境，启动乡镇公立幼儿园建设。密切社会保险、社会救助、社会福利的衔接和协调，提高社会保障统筹层次和保障标准。突出农村文化建设，一个县、乡（镇）、村（社区）三级公共文化设施网络正在构建之中。各乡镇综合文化站已经建成，农家书屋已经实现村级全覆盖，2015 年全县村级文化活动室建设将全部完成。全县农村地区实现了无线数字电视无缝隙无盲区覆盖。推进城乡公交一体化。城乡公交站点和线路坚持“五统一”，统一许可政策，统一经营方式，统一车辆规格，统一标志标识，统一服务标准。城乡公交 1、2、3 号线已经开通运行。

四、创新机制，构建城乡一体化发展的制度体系

“两型”社会建设的中心任务是节约资源、保护生态环境，目的是提高城乡居民的福祉。城乡一体化发展是通过加快农村发展，实现城乡居民平等分享发展成果，两者终极目的高度一致。在“两型”社会建设中协调城乡发展的关系，在城乡一体化发展中突出节能减排，环境友好，均有赖于机制和体制的保证。长沙县解放思想，深化改革，不断创新机制和体制，以机制对各利益主体施以正确的引导，以制度规范个人行为，确保“两型”社会建设和城乡一体化发展顺利推进。

1. 扩权强镇。乡镇是推进城乡一体化发展的基础行政层级。长沙县每个乡镇下辖数十个行政村、上百平方千米辖区和数万人口。充实乡镇

职权、激发乡镇活力，对于推动长沙县“两型”社会建设和城乡一体化发展具有基础性意义。2011 年中共长沙县委、县政府出台了《关于积极推进扩权强镇工作的若干意见》，规定按照权利与责任相统一、财政与事权相匹配、用人与任务相适应的原则，乡镇可以根据工作重心和发展需要，在核定的机构、编制数额范围内调整内设机构，乡镇新进临时编外用工人员由乡镇自行组织招聘、续聘、解聘，增加乡镇党委政府对干部职工绩效奖金和绩效工资的内部调控额度。对乡镇财政所、动物防疫站、水管站、林业站等逐步实行“县乡共管、以乡为主”的管理体制；不再实行“乡财县管乡用”体制；小城镇建设、小水利、村级公路、农村社区建设、安居工程、村级公益事业一事一议、财政奖补等项目的计划安排权下放到乡镇，农民集中居住点的规划执行权下放到乡镇；加大乡镇对城镇管理、城乡建设、商务卫生和食品药品、农业、社会事务等领域中各类行政违法行为的巡查监管力度，配合县级行政执法机关开展联合执法；对城乡一体化试点乡镇有区别地下放部分行政审批权。

2. 改革城乡公共服务和社会管理体制。在《长沙县资源节约型和环境友好型社会建设综合配套改革试验实施方案》中，把城乡公共服务体制改革和社会管理体制改革作为“两型”社会建设配套改革试验的重要内容：确定扩大财政对新农村建设的投入规模和比重，支持基础设施向农村延伸，实现城乡基础设施对接；推进城乡教育均等化发展，构建城乡统筹的公共卫生体系，加快建立低费率、广覆盖、可转移、与现行城镇制度相衔接的新型农村社会养老保险制度，完善城乡一体化的社会救助体系，逐步扩大财政对社会救助的投入；创新社会管理理念和方式，推进社会管理由政府无所不包的一元化管理向政府主导的，有社区、村镇、社会中介组织、行业协会参与的多元化管理转变；强化政府公共服务功能，建立健全社会预警体系和应急救援机制，有效解决各类社会矛盾和不稳定因素。

3. 创新土地利用机制。在当代，土地不仅是财富之母和各类生产生活活动的物质载体，是资产、资本和生产要素，而且是社会再分配、调节各种利益关系的重要介质，是实施发展规划和进行宏观调控的杠杆。

工业化、城市化过程是非农业用地大量增加和农业用地相应减少时期。土地利用空间结构的大变动，必然引发多种利益矛盾和冲突。长沙县顺应时代的要求，不断创新土地利用机制，协调各种利益关系，促进和谐发展。一是坚持“南工北农”空间发展战略，按照城乡一体化规划，推进农业用地向规模经营集中，工业向园区集中，农村居民向城镇集中。鼓励引导资本下乡和农民依法、自愿、有偿流转承包土地。全县累计流转耕地20.1万亩，约占耕地实有面积的30%，实现了农民增收，农业用地集约，农业产业化（企业化）和现代化水平提高。二是依法征地拆迁、规范征地拆迁，维护征地拆迁户合法权益。贯彻公开、公正、公平的原则，确保征地拆迁工作透明化，信息公开化。落实“三公告一登记”制度和公示制度，所有拆迁项目在进场前发布《征收土地方案公告》，适时发布《征地补偿安置方案征求意见公告》和《征地补偿安置方案实施公告》。所有征地拆迁补偿数据和补偿金额三榜公示；摸底人口和补偿资金在村委会公示五天，无异议后由村委会签注意见存档；下达到户的拆迁、腾地通知书，付款前公示五天，无异议后由村委会签注意见存档；所有补偿项目在县局局域网上公示。精心组织，周密安排，严格工作程序，执行政策不走样。实行项目资金审核制和点对点支付，个人拆迁补偿费通过个人身份证，由银行支付，对集体补偿费则支付到乡管村账上，乡村共管。畅通群众征地拆迁上访渠道，变上访为下访，做到不推诿，不扯皮，有问必答，有访必接，事事有落实。2011年全县共承接征地拆迁项目78个，涉及1403户，涉地12338亩，拆除建筑面积54.8万平方米，没有发生一件大规模群体事件，实现了和谐征地拆迁。

4. 出台生态扶贫移民政策。贫困人群的原因多种多样，贫困地区的根源则在于人与生产要素的不匹配。长沙县三面环山，环抱省会，属亚热带季风湿润气候，雨量充沛，保护山区生态环境具有全局意义；偏远山区生存条件差，水库周边地区发展生产受到限制，扶持当地居民脱贫解困成为城乡一体化发展的重要一环。长沙县高瞻远瞩，对北山、福临等7个乡镇自然环境恶劣、基础设施薄弱、交通不便、生活水平低和易受地质灾害影响的群众实施生态扶贫移民。具体包括水库库区，生产资料匮乏或发展生产以破坏生态环境为代价，不利于封山育林、退耕还林和水源涵养的农户；偏远山区，交通不便，就学难、通信难、供电难等基本生活条件恶劣的农户；列入自然生态保护区规划范围内的农户。生态扶贫移民的原则，一是自愿搬迁，政府补助。县政府按人均5万元的标准进行补助。二是科学安置，有序推进。对实施生态扶贫移民的地方，以自然村和聚集点为单位，引导整体搬迁，统一规划，分步实施。有条件的乡镇规划建设移民新村或移民公寓，集中安置；鼓励移民自行购房或投亲靠友，向城镇迁移；"三无"人员由乡镇安排到敬老院。生态扶贫移民功在当代，利在千秋，长沙县生态扶贫移民政策的出台与实施，不仅为生态脆弱地区和生态敏感地区的环境可持续保护奠定了稳固的基础，而且永久性地解决了资源性贫困问题，提升了政府扶贫投资的效果，实现了"两型"社会建设与城乡一体化发展的完美结合。

五、问题与讨论

"两型"社会建设的核心是调整人与自然的关系，城乡一体化发展的核心是加快农村发展，城乡居民平等分享发展成果。长沙县在"两型"社会建设中坚持以工业化、城市化推动农业现代化和农村发展，在城乡一体化发展中注重节约资源，保护生态环境，实现了两者相互促进。在我国宏观制度背景下，长沙县的"两型"社会建设和城乡一体化发展不可避免地具有相对的局限性和实验性。

一是城乡二元户籍制度的限制。由于城市在公共服务配置上的优势和强势，城乡公共服务的差异将长期存在，实现城乡公共服务的均等化将是一个逐步的长期过程，而且要以牺牲公共服务配置效率为代价。在不改变城乡二元户籍制度及其附着其上有失社会公平的公共服务制度下，农村居民与市民对发展成果的分享只能是逐步的相对差距的缩小，而不可能是平等分享。若考虑长沙县现有的和未来庞大外来人口因素，作为地方政府的长沙县将很难在防止产生新的城市内部二元社会结构上有更大的作为。

二是城乡二元土地制度的制约。长沙县是在城乡二元土地制度下推进城乡一体化的，制度上存在根本冲突。我国宪法规定，城市土地属于国家所有，农村土地属于集体所有，国家实行严格的土地利用计划。长沙县的外来人口多，农村土地变更为城市用地数量大，利益冲突多，矛盾尖锐。在满足合理的城乡一体化发展用地上，不仅受到越来越严格的体制和政策的约束，而且受到社会舆论的负面包围。长沙县在协调土地征用拆迁中直接相关方利益关系、实现和谐征地拆迁上虽然卓有成效，但在对城乡土地资源进行整体整合，在城乡居民（包括远郊农村居民和城市居民）整体层次上，合理分配城市土地升值收益的自我调整空间较小。

三是生态补偿机制的不确定性。建立公平公正、积极有效的生态补偿机制是经济社会与生态环境全面协调可持续发展的制度保证，2010 年长沙县出台了生态补偿机制办法（试行）。但生态环境的破坏和保护具有外部性，其影响是跨越行政区域边界的。作为一个县级行政区，长沙县的河流水污染可能源于上游县市，其生态环境保护的效果将惠及长沙市区或更远的下游地区。建立“谁开发、谁保护，谁破坏、谁修复，谁受益、谁补偿，谁污染、谁治理”的责权利相统一的生态环境运行体系，有赖于在更高区域层次上作出制度安排。在我国资源环境价格体系尚未理顺的宏观背景下，长沙县不断加大财政对生态补偿的投入和建立生态补偿专项资金的制度安排，不仅需要随着时代的发展不断作出调整，而且本身就存在很大的不确定性。

主要参考资料：

1.《长沙县“两型”社会建设基本情况资料汇编》，长沙县发展和改革局。

2.《长沙县城乡一体化工作典型经验材料》，长沙县政府。

3.《2011 年度工作总结及 2012 年工作思路》，长沙县征地拆迁中心。

本文系作者对长沙县考察所写的调研报告

把握欠发达县域跨越发展的四个节点

（2013 年 3 月 27 日）

欠发达县域经济实现跨越发展要把握四个节点。哪四个节点？具体而言就是：干什么，在哪儿干，土地从哪儿来，钱从哪儿来。

第一个节点：干什么？

作为县域，干什么，实质是产业选择问题。以往无论是县域还是区域，作规划或者确定发展战略，都有一个第一、二、三产业比重的变化指标。笔者一直主张：第一、二、三产业的比重孰高孰低不应该成为县域发展的目标。那么，县域应该追求什么呢？什么赚钱干什么，发挥比较优势。比如，林木、花卉是鄢陵县的优势，那么，在产业选择上就要发挥这方面的比较优势。一些发达国家为什么出口矿产品和羊毛等初级产品，不搞深加工？因为他们在这方面没有比较优势。这是不言而喻的。所以，在县域发展中应该树立发挥比较优势的思想。

第二个节点：在哪儿干？

2000 年党中央提出要积极稳妥地推进城市化，但受传统思维惯性的影响，科学院、工程院几十个院士报送了一个报告：判断中国城市化冒进了，中国城市化过快了。结果使得决策部门、理论界和舆论界有了一个错误的认识。那么，中国的城市化真的冒进了吗？中国的城市化真的过快了吗？党的十八大以后，我们明显感觉到党中央有关城市化的方针和提法发生了很大变化。城市是产业中心、人居中心、财富创造中心、科技进步和知识创新的中心，资源节约和环境保护的重心，同时也是消费中心，所以我们把城市化作为国内第一需求。优化结构、扩大国内消费，重点和主要平台在城市。这一点没有疑问。所以，县域产业应该在城市干，在县城干，这就明确了在哪里干的问题。

但是，现在存在一些时髦的提法，有的似是而非、经不起反驳，有些似乎正确，但对解决中国的现实问题没有任何好处，反倒有无的放矢、误导舆论之嫌。

第一，中国的城市化超前了吗？冒进了吗？不管是超前还是冒进，有这样的总体形势判断，必然在政策上自觉或不自觉地对城市化刹车。

第二，中国的城市病是否应该成为逆城市化进程的依据？污染、拥挤、占地、公共安全、社会保障、农民工问题、房价问题等，似乎都是城市病。我觉得，上述现象是客观存在，但在很大程度上又是取得城市化收益所必须支付的成本。试想，搞城市化能不占地吗？城市本身就是人口、产业聚集，怎么没有污染、没有拥挤呢？另外，这种污染又为我们依托城市进行规模化的治理提供了前提条件，依托于城市的污染治理工程，更有效率、更可持续。

第三，是重点发展大城市，还是重点发展中、小城市和小城镇？国家的政策是大、中、小城市协调发展，这句话没错，这是目标，是理想，但是不应该成为政策。因为大、中、小城市协调发展应该是未来的目标，在中国对，在美国也对，今天对，明天还对。如果作为政策，要有时间性和阶段性，在不同发展阶段，应该针对主要矛盾，有不同的提法。大、中、小城市各有其发展的依据，各有其特定的功能和优缺点，不能相互替代。但在一定时期内，大城市的率先发展，大城市人口占中国城市总人口较高的比例，是正常现象，符合中国的国情。当大城市率先发展并达到一定规模、边际效益为零的时候，中、小城市也将迎来更快的发展。另外，大城市率先发展的同时，中、小城市也在发展。如果政策与客观规律发展相违背，即使为此支付极高的执行成本，也未必能达到预期的目的。北京、上海人口控制了几十年，效果怎么样？支付的成本有多高？这些未见全面评估，结果也不得而知。

第四，怎样看待大城市？从理论上讲，城市人口与城市的聚集效应和规模效应是呈正相关的。但是一个城市又不可能无限制地扩张下去，当城市扩张的边际效应为零的时候，它的扩张自然就停止了。治理大城市病要依靠科学技术进步，调整发展路径，这是对的。但是，还有更深层次的问题。那就是，应该更多地从我国的社会发展阶段、特殊的国情入手，分解大城市的功能。我国很多大城市的功能是叠加的，而且一些政策目标之间是相互存在矛盾的。比如说北京，是首都，政治中心，同时又是科技文化中心、教育中心，这些功能相互叠加。此外，北京还是经济中心，而这一功能是因为国家的财政体制使然。所以说，解决大城市病要从分解大城市的叠加功能，在转变政府职能上，从减少行政对资源的错配上解决问题。可是很多现行政策是矛盾的。像北京市这样一个特大城市，工资水平高、发展空间大，还要求房价、物价水平低，交通成本低，这可能吗？哪一个超大城市能够做到？若真能如此，北京人口还将快速增加。中国人、外国人谁不想到北京发展？所以，往往一些单一的政策刚出台，效力就被相关领域的政策效力抵消了。大城市有百万人口级和数百万人口级的，也有数千万人口级的。在一定时期内对数千万人口级的大城市进行人口控制或有利有弊，但对有巨大扩张空间的百万人口级的大城市进行控制绝对弊大于利。所以在未来城市化进程中，我国大城市不是多了，而是少了。同样，大中小城市在未来都将有一个数量增加和平均规模扩张的同向发展，这是基本趋势。

第五，城市发展要以人为本。城市是人类文明高度发展的产物，建设城市是人类共同理性行为。同样，建设城市是为了人们生活得更美好，当然要以人为本。而怎么以人为本则应是研究的关键。科学发展观有四句话，第一句是发展是第一要义，还有第三句和第四句话，全面协调可持续，统筹兼顾。大家似乎把这三句话忘了，而只记住第二句话——以人为本。中国现在已经发展到世界第二大经济体，值得自豪，但也要看到，用13亿人一除，人均要排到世界第80位左右。所以，中国仍处于并将长期处于社会主义初级阶段。我们现在的很多口号、很多提法与我们社会主义初级阶段的理论相悖，比如说过剩问题、过热问题、投资率过高问题等，都与初级阶段理论较少相容。保护个人产权，尊重人权，高举道德旗帜，与社会主义本质要求相一致。但是在建设中国特色社会主义的过程中，在加快城市化的过程中，面对的是社会结构和土地利用结构的大变动，社会利益结构的大调整。在这种情况下，我们是不是也应该讲一点集体主义？考虑考虑怎样来解决局部与整体、近期利益与长远利益的相互关系呢？有人说，既然城市化是一个自然的历史过程，政府为什么去调控？试想，没有政府调控，没有政策的调解，哪有低成本的城市化？

第六，现在有人讲城市化率不是越高越好，我反问一句：难道是越低越好吗？中国现在城市化率高了吗？50% 多就高了？笔者一直说，如果对一个骨瘦如柴的人大讲减肥的好处，如何减肥，岂不是无的放矢。能够解决现实主要问题吗？

第七，城市化速度不是越快越好。笔者补充一句，也不是越慢越好！中国城市化最近十多年来是有一个较快的增长，但从一个较长时期看，最近十多年城市化速度的加快，每年增加 1 个多百分点，又是以往长期对城市化的种种限制，积累的能量集中释放的结果。

第八，城市化要从速度向质量转型。试问：在十多年的快速城市化过程中，中国城市化质量总体上下降了吗？既然在快速的过程中，城市化质量总体上在提高，那转型是什么含义？难道通过人为减速来达到提高城市化质量？还是在城市化发展快速或者正常速度的过程中提高城市化质量，哪一个更符合中国目前的实际，哪一个成本更低、效果更好？为什么总是把速度和质量对立起来，而没有看到两者的统一性？

第九，城市化不等于土地的城市化，城市化不等于房地产化。谁说过中国的城市化就是土地城市化，就是房地产化？没人讲过！自己假想一个并不存在的论敌，然后加以批判，使自己立于不败之地，虽然省力，但回避了焦点问题。试问，城市化没有土地支撑，人们的活动居住场所建在何处？最近十年中国土地的城市化速度高于人口的城市化速度，这是事实。但在城市化加速时期，城市的土地是按宗地、按地块规划成为城市用地的，城市道路也不能一米一米地建，而是整条地建设。人口进城则是以自然人为单位的。所以在快速城市化时期，土地的城市化快于人口的城市化，这是阶段性的必然现象。至于房地产化的问题，直观上看城市本来就是各种房屋建筑物的排列组合。没有房地产的支撑，城市化岂不成了虚无缥缈的海市蜃楼？所以，笔者的看法是，房地产业是扩大内需与改善民生最重要的节点。

基于以上的分析，结论是积极稳妥地推进新型的城市化是转变发展方式、优化结均、扩大内需的最大节点，是推进低成本的社会主义现代化的必由之路。什么叫积极呢？就是要提高城市化的自觉，不要以各种似是而非的理由来抑制城市化、反城市化，一有风吹草动就拿城市化开刀。什么叫稳妥呢？就是要顺应城市化的客观规律，不要急于求成。引用总理的话就是，不要遍地开花，要树立长期努力、艰苦奋斗的思想。实际上，积极和稳妥没有谁是谁非，而是一个合理度的把握。什么叫新型城市化呢？所谓新型城市化，一是城乡居民平等分享城市化成果的城市化。二是政府主导和市场配置资源相结合的城市化。三是内生动力推动和外部力量推动相结合的城市化。四是节约资源和环境友好的城市化。五是集中型的城市化。什么叫集中型的城市化。笔者作了四个不同层次的内涵注释。①要有一个较高的城市化率。有人说，中国城市化率 60% 就行了，笔者认为至少 80% 以上。为什么？中国的人口高峰大概是 14. 5 亿到 15 亿，80% 的城市化率，农村的人口还有 3 亿，相当于美国现在的总人口。这是中国的国情。②大城市人口占城市总人口的较高比重。笔者粗算了一下，中国未来实现城市化之时，千万级以上人口的超级城市将有十几座，300 万—1000 万人口的特大城市大概有几十座，100 万—300 万人口级的将有百八十座，50 万—100 万人口级的中等城市大概几百座，50 万人口以下 10 万人口以上的小城市大概 1400—1500 座，还有小城镇数千座。这里讲的小城镇，不是建制镇。中国 2 万多座建制镇镇区绝大多数只能具有农村集贸市场的功能，不会成为真正的小城镇。③若干个都市群的形成与发展。现在号称有十一大都市群。这 11 个都市群人口占全国总人口的 30%，GDP 占近 60%，国土范围占全国的 6%。也就是说，6% 的国土面积容纳了近 60% 的经济产出和 30% 的人口，今后 11 个都市群的国土面积不会增加，但人口和产业的比重还会增加。最后一个层次就是紧凑型城市化，是指城市空间紧凑型的布局，用较少的土地容纳更多的人口和产业。六是跨区域流动与就近进城并进的城市化。因为中国是个大国，不少人将跨越几千千米异地进城。据了解，目前跨区流动人口超过7000万，这是中国的特点。七是多元动力推动的城市化。八是多样化的城市化。中国是一个大国，各地差异大，城市化是多种多样的，想用一个模式、一个路子去套，是不可能的。

第三个节点：地从哪儿来？

土地空间不可移动，唯一的途径是就地解决。要解决城市化用地问题，一是突破政策约束；二是要协调各种利益关系。

第一，要分清土地几大功能。第一个功能，土地是财富之母，是生活、生产须臾不可离开的物质基础。第二个功能，在市场经济条件下，它是资本，是资产，是要素。第三个功能，在社会主义市场经济体制下，它是宏观调控的重要工具，比如，国家掌握土地审批权、用地计划批准权。第四个功能，它是社会再分配的重要杠杆。明确了这几点，才能解决下面的问题。

第二，城市用地是更集约的用地。满足合理的城市化用地不会对中国的粮食安全构成威胁，同时它是落实保护耕地基本国策的重要前提。即使我国的城市化率达到了80%，城市用地仅仅占国土面积的1.2%—1.3%就够了，何来影响中国粮食安全？城市化用地增量与农村居民点的用地减量存在着后者大于前者的置换关系，现在没有置换出来，是因为政策滞后。比如农村人口进城了，但不能落户，买房又限购，很多农民工老婆孩子还在农村，这是城市化政策滞后的结果。如果达到80%城市化率，将有4亿—5亿农民进城，城市人口将增加5亿—6亿（因为这里面还有自然增长的问题）。那么，城市建设占用的增量耕地上限是多少？5000万—6000万亩。农村居民点用地可以置换出来的耕地是多少？1亿亩以上。现在要突破土地政策的约束。每年国土部门供地计划总是完成得不理想，而开发商总是抱怨供地不足，原因可想而知。如果有开发商囤积土地成功，那是政府监管失控，是政府的责任。政策上抑制囤地有法可依。破解城市建设用地中的利益分配问题，调解征地拆迁中的利益关系，核心是城市土地升值收益合理的分配。要抓住这个要害。

现在有些观点似是而非，比如说土地是农民的命根子。中央提出土地收益向农民倾斜，也要具体问题具体分析。这里的农民是指谁？2 亿多已经进城的农民工，他们最希望的是什么？他们最希望政府为他们干什么？作为农民，当然征地补偿越高越好。有些学者提出征地补偿提高 10 倍。过去，征地补偿是土地前三年平均年收入的30 倍，提高10 倍是什么概念？是 300 年的土地收益，由谁埋单？结果必然导致城市化成本的提高。因为土地的补偿高了，必然是地价上升、房价上升。实际上，这涉及社会再分配的问题。城市土地为什么值钱？因为大量的公共配套设施建设，这是社会投资积淀的结果。为什么地铁一通，房价、地价就涨？那是社会资本投资的结果。所以，城市土地级差收益归社会合情合理。现在只有政府能够代表公共利益方取得土地级差收益，进而反过来为整个社会提供公共服务。这样才能加快城市的基础建设，提高社会公共服务的水平。这是一个利益循环，是社会再分配，而不是简单地对农民的剥夺。

房价和地价的背后是复杂的社会再分配的关系。我们的制度设置是土地批租，70 年土地出让金一次性征收。征收的结果是政府在短期内积累大量的公共资金，用于加快公共基础设施建设。这叫寅吃卯粮，也是卯事寅干，两者相互对应。简单否定，于事无补。

未来要城乡统筹，城乡一体化发展，但在城乡的二元户籍制度、土地制度下，可能很难有真正的城乡统筹发展。方向是什么呢？取消城乡分割的二元户籍制度，在宪法层面上，变二元的城乡土地制度为一元国有（共有）土地制度。农村土地对农户实行永佃制，只要是农户，就可以有使用权，但是所有权是国家的。这样可以和现行的基本制度安排较多地吻合，较少相悖和震动。

对于宏观土地调控，我主张要适当地改变思路，不要一说城市建设用地就与粮食安全挂钩。

第四个节点：钱从哪儿来?

钱、技术、人才是生产要素，是可以流动的。钱是资本，要向高回报地区流动。欠发达县域要打造低商务成本的软硬环境，不要开门招商引资、关门打狗拔毛。要使资本有利可图，才能吸引外部资本进入，实现跨越发展。

人才也是这样。人才要向着能够充分发挥自己的聪明才智的环境和区域流动。发挥人才作用，关键有两条：一要使人才无生活后顾之忧，二要给人才以自由思想的空间。没有这两条，创新无从谈起。因为创新是有风险的，不可能100%成功，而且成功的概率很小。想一想，中国哪个大师是人才工程打造出来的?

作为县域来说，笔者的基本看法是，在城市化问题上要力戒全国“一刀切”、一个模式。应该放手把县城建设成中小城市。像鄢陵县城，现在有20多万人口，已经是名副其实的小城市。怎样再做得大一点、强一点，这是篇大文章。鄢陵县的发展规划、城市空间布局，框架已经拉开，今后其规模效应和集聚效应会进一步发挥。如果鄢陵县的60多万人口，有40多万人口居住在县城，这样的县域经济将是另一番情景。

现在河南提出中部崛起，笔者赞成。因为中部崛起的时机已经成熟，条件已经具备。接下来是工业化、城市化、农业现代化、信息化“四化”协调发展问题。讲“四化”协调，首先，要厘清“四化”的相互关系。没有城市化支撑的工业化将支付极高的分散化成本。工业化是城市化的动力，但是工业化不是唯一的动力，而是多元动力推动。两者是良性互动关系。

其次，农业是国民经济的基础，但农业不具有物质财富的代际积累功能。农业现代化要与工业化水平相适应，要依赖工业化提供物质技术支撑。农业生产资料、农业技术装备等要靠工业化来支撑。农业现代化要依赖于城市化提供产品市场和剩余劳动力就业空间，城市化为农业现代化提供基本前提。一个社会，大多数人搞农业，那不叫农业现代化，社会也富裕不了，农业劳动生产率也提不上去。

再次，信息化是高技术装备的基础。现代信息技术装备工业是新型工业化的重要基础，装备城市叫城市智能化，装备农业形成现代农业的基础。信息化提高资源配置效应，改善劳动条件。

最后，笔者再谈一个观点：县级是扩大地方经济发展自主权最基本、最适合的行政层级。中国的基本行政建制单元是县，大部分县都有几百年、上千年的历史，相对稳定。相比之下，乡镇的幅员太小，地级市又太大。县域具有整合资源的基本幅员，具有调节各种利益关系的社会组织架构。同时，县级对范围内各个乡镇的信息把握相对充分，便于实施统一的发展政策，取得相应的效果。中国30多年的经济发展的成功，重要的原因之一就在于各县域经济的竞相发展，在于各县域经济的横向竞争。尽管它有副作用，但其正效应远远大于负效应。现在的主要倾向仍然是横向竞争不够。要减少不必要的行政干预，使2000多个县域能够真正把经济增长潜力发挥出来。要达到这一点，就要扩大县级经济发展的自主权，包括土地使用权，这应是今后行政体制改革的重要方向之一。

本文系作者在“河南省鄢陵县研讨会”上的演讲稿

西安浐灞生态区考察有感

（2013 年 5 月 26 日）

两次来浐灞生态区考察，虽然都是走马观花，但均印象深刻。2005年的考察主要是对当地政府的决心和气魄表示赞赏，对生态区建设规划深以为然。这次考察主要是对浐灞生态区建设的成就感到震撼，深受鼓舞。经过 9 个年头的努力，浐灞生态区已经由一个生态功能亏损区建设成为生态效益外溢区，成为西安市可持续发展的重要支撑，功在当代，利在千秋。几位院士、专家主要就浐灞的自然生态建设提出了建议，笔者以自己的专业知识，从为当地政府出主意、当参谋的角度，对浐灞的社会生态建设经验作两点解读。

第一点，浐灞生态区建设的成功表明，要实现中华民族的伟大复兴，建设社会主义现代化国家，地方政府肩负着具体的组织、协调、领导重任，必须明大势、谋大事、干实事、干好事。所谓明大势，就是必须把握人多地少、社会主义市场经济体制的基本国情，特殊的发展阶段和大国经济的基本特征，作为思考问题、制定方略的逻辑起点。所谓谋大事，就是坚持从当地的实际出发，创造性地贯彻执行中央的大政方针，抓住当地发展建设中的主要矛盾，占领战略制高点，取得掌控全局的主动权。2004 年西安市委、市政府决策设立浐灞生态区，赋予其发展生态经济、建设成为西安新的增长点的使命，正体现了谋大事的远见卓识。所谓干实事，就是不摆花架子，不被似是而非的舆论所干扰，认准方向的和确定的目标就扎扎实实干下去，不达目的，决不罢休。建设浐灞生态区是西安推进市域城市化和城市现代化建设的重要战略举措。现代城市不仅是产业中心、人居中心、知识创新中心、财富创造中心，而且是资源节约、环境保护的重心，生态文明建设的重心。依托于城市的节能减排、污染治理更有效率，更有效果。积极稳妥地推进城市化是当代中国扩大内需、优化结构的国家战略，也是转变发展方式、低成本地实现社会主义现代化的必由之路。要真想实现现代化，建设美丽中国，就要提高城市化自觉，既不被某些社会舆论所裹挟，也不要误读上级的某些提法。例如，①城市化率不是越高越好（我国城市化率刚刚超过 50%，长期滞后于经济社会发展客观要求，难道城市化率越低越好?）；②城市化速度不是越快越好（难道越慢越好?）；③城市不是越大越好（也不是越小越好，大中小城市各有其存在的依据）；④城市化不等于房地产化（没有房地产业发展，城市化物质基础何在?）；⑤城市化不等于土地的城市化（没有土地的城市化，空中的城市化是可以想象的吗?）；⑥城市化由速度向质量转型（我国城市化快速推进，总体质量是提高还是在下降？为什么总是把速度和质量对立起来?）；⑦土地是农民的命根子，不许打农民土地的主意（两亿多农民工及其家庭的最大期盼是什么?）；⑧城市土地收益向农民倾斜（作为城乡居民的整体如何平等分享城市土地级差收益?）；⑨不要与民争利（难道地方政府与人民的根本利益是对立的?）；⑩补偿不满意，不许拆迁（何为满意，大多数满意、少数不满意又该怎么办?）。浐灞生态区管委会没有被极端化、简单化的思潮所干扰，因而取得了成功。所谓干好事，不仅出发点是要做好事，而且要把好事干好，才是成功。污染、拥挤、占地、公共安全风险、高房价、高地价等是城市病，但在很大程度上又是取得城市化收益必须支付的成本。城市化进程、城市现代化建设面临着越来越强烈的资源环境约束，但是办法总比困难多。以中国人民的聪明才智，完全可以找到两者的契合点。通过技术进步、调整发展路径完全可以实现经济社会发展，文化、政治和生态文明建设的统一。浐灞生态区的实践，充分证明了上述结论。

第二点，浐灞生态区建设的成功再次证明，理念决定行动，细节决定成败。以建设生态文明新城区为理念，以修复生态为切入点，以科学规划、优化空间结构为先导，以治理水环境为主线，以增强城市综合承载力为基础平台，统筹安排工程项目的推进节奏；以建设宜居、宜业、宜游、宜学的新城区为目标，以发展绿色、低碳、环保产业为基础支撑，实现城市功能与生态功能的有机契合，城市发展建设与生态环境治理改善双赢，大概是浐灞生态区建设的基本经验。除此之外，深层分析，浐灞生态区建设的成功还与以下两点密不可分（虽然笔者没有进行更为细致的深入调查，根据经验判断，想来不会有大的出入）：一是作为第一线操盘手，浐灞生态区管委会及其所属机构在勇于改革、勇于创新，突破现有体制、机制束缚的同时，还注意了发挥现行体制、制度的优势（如土地公有制）；在注意保护个人合法权益的同时，积极倡导集体主义风尚，正确处理局部利益和全局利益、近期利益与长远利益的关系，从而大大减少了城市建设和生态修复的社会成本。二是城市化、城市现代化建设本身就是社会结构、土地利用结构的大变动，是利益结构大碰撞的时代，是各种社会冲突和利益矛盾的多发期。浐灞生态区管委会围绕城市土地升值（级差收益）合理分配这一中心环节，运用好“土地财政”这一社会再分配的重要杠杆，通过精心谋划、细划细节、精心操作，协调、调整各方面利益关系，做到和谐征地、和谐拆迁，实现了资源整合，各利益阶层合作共赢，达到了经济、社会和生态效益的统一。

西安浐灞生态区实为人工的生态系统重建。笔者认为，称其为生态文明建设示范区似乎更为恰当，称其为西安浐灞生态新城区更能反映其时代的价值，也更加名副其实。

本文系作者在“西安浐灞生态区建设座谈会”上的发言

答人民论坛记者张潇爽问

（2014 年 5 月）

七点要求：一个总动员令

人民论坛：“京津冀协同发展”最近被解读为“一号工程”，引起各界的高度关注，您怎么看？

牛凤瑞：京津冀协同发展是一项很重要的工作，但是将其称为“一号工程”恐怕并不准确。

我觉得，习总书记对京津冀协同发展提出七点要求，可以视作一个总动员令。他是希望京津冀各自抛开“一亩三分地”思维定式，不再囿于过去的恩恩怨怨，而站在一个更高的层面，从一加二大于三的角度考虑问题，更好地推动优势互补，更好地发挥各自优势，从而能够达到整体的效益最大，各自也获得相应的发展利益。这才是京津冀协同发展的目标。

人民论坛：我们应当如何更好地理解这七点要求？

牛凤瑞：对于如何推进京津冀协同发展，七点要求总书记讲得非常全面。

第一点是顶层设计和总体规划问题。规划是指引未来方向的，只有取得一定共识，才能共同建构而不是“今天建了明天拆”。整体上有一个长远的科学的规划，这是非常重要的。

、习近平就推进京津冀协同发展提出7点要求：

一是要着力加强顶层设计，抓紧编制首都经济圈一体化发展的相关规划，明确三地功能定位、产业分工、城市布局、设施配套、综合交通体系等重大问题，并从财政政策、投资政策、项目安排等方面形成具体措施。

二是要着力加大对协同发展的推动，自觉打破自家“一亩三分地”的思维定式，抱成团朝着顶层设计的目标一起做，充分发挥环渤海地区经济合作发展协调机制的作用。

三是要着力加快推进产业对接协作，理顺三地产业发展链条，形成区域间产业合理分布和上下游联动机制，对接产业规划，不搞同构性、同质化发展。

四是要着力调整优化城市布局和空间结构，促进城市分工协作，提高城市群一体化水平，提高其综合承载能力和内涵发展水平。

五是要着力扩大环境容量生态空间，加强生态环境保护合作，在已经启动大气污染防治协作机制的基础上，完善防护林建设、水资源保护、水环境治理、清洁能源使用等领域合作机制。

六是要着力构建现代化交通网络系统，把交通一体化作为先行领域，加快构建快速、便捷、高效、安全、大容量、低成本的互联互通综合交通网络。

七是要着力加快推进市场一体化进程，下决心破除限制资本、技术、产权、人才、劳动力等生产要素自由流动和优化配置的各种体制机制障碍，推动各种要素按照市场规律在区域内自由流动和优化配置。

第二点，是思想观念问题。实际上这是要求地方政府在考虑问题时，不能光考虑自己，要换位思考，只有平等互利才有持久的合作。在中间层面上破除思想方法上的误区，也非常关键。

第三点，实质上，京津冀三地之间，存在着明显的地域分工，且生产和消费之间有着一个很长的产业链条。京津冀可以是优势互补的关系，但产业链条不顺畅，就会使得整个经济运营受到阻隔，就不能形成现实的生产力。只有理顺产业链条，才能各自发挥优势并相互融合，这是相当重要的一环。

第四点，是关于城市的空间规划。城市群是未来城市空间规划的一个重要载体和重要形式。实现城镇化之后，中国可能会形成几十个不同等级、不同辐射范围的城市群，京津冀就是其中第一等级的城市群。我们所说的城市群，就是以一个或者少数特大城市为中心，若干个不同等级的城市在空间上相对密集地聚集，而且相互之间的分工联系特别密切的城市化形态。京津冀确实到了应当做这方面科学规划和考虑的阶段，毕竟不可能所有的产业（即便是高端产业）都集中在北京和天津，而应是不同等级的城市之间相互依赖、相互联系从而形成都市群的形态。城市群本质上是一个扩大了的城市，它既能够解决单个城市无限扩张带来的城市病，同时又能够发挥城市本身的聚集效应与规模效应。所以这是非常重要的一个方向。

第五点，生态是没有国界的，也不存在省界的问题。生态环境问题必须在区域的层次上进行统筹安排，进行综合治理。眼下的生态环境当中，除了空气，水的问题也很重要。美国大使馆发布 PM2.5，导致人们对其谈虎色变，实际上水的污染和土壤的污染也不容忽视。总的来说，生态文明建设是一个系统工程，应该与经济社会发展和文化建设统筹兼顾。如果没有京津冀三地统筹的资源环境治理，生态文明建设恐怕就难以达到预期的目的。

第六点，京津冀三方应当更好地协调。习总书记讲要进行基础设施建设，把交通一体化作为先行领域。交通一体化是方法也是目标，城市之间若没有快捷的交通网络、高效率的交通体系来连通，如何能够实现相互联系？

第七点至关重要，我们不能再“穿新鞋走老路”，寄希望于通过中央一个命令、一个文件就解决京津冀协同发展问题，而应更多通过市场的力量来解决三地之间资源要素的平等交换和顺畅、无障碍的流动问题，这样才能真正实现资源的优化配置。事实上，使资源配置效率更高的一个基本前提，就是让市场配置资源，发挥决定性作用。当然这不是说政府的作用不重要，政府要做好自己的事，既不“越位”“错位”，也不“缺位”，就如生态补偿问题，政府若不出面则很难做成；公共服务均等化问题也是政府的职责。

七点要求中，第二点和第七点尤其重要。第二点是解决思想观念的问题，即突破“一亩三分地”思维定式，合作共赢，持续发展。第七点则是倡导通过市场来调整，而不是走原来的老路，让中央来作指示、当裁判。各方都有利益诉求，必然是平等互利的博弈谈判才能真正解决问题。

诸如京津冀这样区域之间的关系，如果中央领导重视了，就更容易推动一些。因此，习总书记的总动员令，不仅给出一个大的战略方向，也会起到一定的鞭策作用。

国家战略：“协同发展”已进入可实际操作阶段

人民论坛：总书记反复强调对京津冀协同发展问题的认识要上升到国家战略层面，又有什么特别的深意？

牛凤瑞：京津冀的发展问题，从来都是国家战略方面的问题。一个问题是否成为国家战略层面的问题，最根本是取决于这个问题本身的客观存在。同样的，京津冀一体化从理念到实际行动，经过了30多年的酝酿，而不仅仅是最近的10年的酝酿和反复。对“京津冀协同发展”的再次强调，客观上一方面是由于经济社会发展的客观要求，另一方面是我们已经真正具备了京津冀一体化的条件。

京津冀的区域协同发展，可以追溯到20世纪80年代初期，国土局成立伊始的第一个重大项目，就是京津唐国土规划研究。所谓京津唐国土规划，其实就是立足于京津冀一体化这一理念而展开。彼时到现在已经30年，中间之所以有这么多的反复，主要是客观条件的影响，包括体制条件、人们的思维方式和这一区域经济社会的发展。回过头来看，最初我们确实不具备进行一体化操作的条件，而且20世纪80年代初，我们刚刚进行改革，从计划经济向市场经济转型，可以更多地通过中央的指示和文件来实现两市一省的资源配置，并不真正需要所谓的“一体化”。

从全国来看，长三角、珠三角和京津冀是经济社会发育水平最高的三个城市群，特别是京津冀，虽然现在整体水平还低于长三角和珠三角，但京津冀人口占全国的8%，GDP占全国的11%，近1/9，无论从经济总量看，还是经济密度看，在全国都是名列前茅。同时京津冀地区过去也是中国北方的经济中心、共和国首都所在地。经过30多年的改革和发展，三地各自的经济社会状况都发生了巨大的变化，三者之间本应是经济上互相融合、优势互补的，但是省域之间行政壁垒竟然使得“1+1+1<3”。

雾霾是一个契机，实质上正如习总书记强调，解决好北京发展问题，须纳入京津冀和环渤海经济区的战略空间加以考量，这样才能打通发展的大动脉。京津冀一体化进入实施阶段正是中国经济社会发展的一个客观要求，习总书记的指示，正是适应了这一客观要求，是因客观问题而生，而且不仅看到了这一问题的严重性，也看到了这一问题的重要性。

破除体制机制障碍，走向协调发展的未来十年

人民论坛：京津冀协同发展具有重要战略意义，必须破解联动发展存在的体制机制障碍，才能实现京津冀协同发展。就您看来，当前亟须突破哪一重壁垒？是否需要构建一种新的协调机制？

牛凤瑞：政府掌握资源的手太过强有力，尤其是各权力部门。如果很多东西都需要审批，几十年都未必审批下来，事情就很被动。所以新一届政府讲简政放权问题，首先要减少这种审批。

现在要破除体制机制障碍，有破就要有立，有必要建立一种新的省际协调机制。京津冀原来只是民间组织了一些应急性的协调机制，如今，应当由三地政府出面来做这件事了。有时候我们会说，北京、天津与河北的关系和思维方式对比，近似于发达国家与发展中国家的反差。北京和天津眼下有了资源环境方面的压力，情况该有所改变了。

人民论坛：对未来十年的京津冀协同发展您有何预期？这一新战略是否会带来京津冀城市群的崛起？

牛凤瑞：京津冀协同发展问题，不是一个我们可以设计哪年开始、哪年竣工的简单工程。这也是前面我不同意用“一号工程”来标记它的

原因。京津冀协同发展问题，是一个长期的、渐进的过程，有领导人来推进这件事情，可能会加快这一进程，总书记发出总动员令，则将进一步让其加速。

我个人觉得，真正推动这一过程，不应陷于理念争论，而应从具体的实事做起。就如老生常谈的河北省生态补偿问题，如今的政府已经有了足够的公共财力，可以真正坐下来解决这些问题，推动其进入实质性的操作阶段；也如环北京贫困带、农民养老问题等，可以在能力范围之内先缩小差距；再比如北京和河北生态林的保护，至少互相之间反差不要太大。再进一步说，一些生态脆弱地区，人口仍然非常密集，是不是可以考虑与城市化结合起来，通过一些政策诱导，解决人口的再布局问题？把人移出来，才有生态的自我恢复和对环境的持久保护。

实际上，行政区域之间的横向竞争，利大于弊，各地竞相发展，发展的积极性应当保护。当然不可以以邻为壑、挖对方的墙脚，但作为地方政府考虑地方的发展，是无可厚非的。作为地方父母官为地方造福，是值得提倡的，加快本区域的发展，也是值得提倡的。问题是怎么发展，怎么共赢的问题。

我想，未来十年京津冀协同发展，必然会前进。若中央督促得紧，则会前进得更快。京津冀三地之间的差异性，尤其是北京、天津两市之间的差异性，会逐渐缩小。河北区域范围比较大，一些边缘地方接受的辐射力量会相对弱一些，环北京、天津的周边地区相信会有比较大的变化。特别是首都第二机场将投付使用，希望会有一个以第二机场为中心的、京津冀城市圈的交通网络，真正实现一小时通行圈。交通若能连通，整个物流、资源、要素就都通了，流动成本就大大降低了。

我也有担心。一则城市化本来就是一个矛盾冲突多发的过程，在这样一个时代，需要更强调科学的、法治化的行政管理。多年一直围绕某些问题争论不休，时间成本也是支付不起的。我们集中力量办大事的体制优势，不可以该发挥的时候反而不能发挥。

另一个担心是，对于中央领导的指示，用一窝蜂地炒作来代替扎扎实实地推进，就如此前“政治副中心”之说导致保定房价上涨，起的就是负面作用。我们不必急于求成，以充分的信心，一件事情一件事情地推进即可，保持如此一个态度，几年之后再回头来看，定会是不一样的景象。

原载《人民论坛》（2014 第 12 期）

破解京津冀一体化困境之道

（2014 年 9 月 19 日）

京津冀一体化上升为国家战略以来，有关京津冀一体化的发展战略、总体思路、基本路径、方案举措等众说纷纭，仁智互见。笔者接触京津冀一体化问题已经 30 多年，对于破解京津冀一体化困境之道再作几点思考。

一、京津冀一体化是特殊的省域之间协同发展问题

京津冀一体化从 1983 年国家土地管理局立项京津唐国土规划纲要研究，提出理念设想，到 21 世纪第一个十年以首钢搬迁为代表的付诸实践，其间经过了近 30 年。这里既有两市一省特殊区位、不同的发展阶段和思想观念等特定原因，也有政治经济体制、行政区划分割等普遍性原因。把握特殊性，针对具体原因进行具体分析，才能辨明京津冀一体化的前进方向。

京津冀一体化不是主权国家之间的一体化，而是一个主权国家内省级行政区之间的协同发展问题，是在同一政治、经济、社会体制下，同一货币金融体系中，同一外经外贸政策约束下的省际协同发展。京津冀一体化是省际的协同发展，但又不是一般意义上的省际协同发展。我国省域多以自然地理地貌划分边界，一个省域即相当于一个欧洲大国的幅员，国民经济体系具有较高的相对完整性和独立性，历史文化具有浓重的地域特色，省域边界基本稳定大多也有数百年以上的历史。而京津冀共同拥有一个自然地理单元，拥有同一个生态环境和相同的历史文化资源。50 多年前京津郊区的大部分还隶属河北，天津一度成为河北省会城市，三地同属畿辅之地已有 700 多年历史。京津冀客观上存在着强烈的

相互依存关系，在经济社会发展、生态环境保护和历史文化承传上本应融为一体，只是因为行政区划被割裂开来。同为直辖市的上海东部邻海，陆地分别与江苏、浙江接壤。换言之，江苏、浙江仅有一隅与上海接壤。河北是农业大省，京津两大直辖市是大都市、小郊区，陆域几乎被河北省域合围，是名副其实的河北域内“飞地”。从这一视角来看，京津是河北的城市，河北是京津的农村。京津冀关系在全球层面上类似于北南关系；在全国层面上，类同于城乡关系；在河北省内层次上相同于20世纪90年代以前的地区与省辖市的关系。这种地理中心腹地被京津开“天窗”的行政区划阻隔，不仅肢解了河北发展的整体布局，而且限制了京津两市的发展空间；不仅是环京津贫困带形成的重要原因之一，也是京津冀一体化上升为国家战略的深层依据。

二、由授权经济向市场经济转型是京津冀协同发展的基点

从20世纪50年代京津冀行政边界划定到改革开放，我国实行的是全国一盘棋的计划经济体制，政策的方向是农业支援工业、农村为城市提供积累。京津冀区域的资源要素配置首先要服从国家计划，执行中央指令。由于特殊的区位，满足京津两个特大城市发展需要的市外成本首先要由作为农业、农村大省的河北来承担。京津二市既然能够通过中央计划满足自身发展的需要，也就没有必要、更不会有动力去与河北进行相对艰难的平等的省际交流与合作。河北虽有对京津的需求，但首先是执行中央指令、履行支援京津的义务。20世纪70年代末以后，我国改革开放实行的是由南向北、由东部沿海向西部内陆、由局部地区先行试验到全面推开的渐进的梯度推进战略。省域的发展更多地受惠于中央的放权和对地方发展自主权的赋予。于是争取中央赋予优惠政策，建立各种类型的特区、新区、开发区、自贸区、保税区，以及争取某些重大建设项目立项选址等成为省际竞争的重点。省际的经济竞争也更多地表现为争取中央授权发展的竞争，即所谓的授权经济，也就是通常所说的审批经济。应该说，授权经济对于实现我国发展的平稳换挡、转型具有积极意义，在我国现行体制下具有阶段性的合理性。但授权经济毕竟是中央高

度集权的产物，是计划经济的一种蜕变和延伸。随着开放的全方位推进、经济体制和行政管理体制改革的深入，授权经济固有的弊端也日益凸显出来。实现由授权经济向市场经济的转型成为必然。授权经济取决于省级政府在中央的政治话语权。京津冀虽然同为省级行政区，但在中央的行政话语权则是北京高于天津，天津又高于河北。河北在与京津二市的授权经济竞争中处于较低地位。京津二市既然拥有授权经济的相对优势地位，又尚有发展空间，着力于自身的发展也就成为理性选择。只有在其自身空间环境不能容纳自身发展体量、授权经济效应大幅衰减的今天，二市才有了与河北协同发展的内在动力。这既是京津冀一体化从提出理念到付诸实践经过了 20 多年的体制根源，也是京津冀协同发展的现实意义所在。京津冀三地人口占全国的 8%，GDP 占全国的 11%，是我国经济集聚度最高的三大区域之一①，也将是我国未来经济社会发展的三大引擎之一。实现由授权经济向市场经济转型，是京津冀协同发展的基点和主轴，京津冀协同发展的实践也将对全国破除行政区划壁垒、构建生产要素跨区自由流动机制、完善市场决定资源配置体制发挥示范作用。

三、京津冀协同发展要弱化对规划和产业政策的过高期待

京津冀协同发展提上日程以来，制定相关规划和产业政策再掀高潮，人们也对出台规划和产业政策寄予厚望。事实上，区域协同发展虽然离不开规划和产业政策的引导，但在实践中，墙上挂的规划、多变的规划、失误的规划，甚至失败的规划概率极高，产业政策误导、成本高昂、得不偿失的实例也不鲜见。根本原因在于政府的过度自信和过高的资源掌控能力。区域发展有其客观规律，规划和产业政策只有与客观规律相吻合，才能发挥正向的引导作用。规划和产业政策是人为的产物，而规划和产业政策的制定者（无论是政府部门、科研机构和高校，还是民间智库）对客观规律的认识都存在局限性，不同制定者的知识结构、价值取向也各不相同，因而会有不同的规划指导思想、目标、方案、方法、措

① 与长三角、珠三角并列的京津冀地区，在可比意义上应指京津唐（山）保（定）地区。

施提出。另外，区域发展中的矛盾和问题的暴露也要有一个过程，其主要矛盾和问题会随着发展而改变。规划和产业政策制定者的知识水平和现有技术手段还不足以准确把握影响区域发展的所有变量，并作出相应安排。由此科学的细线条规划往往难以做到，粗线条规划又往往被认为不解渴。这也是规划修订和实施滚动规划的原因。所以，实现区域发展规划的科学性和实践性始终是编制者孜孜以求、又难以完全达到、只能不断接近的目标，对于通过规划解决京津冀协同发展问题不宜有过高的期待。

产业政策是调整经济结构、优化生产力布局的重要手段。于是，伴随京津冀协同发展声音的高涨，北京确定“三高”企业迁出名单、河北地方政府拒绝“三高”企业迁入的声明一时成为媒体热点。我国现有多个行业出现所谓“产能过剩”，但只有政府控制最严或者扶持过度的少数行业消化过剩产能成为严重政治和社会问题。现实使我们不能不做更深层次的思考：其一，一个区域的产业结构是由区域自然禀赋、人文资源、发展阶段和技术水平等综合因素决定的，是区域分工的结果，而区域分工的依据是发挥区域比较优势，取得更高的比较收益。区域分工并不以人的主观愿望为转移。其二，区域产业结构具有相对刚性，要随着市场和竞争环境的变化进行渐进的调整。在调整过程中，往往是企业经营者首先捕捉到相关信息，率先行动，而政府的行为往往滞后。其三，发展高端产业（高端服务业、高端制造业）、战略新兴产业、低碳产业和绿色产业，作为一个发展中大国国家层面的产业政策导向和目标追求是必要的，但具体到省域特别是省以下区域则要具体问题具体分析。高端、新兴战略产业离不开中低端和传统产业的配套，低碳绿色产业也只是相对的。高端、新兴战略产业和低碳绿色产业的发展都要依赖于相应的条件，具有相应的赢利能力，长期依靠财政补贴和政策优惠支持的高、新、低、绿产业是不可持续的。其四，一个行业和企业应否被淘汰和关闭，其实并不取决于其有无污染或者污染的大小，而取决其产品（服务）有无真实的市场需求，取决于在此区域有无相对成本优势。有真实市场需求、又无经济性的替代品（服务），则是此处迁出、不再生产，而彼处迁入、继续生产问题，即排放和污染的转移。当然，若企业转移伴随技术进步、节能减排、减少污染，则是迁出地和迁入地的共赢，皆大欢喜。其五，通过调整税率、征收资源税和环境税等经济手段，改变企业经营的外部条件、实现企业污染成本的内部化，是区域产业政策的基本方向。以行政指令确定企业迁出名单或者公布限制进入行业目录，成本过高，也容易招致与市场决定资源配置相悖的后果。

四、京津冀协同发展重点是界定政府权力边界

京津冀协同发展的总体目标是实现 2 + 1 > 3 的效果，近期的直接目标是在京津持续推进转型发展的同时，加快河北的发展，缩小与京津过大的发展差距，基本路径是建立健全生产要素跨区域自由流动的体制和机制。合作共赢是京津冀协同发展的基本原则和出发点，把所有好处留给自己，把包袱和成本转嫁出去，不会有持久的区域合作。为此必须放开被束缚的无形之手，减少审批和对微观经营活动的行政干预，发挥市场配置资源的决定作用；规范越位、错位、缺位的有形之手，界定政府的权力边界，更好地发挥政府作用。区域竞争对于我国国民经济 30 多年持续快速发展发挥了重要作用。基于追求地方自身利益的发展冲动和自主权是我国国民经济发展的正向推动力量。当前我国区域竞争的主要倾向不是所谓的过度、恶性问题，而是整体上的不足，不充分问题，关键是体制造成的竞争着力点用错了地方。在三地各有其相对独立利益诉求的情况下，中央政府既要引导三地发挥各自的比较优势，实现良性的区域竞争，当好仲裁者，又要担负起相应的责任，行使好中央的协调和转移支付职能。一是完善京津冀一体化的基础设施体系。统筹空港、高速、高铁、城际、公交、给排水、能源供应、环境保护、自然灾害防治等基础设施和物流节点、通信、金融网络规划建设，构建三地人口、物资、信息、资金等经济要素自由流动的支撑系统及其相应的体制机制。推进京津唐保同城化、建设 1 小时通勤圈当是第一步。二是构建京津冀一体化的责权利互相匹配、共治共享的生态环境保护体制和机制。首先是建立稳定的生态保护、水源涵养跨区域补偿机制，提高标准，同时要统筹

三地人口产业布局和城市化进程，提高生态补偿资金使用效果。三是逐步缩小京津冀之间过大的公共服务地区差距。加大农村地区特别是河北农村地区养老、教育、医疗、就业培训等国家财政转移支付的力度，推进三地逐步实现公共服务的相对均等化。

本文发表于《城市》杂志 2014 年第 12 期

“一带一路”国家战略下 重庆发展路径选择

（2014 年 12 月 18 日）

推进“一带一路”建设是我国主动适应 21 世纪世界经济新格局的国家战略，标志着我国经济社会发展和对外开放进入了全新阶段。作为占国土面积一半以上的广大西部地区的唯一直辖市，重庆既是长江经济带的重要节点又是渝新欧大陆桥的起点。“一带一路”国家战略的实施，为重庆发展带来了历史机遇；重庆抓住这一历史机遇，加快发展，强化内陆地区对外开放的战略高地地位，才能在推进“一带一路”战略中发挥应有的重要作用。

一、发挥相对优势，加快基础设施建设

由于区域发展的不平衡，重庆发展水平在西部地区领先，在全国只居中游。加快发展，完成工业化，实现城市化依然是重庆现阶段的主要任务。也唯有如此，重庆才能强化在“一带一路”国家战略中的重要地位。一是从自身资源禀赋特点出发，发挥比较优势和后发优势，有所不为而有所为，大力建设具有相对成本优势的产业体系，并在区域合作交流中取得更高的比较利益。转型升级发展的目的是提高发展质量，衡量的标准是资源配置效率和赢利水平，既不是第一、二、三产业比重的孰升孰降，也不应以是否属于传统产业、低端产业或者是否属于高端、新兴战略产业为转移。在区域分工日益密切、细化的背景下，对由数十万种产品组成的重庆产业体系，用几十个行业的数据分析是否与其他地区存在产业同构化，没有实际意义。二是深化投融资体制和建设运营体制改革，加快水电路气、通信、物流等基础设施建设，为实现“一带一路”

的互联互通作出贡献，亦为重庆的现代化奠定物质基础。

二、以大都市带动大郊区发展

城市化是现代化的重要标志。一个大多数人生活在农村的现代化是不可想象的。工业化推动城市化，城市化为工业化提供依托。工业化和城市化良性互动才能有更高的全要素配置效率。重庆仍处于城市化的中期阶段，深化城乡户籍改革和土地制度改革，统筹城乡发展，积极推进新型城市化，充分发挥城市的聚集效应和规模效应，构建空间布局和规模结构合理、分工定位明确的城市体系是重庆加快发展的必由之路。重庆是大都市、大郊区，主城区虽然已经聚集数百万人口，但仍有较大的发展空间。强化主城区的西南中心城市功能，做大做强商贸物流和研发、高端服务业，实现主城区的率先发展，以大都市带动大郊区，当是重庆加快发展的战略选择。

三、构建低成本的商务环境

资本的本性是逐利，资本流向高回报地区是规律。所以构造低成本的商务环境是重庆吸引外部资本流入的基础性举措。我国的一个省域即相当于一个欧洲大国的幅员，国民经济发展正在由东部沿海向中西部梯度推进。从吸引外部资本和合作交流的成本考虑，重庆的对外合作首先应是与国内其他省区的交流与合作，对内开放与对外开放并重。土地是空间不可移动的资源要素，重庆建设用地只能就地满足。与全国一样，重庆虽有土地稀缺的约束，但建设用地还是可以满足的，也不会构成对粮食安全的威胁。即使发生不可预见问题，也可以通过国内、国际两种资源和两个市场调节实现再平衡。我国建设用地面临着来自于土地制度、用地政策和土地收益分配机制上的多重制约，通过深化土地制度改革，调整用地政策和重构土地利益分配机制是能够走出困境的。在这方面重庆走在了全国前列，并取得了成效，继续前进，依然大有可为。

四、加强“一路一带”人才队伍建设

“一带一路”建设的成功，基础在人才。“一带一路”涉及数十个国家和数百个民族地区，推进“一带一路”建设不仅需要大量的高素质的外交、外经、外贸人才，而且需要大量的熟悉国际金融、国际政治、国际法律、跨国公司、全球气候变化和生态环境保护等方面的专门人才，也离不开熟悉相关国家地区的民族历史、文化、宗教、风俗习惯的专门人才。这些专门人才的共性要求是熟练掌握相关国家和民族的语言文字。人才靠培养，高等院校是培养人才的主阵地。重庆的地位和区位决定了重庆在“一带一路”建设中的战略支点作用，也决定了重庆地方政府和重庆地区高等院校的历史责任。“凡事预则立，不预则废。”加强高等院校（如川外）建设，依托高校实施校政（府）合作、校企（业）合作、校校合作，进行专门人才培养和相关战略研究，发挥人才基地和智囊智库作用，是推进“一带一路”建设的一项奠基性工程。从这种意义上说，今天的重庆国际战略研究院成立富有远见卓识。笔者对研究院的成立再次表示祝贺，并预祝研究院今后工作取得成功。

本文系作者在“重庆国际战略研究院成立暨‘一带一路’国家战略下重庆发展研讨会”上的发言

加快衡水市经济发展的几点建议

（2015 年 8 月 10 日）

衡水市经济发展在全国和全省处于较低水平，但区位优越，资源配置和生态本底良好。在全国经济发展进入新常态的背景下，衡水凝聚共识，保持定力，坚持深化改革和创新创业驱动，加快经济发展，实现逆势发展，不仅具有必要性，而且具有可能性。衡水发展属于区域发展问题，这里笔者依据多年研究的基本结论，结合衡水实际，提出相应建议，供决策者参考。

一、加快经济发展依然是衡水的第一要务

纵向对比，衡水经济发展成就令人瞩目，近年的多项增速指标居全省前列，但与其要素禀赋提供的可能性和全面建成小康社会的要求相比，还有较大差距。2014 年衡水全市人均 GDP 为全国平均水平的 55%，为全省平均水平的 62%；人均财政收入为全国平均水平的 1/3，与全省平均水平持平；全市居民人均可支配收入为全国平均水平的 66%，相当于全省平均水平的 80%；当年全市人均社会固定资产投资分别为全国平均水平的 53% 和全省平均水平的 55%；市域城市化率比全国低 10 个百分点，比全省低 5 个百分点。加快经济发展，提升全市综合经济实力，为全面建成小康社会奠定物质基础，是破解衡水一切社会问题和生态环境问题的基本前提。我国成长为世界第二大经济体，是确立国际战略和策略的依据，人均 GDP 世界第 80 位左右的排名则是制定国内政策和战略的基点。在新常态下，发展仍然是硬道理。经济发展新常态强调的稳增长，是转变方式、优化结构的高质量增长，是着重改革创新驱动的增长。宏观经济形势的变化对衡水发展形成了压力，也带来了机遇。衡水全域郁郁葱

葱，生态环境得到了较好的保护和治理，农业生产水平较高，为加快新型工业化和新型城市化进程提供了广阔空间和坚实基础。衡水已进入工业化中期阶段，城市化已处于加速阶段，城市空间框架和城乡基础设施建设已具一定规模，为加快经济发展提供了基础条件。若衡水经济发展有高于全国2个百分点的增速，2030年可达全国平均水平的75%；若衡水经济发展有高于全国4个百分点的增速，则2030年可以赶上届时的全国平均水平。

二、主动融入京津冀都市密集区是衡水加快发展的重要战略方向

都市密集区是城市化的高级阶段，几十个不同等级的都市密集区的形成与发展，将是我国城市化的基本空间形态。京津冀都市密集区人口占全国的8%，GDP占全国的11%，是具有全国影响力的三大都市密集区之一，其在国内外的地位还将持续上升。衡水市域地处河北东南部，华北平原腹地，中心城区距北京250千米，系华北地区陆路交通的重要枢纽，京津冀都市密集区的区域性节点城市，与京津两大直辖市历来存在着密切的经济、人文联系。京津冀协同发展上升为国家战略，为衡水强化与京津的联系和合作，加快发展提供了千载难逢的契机。京津均为大都市、小郊区，北京已处于城市极化效应向效应外溢转换阶段，天津虽然仍有发展空间，也将迎来城市极化效应的拐点。京津冀协同发展的直接目标是疏解北京非首都核心功能，终极目标则是破除区域发展的行政壁垒，实现经济要素区域自由流动和市场化配置。京津人口达3700万，是衡水的8倍，人均GDP是衡水的5倍，市场容量大。双方经济势差大，互补性强。京津不仅是衡水产品的主要域外市场，农村劳动力的主要输入地，而且是衡水域外资本、技术、项目的主要来源地。随着京津冀协同发展战略的推进和各项规划的实施，衡水不仅将成为京津制造业的重要转移地，而且将成为物流、教育、医疗、养老、休闲、旅游、体育等服务业扩散的重要承接地。衡水以京津为战略重点，全方位对外开放，主动融入京津冀都市密集区，吸引京津要素大规模入驻，有望在

短期内增强综合发展能力。衡水快速经济发展，可谓恰逢其时。

三、统筹城乡，推进城市化和工业化良性互动是衡水加快发展的基本途径

“三农”问题是我国经济社会发展的短板，但实现城市化和工业化是我国现代化的必由之路。衡水农村比重大，“三农”问题尤其艰巨。统筹城乡，实施城乡一体化发展已成上下共识，但在具体重点、规划、先后顺序上又是仁者见仁、智者见智。以城带乡、以工补农、加强新农村建设、城乡公共服务均等化、城乡要素平等交换、保护农民合法权益等都已写入文件、成为政策导向。但在笔者看来，“三农”问题的核心是农民增收难，农民增收难的根源在于农民数量的庞大①。要富裕农民必须减少农民，而减少农民的根本途径是推进城市化，实现大多数农民职业转型的前提是工业化。只有减少农民②才能实现农业规模化经营，才会有农业劳动生产率的提高和农民的致富，也才会有农业的现代化。

城市化为农产品提供市场，以城带乡的前提是城市的强大，城市的率先发展；以工补农的前提是工业的强大，一个长期依靠补贴的农业没有竞争力。工业支援农业的本质是工业为农业提供高效率的技术装备和生产资料。新农村建设要与城市化加速时期农村人口大规模减少的时代特征相适应，要与增强城市综合承载力统筹兼顾，把有限财力投入关键环节，注重提高投入效率。城乡要素平等交换既是一个理念问题，更是一个市场交易秩序建设和市场实践问题。城乡一体化发展是新型城市化的重要内涵，实质是城乡居民公平分享城市化成果。保护农民合法权益首先要破除二元体制对农村居民的束缚和歧视，赋予农村居民平等的发展权，在逐步推进城乡公共服务相对均等化的同时，赋予农村居民移居

① 其理论依据在于，农业是国民经济的基础，但农业不具有物质财富的代际积累功能。农产品是有机物，不能长期储存；农产品市场需求弹性小，少了挨饿不行，多了也会造成浪费。所以农业就业比重越高，社会财富积累能力越弱，社会越穷。扩大农业净出口与我国农业资源相对稀缺的基本国情相悖，将压缩我国资源利用结构调整空间。

② 这里的农民是指拥有土地且从事农业劳动经营者，拥有土地而不事农业生产，靠土地为生的是地主，收取地租的是小土地出租者。

城市的自主选择权，给已经进城的农村居民以平等的市民权利。衡水农业产业化（农业产业化是同义反复，实际应称为农业企业化）水平较高，农民具有进城的内在动力；衡水城市规模尚小，不属于限制发展之列，农村居民就近进城成本较低，有条件率先践行城乡一体化发展，为推进工业化与城市化的良性互动提供支持。

四、建设大城市、大县城是衡水加快发展的主体平台

城市是区域发展的龙头，工业化和城市化是区域发展的两大动力。工业化要更多地依赖企业家们的主动性和创造性，城市化则离不开政府的协调和规划引导。按为政府决策咨询的顺序，这里先分析城市化，再谈工业化和农业发展。

我国人多地少，国土辽阔，要素的空间配置极不平衡，实施集中型的城市化和非均衡、多样化的城市化①是必然的选择。衡水市域面积达8815平方千米，人口密度510人/平方千米，3.6倍于全国平均水平。实施集中型的城市化和具有区域特色的城市化亦是必然。衡水集中型的城市化具体方略是，集中建设大城市和中小城市，不搞乡乡建镇的分散城市化。具体目标是把桃城区建设成为超百万人口的大城市，发挥市域经济发展的龙头带动作用；把2个县级市区和8个县城镇分别建设成为中小城市，发挥县域经济发展的主体作用，把少数具备条件的建制镇区建成小城镇，发挥县域经济发展的支持作用。随着京津冀一体化交通体系的建成和京九等高铁的开通，衡水市区作为京津冀都市密集区的节点城市地位将上升，要素聚集的能力将进一步增强，人口规模翻番，成长为百万人口的大城市具有较高的可能性。两市8县地域面积分别为数百甚至上千平方千米，下辖人口分别有数十万，其市区和县城对周边农村人口具有内在的聚集力，而较少城乡壁垒、语言、文化等障碍，拥有建设中

① 所谓集中型的城市化，一是要有一个较高的城市化率（80%以上）；二是大城市的率先发展，大城市占城市人口的较高比重；三是若干个城（都）市密集区的形成与发展成为城市化的主体形态；四是城市空间的紧凑型布局。所谓非均衡、多样化的城市化就是各地的城市化的空间形态、城市体系、路径模式、推动力量、发展过程和发展阶段等将呈现不同的区域特点。

小城市的幅员和可能性。各县（市）域均为平原，交通便利，最远居民点到达县（市）城不足半小时机动车距离，乡乡建设小城镇不仅没有必要，而且较少可能。衡水建设大城市、大县城一要深化城市基础设施投融资体制改革，扩大资金来源，集中力量大幅度提升城市综合承载力，相继进行智慧城市建设。二要放开农村人口进城的各种行政限制，并对农民转化为市民提供力所能及的支持。

五、内生型工业化与植入型工业化并重是衡水加快发展的基本策略

经过几十年的快速发展，我国人均国民收入已达世界中高收入水平，2020 年人均 GDP 将超过 1 万美元，但工业化仍在进行中，重化工业阶段总体上也还没有过去。衡水发展水平滞后，人均第二产业增加值接近全国平均水平的 70%，人均第三产业增加值仅为全国平均水平的 40% 强，但衡水经济水平滞后的根源首先不在于第三产业滞后，而在工业规模小，工业化水平低。因为生产性服务业的发展要以第一、第二产业的发展规模和劳动生产率的提高为前提，生活型服务业的发展要以市场规模化需求为条件。而服务业的市场规模化需求要以人口的聚集和社会分工的专业化为前提。2014 年衡水规模以上工业企业增加值 447 亿元，人均不足 1 万元人民币，规模小，基数低，如果有相当数量的外部要素植入，有望实现跨越式发展，带动衡水加快发展。衡水加快经济发展的指导思想，不应以第一、二、三产业比重的高低和升降为转移，也不应以产业是否高（端）、新（兴）、战（略）、低（碳）、绿（色）、文（化）决定取舍，而应以能否发挥区域的比较优势，在符合环境标准的前提下，能够持续赢利、增加就业和税收为目的。其基础性工作是抓住京津冀协同发展的历史契机，完善水、电、路、气、电信、污染治理等基础设施建设，优化企业用地、税收、排放标准等制度安排，构建良好的企业经营软硬环境，降低企业外部交易成本。衡水加快工业化进程基本策略，一是吸引一批大项目入驻。全方位扩大对外开放，以北京为主要对象，提高招商引资的强度和效率。二是提升既有工业企业水平。衡水工业已具一定

基础，一批扎根于本土的企业和特色产业具有顽强的生命力和可持续发展能力。酿酒、饮料等已具较高品牌效应，安平丝网、枣强皮毛和玻璃钢、桃城工业橡胶、景县汽配、冀县铸造等已成产业集群，有的领军全国、享誉中外。本土企业要紧跟市场变化，进行技术创新、产品更新和经营方式创新，不断巩固和扩大市场占有率，提高赢利水平，但更重要的是构建有利于企业家成长的制度体制和社会氛围。

六、提升农业结构效益和经营效益是衡水加快发展的重要方向

农业的发展受水土资源的强烈制约。据统计数据，衡水土地垦殖率达 64%（若计入盐碱荒地已改造为良田、行洪河滩土地已被开发等因素，可能已近 70%），域内几乎没有闲置土地。衡水农业资源已深度开发，在没有重大技术突破之前，生产规模和数量增长的潜力有限。全市农业发展水平较高，但效益较低。2014 年衡水人均粮食产量达 800 公斤，为全国平均水平的 180%；人均肉蛋产量达 185 公斤，为全国平均水平的 2.2 倍，但全市人均农业增加值仅为全国平均水平的 85%，农村居民人均纯收入仅为全国平均水平的 83%。衡水农业就业比重较高，农民增收对农业经营的依赖较大，提升农业结构效益和经营效益既是富裕农民的重要环节，也是衡水加快发展的重要方向。总体思路，一是以农业高效为目标，以内外市场需求为导向，扩大适销对路产品的种植和养殖，减少低效的种植和养殖。为此，要以绿色、安全、生态、营养为基点，严把品质关，提高产品信誉和市场占有率。二是淡化数量增长目标，着力提升单位产品净收益。在产出不减，或者略有减少的情况下，减少投入，增加净收入。例如，调减高耗水肥作物（冬小麦）种植面积，增加耐旱、耐瘠薄作物种植，更新品种，改进农艺措施，既可提高种植业单位产出效益，又可缓解地下水超采，提高环境效益。衡水粮食生产中用于饲料的占较高比重，畜牧业高度依附于农业。以优质饲用作物（牧草）取代部分粮食种植，会有更高的饲料回报。再如，畜牧业存栏不变（或略有减少），而增加出栏率；或者出栏不变（或略有减少），而增加单位出栏

效益。通过优化林种、树种结构，更新品种提高林果业经营效益，也有较大空间。三是延长农业产业链。加强农畜产品的初加工、精加工和储运营销环节，实现农民对增值收益的公平分享，不仅是现代农业发展的方向，也是衡水农民增收的重要方面。四是创新农业经营组织。在稳定耕地家庭承包制的基础上，推进专业技术服务合作、农超对接、订单农业、“互联网+”等，试行公司+农户、家庭农场等现代农业经营组织，提高农业经营效益。

七、突破城市建设用地约束是衡水加快发展的重要条件

土地是社会经济发展须臾不可离开的基础要素，总量上不可人为增加，在空间上不可移动。衡水加快发展必不可少的建设用地只能靠自身解决。土地制度是基本的经济制度，城市化建设要占用大量农村土地，这种土地利用结构的大变动为现代化建设所必需，又引发一系列社会矛盾冲突和利益重构。我国城市化建设用地既有土地资源稀缺约束，又要解决土地制度、用地政策和社会利益重构等的制约。城市用地约束有客观原因，但主要是思想观念和制度的原因。粮食安全是我国发展的重大战略问题，但合理的城市化用地是更集约的用地，满足合理的城市化用地并不构成对我国粮食安全的威胁。以城市化率达到80%计，我国城市化用地总量也只占国土面积的1.2%左右。城市化占用耕地的增量上限不超过5000万亩，只占耕地存量的2.7%，每年占用耕地约在100万—150万亩。而且在城市占用耕地增量与农村居民点用地减量之间存在着后者大于前者的置换关系。据估计，衡水城市化用地上限约在400平方千米，占国土面积的4.5%，增量用地在200平方千米左右，其中占用耕地约20万亩，约为耕地存量的2.2%，平均每年占用耕地不超过1万亩。若能实现城市占地增量与农村居民点用地减量之间的置换，理论上还可以净增加耕地十几万亩。城市用地的制度制约是指城乡二元的土地制度越来越制约城乡一体化发展，需要在宪法层面作出调整。城市用地政策制约是指国家用地计划和土地用途管制。用地计划为土地发挥宏观调控作用所必需，是逐步加以完善，使之更加切合各地发展实际需要问题。土地用

途经管制约束，理论上通过城乡建设用地置换、实现占补平衡可以得到解决。据相关数据推算，衡水农村建设用地约为城市建设用地的 3— 4 倍，具有实现城乡建设用地占补平衡的可能性，关键在于城市建设用地升值收益的合理分配。一是近郊占地居民的合理安置与补偿。征地拆迁是土地升值变现的契机，发生群体性事件的原因主要是补偿诉求没有得到满足。真正反对征地拆迁的是极少数。二是开发商赢利的水平。没有相应的投资回报也就没有下一轮的土地再开发。三是当地政府收取相应的土地开发税费，用于加快城市基础设施建设，增加公共服务供给。即用好所谓的“土地财政”。四是房地产产品的最终使用者要支付上述所有土地开发成本。房价、地价过高也会对城市活力和城市化进程形成阻力。五是远离城市的农村居民退出土地的权益与进城后获得市民权益的转换，实现城乡居民对城市化成果的公平分享和责任的公平负担。所以，城乡建设用地占补平衡实质上是一个以土地用途转换为平台、以土地权益置换为核心的复杂社会再分配问题，不仅要有系统的顶层设计，而且要有规范细致的实际操作。

本文系作者在“河北省衡水市创新驱动与协同发展研讨报告会”上的演讲

贵州推进山地新型城市化的几点思考

（2015 年 11 月 13 日）

一、推进山地新型城市化是贵州实现跨越发展的战略选择

城市化是实现现代化的必由之路，新型城市化是我国全面建成小康社会、建设现代化强国的必由之路。城市化有更高的要素配置效率，污染、拥挤、占地、公共安全风险、高地价、高房价等城市病是城市化之弊，但在一定程度上又是取得城市化效应必须支付的成本。当然支付的成本越少越好。随着科技的进步、体制的深化改革，城市化成本可逐步降到最低，新型城市化正是针对传统城市化之弊作出的选择。贵州地处云贵高原，素有八山一水一分田之称。近年来贵州发展态势良好，增速名列全国前茅。但 2014 年全省人均 GDP 仅为全国平均水平的 55%，居民人均可支配收入仅为全国平均水平的 60%，城市化率不足 40%，比全国平均水平低 15 个百分点，在 31 个省区中仅高于西藏。加快发展、跨越发展依然是贵州的第一要务，而新型工业化、新型城市化又是贵州加快发展的两大抓手。资源禀赋特点和后发发展阶段决定了推进山地新型城市化是贵州适应经济发展的新常态、实现跨越发展的必然选择。而山地新型城市化作为贵州稳增长、转方式、调结构、惠民生的重要节点和主体平台，为贵州顺应自然规律、遵循经济社会发展规律，加快区域发展步伐提供强有力的支持。

二、贵州推进山地新型城市化应把握五个要点

城市和城市化的发展本质上是一个自然的历史进程，又是一个开放的复杂的人工巨系统。人们的思想观念、建设行为、规划目标会对城市

和城市化进程的顺利与否和成本的高低产生重大影响。推进山区新型城市化要发挥市场配置资源的决定性作用，但离不开政府政策、规划的引导和协调。为此地方政府应把握五个要点：一要解决在哪儿干的问题。即要规划先行，根据资源环境特点优化城市空间布局，依托山水地形地貌优化城市形态和功能，建设布局合理、结构完善的城市体系。二要解决干什么的问题。城市是人居中心、产业中心、创新中心和财富中心，必须进行相应的基础设施建设，实行绿色规划、设计、施工，实现产城融合、职住统筹。在产业选择上以发挥相对优势为起点，以满足市场需求为导向，而不是克隆以高新低绿为代表的国家产业政策。三要解决资金从何而来的问题。逐利是资本本性，向高回报地区流动和聚集是资本流动的规律。所以要构建低交易成本的商务环境，包括硬件环境和软件环境。四要解决地从何而来的问题。土地在空间上不可移动，城市化用地只能就地解决。说城市化用地威胁我国粮食安全，没有证据支持。在城市化用地增量与农村居民点用地减量之间存在着后者大于前者的置换关系，只要政策对头完全可以实现互利共赢。五要解决由谁操盘问题。鉴于推进城市化的复杂性和地域的特殊性，所在地政府担负起城市化主导、组织、协调责任责无旁贷，同时发挥市场配置资源的决定性作用。

三、体制改革和科技创新是贵州推进山地新型城市化的中心环节

推进城市化是经济社会的根本转型、利益结构深度调整的过程，必然是社会矛盾冲突的多发和集中爆发。要协调各种复杂的社会关系，凝聚共识，减少内耗，形成合力，必须深化政治、社会体制改革，要整合资源、优化配置必须进行相应经济体制改革。例如破解征地难、拆迁难的用地制度改革，破解资金瓶颈的投融体制改革；要激励广大干部积极性就要改革考核制度，确保广大群众参与，就要完善信息公开透明制度等。城乡居民公平共享城市化成果和实现资源节约、环境友好型城市化是新型城市化的重要内涵，就要进行相应的城乡一体化改革和资源环境制度的改革。提高资源能源利用效率就要进行相应的技术设备、装备的

创新；保护环境优先，提高环境质量，实现城市适居宜居，就要进行城市规划、设计、施工方面的科技创新等。

四、以建设生态城市引领贵州山地新型城市化

生态城市是绿色发展方式和生活方式的城市，是人与自然和谐共处的城市，也是生态文明制度体系完善和生态文化昌隆的城市。建设生态城市与推进山区新型城市化高度契合，是顺应、适应山区资源禀赋的城市化，对于山区的科学发展、可持续发展具有特殊重要的现实意义。贵州属亚热带湿润气候，四季如春，青山绿水，自然环境优美，生态本底良好，少数民族原生态文化和历史遗存丰富，具有建设生态城市的独特条件。节约资源、保护环境，建设生态文明是我国的基本国策，城市是生态文明建设的主体和重心。党的十八届五中全会关于制定“十三五”规划的建议提出了设立统一规范的国家生态文明试验区的部署。以建设生态城市统领山地新型城市化，争取建成国家生态文明试验区，既是新的历史时期国家大政方针在贵州的落地，也是贵州发挥最大的后发优势所在，更是贵州实现跨越发展的理所当然的战略选择。

本文系作者在“贵州省社科院研讨会”上的发言

金华市二七区块改造的理论和政策意义

（2016 年 7 月 7 日）

金华市二七区块改造面积近 1.7 平方千米，涉及征收拆迁房屋面积 62.74 万平方米，总户数 6251 户。截止到 2016 年 7 月 7 日，房屋征收签约率、腾空率均已超过 99%，可谓已经跨越了关键性的门槛，取得了阶段性成功。依照既定规划开发建设，规范运作，实现拆迁户满意得实惠、区块居住质量改善、政府财政收支平衡和政绩彰显的目标完全可期。二七区块改造的实践具有重要理论和政策意义。

第一，旧城旧区改造是提升城市化质量的迫切要求，切合国家大政方针。城市化是我国最大内需潜力所在，推进新型城市化有两大空间方向：一是新城新区建设，向周边扩张；二是旧城旧区更新改造，提升城市集约化水平。二七区块是金华城市核心区危旧房屋最为集中、基础设施严重老化和不足、治安消防隐患突出的区域。二七区块改造关系金华宜居宜业城市建设，是重大民生工程。高水准规划设计先行，建设休闲中心、滨江公园、铁路文化遗址公园，打造广场商业园、休闲康体产业带和高品质居住带是践行创新发展、绿色发展、协调发展、共享发展理念。二七区块改造是投资百亿元的建设项目，将为消化钢铁、水泥、建材等过剩产能开辟市场空间；对数千拆迁户实施货币化补偿将刺激商品房销售，有利于房地产去库存；改善居住环境质量，提升基础设施配套功能，以补居住环境和公共安全的短板，切合国家供给侧结构性改革的基本方向。在新常态下，二七区块改造将成为金华稳增长、转方式、调结构、惠民生的重要节点和平台。

第二，旧城旧区改造最大难点在拆迁，但有地方党委和政府的决心和强有力的组织领导就能攻坚克难，实现和谐拆迁。二七区块房屋产权性质多种多样，有住宅、办公用房、工业商业用房和无证建筑，也有私房、自建房、农房、公租房和企业单位用房。土地性质有国有出让、划拨、集体土地租赁和政府收储土地。拆迁户诉求不同，利益关系错综复杂，极易引发群体性事件，被视为区块改造的第一大难题。但改造关系城市整体发展和重大民生，顺民心，合民意，真心反对的是极少数。地方党委和政府顺应大多数市民意愿，勇于担当，勇于决策，并精心组织、精细化操作就没有克服不了的困难。二七区块改造由金华市委市政府决策启动，婺城区设立改造工程领导小组和指挥部，注册成立“金华市婺州城乡发展有限公司”具体负责项目开发建设。通过制定房屋征收工作程序、核定征收红线范围、完善征收补偿方案、依法依规推进征收、做好司法强制执行和相关征收保障，全力推进配套项目建设等环节的扎实工作，实现了和谐拆迁。

第三，旧城旧区改造是社会利益重构的过程，关键在于土地开发升值收益的合理分享，基础在公平、公正、公开、透明的拆迁补偿政策并严格执行。旧城旧区改造是土地利用结构的调整和相关利益结构的重塑。在这里，拆迁户要得到合理补偿，政府要有相应的税费收入，开发商要有合理的投资回报，市民要求有与其支付能力相适应的商品房价格。在土地开发收益既定的条件下，各方利益诉求是此消彼长的关系，又是相互依存、一损俱损的关系。土地开发成功，是各方利益分享多少的问题；土地开发不成，都是输家，而没有赢家。其中，地方政府既是土地开发升值收益分配规则的制定者、执行者和监督者，又是利益分享一方。地方政府围绕公平公正公开透明的拆迁补偿政策的制定和执行，做好多重角色，成为顺利拆迁的根本保证。这里应该明确，旧城旧区土地开发升值收益中很大一部分是土地的级差收益。城市土地级差收益既不是农业用地的级差地租Ⅰ，也不是农业用地级差地租Ⅱ，城市土地级差收益是社会投资的凝聚，与拆迁户的努力无关，由代表社会的公共财政占有合理合法。

第四，构建正向的社会舆论环境是和谐拆迁的重要保证。理论影响舆论，舆论引导预期，超越现实条件的预期不能实现又会误导社会行动。

旧城旧区改造不仅关系直接相关方的利益整合，而且关系整体市民和农村居民对城市改造成果的公平分享。构建正向的社会氛围，有利于促进各个社会阶层对改造拆迁的认知和配合，提高改造拆迁决策、政策的公信力和政府的凝聚力。在当前，应对几个似是而非的流行口号进行必要的澄清。一是土地腐败和土地财政不可持续。土地开发极易产生土地腐败，但不必然产生腐败，土地财政也不等于土地腐败。土地腐败是依法依规查处的问题，土地财政是社会再分配的工具。在没有更好替代方案之前，土地财政是改进、完善、用好用活的问题，而不是简单否定。土地财政有寅吃卯粮的一面，又有卯事寅干的一面相对应，这是代际传承关系，而不存在所谓的不可持续问题。二是保护住房产权。城市人口高度集聚，个体行为具有强烈外部性。旧城旧区改造是城市现代化建设的必然要求，所涉拆迁房屋是住房产权的空间置换，而不是对住房产权的剥夺。在城市现代化进程中，既要保护个人产权，也要弘扬集体主义。三是补偿不满意、不到位不许拆迁。补偿满意是一种主观感觉。补偿标准越高，拆迁户满意度越高，但拆迁成本也越高。过高补偿又会造成新的社会不公，引发一系列社会问题。土地拍卖价格是包括所有开发成本在内的，不是拆迁补偿的依据。四是不要与民争利。因为其背后的含义是地方政府有着与人民根本利益相对立的利益，无疑是对地方政府合法性的否定。

本文系作者在浙江省金华市考察有感而作

首都城市规划建设法治化的几点思考

（2016 年 8 月 19 日）

一、首都大规模城市规划建设还将持续二三十年。大规模的规划建设是实现城市功能的物质基础。把北京建设成为世界城市具有极端的必要性和可能性。北京城市规划建设取得了巨大成就，目前仍在进行之中。新城建设、旧区更新、保护环境、承传文脉、完善城市功能、建设宜居和谐城市需要进行大规模规划建设；疏解非首都核心功能、产业转型升级也离不开大规模的规划建设。北京每年达数千亿元的固定资产投资还将持续二三十年。以第二机场建设为标志的城南规划建设已经驶入快车道，大兴首当其冲。在一定时期，以一个城市副中心为重点的规划建设，并不否定北京多个城市副中心空间布局的必然性和合理性。大兴是北京多个城市副中心中的一员，而且是空间潜力最大的副中心之一，大规模的城市规划建设任重而道远。

二、规划建设法治化的前提是城市规划具有科学性和前瞻性。城市建设属固定资产投资，数额巨大，且空间不可移动，多年使用，必须事先周密谋划，所以要规划先行。规划是城市建设的蓝图、行动的指南，本身具有科学性和前瞻性是法治化的前提。没有科学性和前瞻性的城市规划建设，法制化的效果更糟。由于编制者和决策者的知识结构和认识水平的局限，以及事物矛盾暴露得不充分，十全十美的规划难以企及。为减少规划失误和漏洞，不仅要求不断提高编制者和决策者的水平，而且要提高规划指标的弹性，定期检验规划的执行情况，作出相应的调整。

三、法治化是城市规划建设顺利推进的基础保障。城市是人口高度聚集、个体行为高度外部位性的区域，城市规划建设是城市空间的重组，涉及各种复杂利益关系的调整和重构，必须对个体行为进行合理规范，对违规违法行为进行矫正，方能协调各种关系，减少内耗，形成合力，把城市规划建设顺利推向前进。这就是法治化。城市规划建设法治化的基础是执法队伍建设和市民群体法治意识的提升。

四、城市规划建设的核心内容是合理利用土地。土地是城市规划建设须臾不可离开的物质载体，城市规划本质上是土地利用规划。土地的特殊性和多功能性决定了土地是重要的经济要素，但又不同于一般经济要素，土地利用不能囿于经济效益评价。城市规划要立足于城市土地多种功能的高效率实现。城市土地利用不仅要有较高的经济效益，而且要发挥生态功能、社会再分配功能、宏观调控功能。北京为疏解中心城区人口提出以业定人，似乎于法不合，难以操作，因为产业资源配置是市场决定。以地定业、以地定人更具合法性和可行性。

五、城市规划建设法治化的基础条件是公平、公正、公开透明的征地拆迁政策。征地拆迁成为城市规划建设的第一大难，难在城市土地升值收益如何在各利益相关方进行合理分配。关键在于公平、公正、公开、透明的征地拆迁补偿政策。把已经被实践证明是正确的征地拆迁补偿政策及时上升到法律层面，并严格执行，是城市规划建设法治化的重要一环。在此，应在思想认识上明确几点：一是征地拆迁不是对居民房屋产权的剥夺，而是产权空间位置的置换。二是城市规划建设要保护个人合法的土地房屋产权，但也要提倡集体主义和大局观念。三是征地拆迁补偿是对涉迁户利益损失的补偿，而不是对土地升级收益的过度占有，土地出让价格也不是补偿的依据。四是城市土地国有，城市土地级差收益是社会投资凝聚的结果，与涉迁户无关。城市土地级差收益归社会（政府代表社会）合理合法。五是土地财政是以土地开发为平台进行社会再分配的工具，在没有更好的取代工具之前，是改进、完善、用好的问题，而不是简单的否定和摆脱问题。土地财政有“寅吃卯粮”的一面，又有与“卯事寅干”相对应的一面，这是代际承传关系，而没有所谓的不可持续问题。六是“不要与民争利”的背后含义是政府有自己独立的特殊利益，因此不是一个正能量的口号。

六、期盼大兴的农村集体经营性建设用地入市试点取得经验。国家确定大兴区为农村集体经营性建设用地入市试点，大兴属于大规模城市规划建设地区，具有典型意义。农村集体经营性建设用地入市是我国深化城乡用地制度改革的重要步骤，希望大兴试点对以下关联问题提供实践经验。①农村集体是相对稳定、排他性的地域利益共同体，大兴农村社会结构和家庭结构正处于剧烈变动中，村民如何公平分享土地入市收益。②农村土地入市资产如何回避市场经营风险和村干部道德风险。③农村土地入市收益与永无土地入市变现可能的农村地区如何公平分享城市化红利。④农村入市土地与城市国有土地如何进行统一的规划建设。⑤土地入市的农村居民与市民如何实现利益再平衡。

本文系作者在“首都法学家沙龙”上的发言

京津冀畜牧业协同发展思路

（2016 年 10 月 28 日）

京津冀协同发展已经成为国家战略，畜牧业协同发展是其重要组成部分。笔者离开“三农”问题研究已经 20 年，谈几点京津冀畜牧业协同发展的思路，难免有些老生常谈或不合时宜，敬请谅解。

一、对畜牧业地位要有新认识

随着我国经济社会的持续快速发展和综合国力的提升，农业在国民经济中的比重越来越低，目前已降到 10% 左右，但农业在国民经济中的基础地位没有变，也不会变。畜牧业是农业的重要组成部分，在农业中的比重持续上升，畜牧业对农业的从属地位也在发生着改变，对此要有新的认识。

第一，畜牧生产对食物供给越来越重要。狩猎曾经是原始人类的基本食物来源，但受到自然资源供给的限制，难以满足人类繁衍的需要。种植业生产扩大了人类食物供给，但在营养构成上有不足。畜牧生产扩大了人类对自然资源的利用范围，为人类食物供给的稳定和质量保证提供了保障。种植业和畜牧业生产存在着互补性，产品消费在一定限度内存在着相互替代性。目前，我国人均粮食消费量已低于每年 150 千克，城市人均消费量每年不足 80 千克，约占粮食总产量的 1/3，肉蛋鱼等畜产品人均年消费量已达 50 多千克，城市人均已超过 60 千克。人均粮食消费量下降，畜产品人均消费量上升的趋势还将持续一个时期。只要人们生活质量改善，畜产品就会有市场需求。畜牧业是具有光明前景的永久性产业。

第二，畜牧业关系人民健康。畜产品关系人体营养摄入，关系食品安全，畜牧业发展关系生态环境质量。在建设健康中国的背景下，畜牧业属于基础性的健康产业，在供给侧结构性改革的背景下，畜牧业是重要的供给侧，畜牧业的结构性改革任重而道远。

第三，畜牧业是重要的富民产业。“三农”问题是我国经济社会发展的薄弱环节，重点和难点都在农民增收。畜牧业收入占农业收入的1/3左右，是部分农民的重要就业和致富门路，也是扶贫攻坚的重要产业和全面建设小康社会的重要产业。

第四，畜牧业产品是食品、裘皮、制药等轻工业的基础原料。进口部分饲料和初级农产品，出口价值更高的深加工畜产品，是我国扩大国际交流合作，利用国内外两种资源、两个市场优化资源配置的重要选项。

第五，畜牧业与高新技术息息相关。畜牧业以动物养殖为主要活动，以饲料转化为主要手段，以取得动物身体有效部位为目的，是生物技术、生物工程、生命科学等高新技术的重要承载产业，是发展循环经济、生态经济、保护环境的重要载体。

综合上述，畜牧业是践行创新发展、协调发展、绿色发展、开放发展、共享发展五大新理念的节点产业。

二、构建京津冀畜牧业协同发展的省域分工体系

1. 京津冀畜产品市场主体在京津。京津冀都市密集区是我国最具全局影响力的三大都市密集区之一，参与经济全球化的重要单元。京津冀外来人口的聚集仍在持续，人口密度仍在增加，畜产品市场容量仍呈扩大趋势。京津二市人口约为河北的1/2，但城市人口达3000多万，与河北相近。京津二市人均畜产品消费量高于河北，是京津冀畜产品市场的主体。

2. 京津冀畜产品生产基地主要在河北。在京津冀产业地域分工中，河北具有畜牧业生产的相对优势。京津均是大都市、小郊区，畜牧业生产受到自然资源限制。河北地域广，农村、农业比重高，规模大，畜牧业生产具有用地、饲料和劳动力供给的比较优势。目前，河北的肉类产

量是京津二市合计的5倍，禽蛋产量是京津二市合计的9.5倍，奶产量是京津二市合计的3.6倍，畜牧业产值是京津二市合计的7倍。京津冀畜牧业生产基地主要在河北。

3. 京津是畜牧业科研高地。京津二市大专院校、科研院所云集，畜牧业科研走在前列，科研成果辐射全国。由于地理位置接近，河北近水楼台，具有以低成本接受京津畜牧业科研成果转化的优越条件。

4. 京津畜牧业生产规模受到城市转型发展制约。北京非首都核心功能疏解是国家战略，郊区畜牧业正在按照“腾退淘汰一批，改造升级一批”的部署全力推进养殖小区疏解，一批不符合环境发展、生态保护要求的肉牛、生猪、肉鸡养殖场已经或者即将关闭。天津人均GDP和产业、人口密度已经超过北京，即将迎来由城市聚集向城市扩散的拐点。用地成本和环境成本的提高使天津畜牧业缩小规模、转型升级的阶段也将来临。京津是国家级中心城市，从来是买全国、卖全国，二市退出的畜牧业市场空间会有全国各省区来填补，但河北具有捷足先登的条件。

三、夯实京津冀畜产品供给的基础

1. 全产业链技术创新决定京津冀畜牧业未来。京津冀畜产品市场在增量需求继续、增速趋缓的同时，对品种结构、品质质量、安全健康的要求越来越高。换言之，决定京津冀畜产品市场未来的不再仅仅是数量，而在于结构、品质、营养、安全的标准。畜牧业是重要的供给侧，畜牧业结构性改革要求在优良品种选育、安全高效饲料供给、饲养流程规范与监控、防疫灭病体系健全与完善、圈舍设计与建造、畜产品加工包装储运分销技术设备装备制造等环节上不断推进技术创新，以确保畜产品适销对路、营养健康，适应不断强化的食品安全要求。

2. 生产组织创新是提高畜牧业效率的重要保证。京津冀畜牧业千家万户的分散养殖已成为过去，养殖大户、专业化养殖场已成为畜牧业生产经营的主体。由于天然草场不足，京津冀畜牧业要依附于种植业，主要依靠种植业提供饲草饲料。历史上家庭养殖曾经与耕地家庭经营形成相互依存关系，种植业和家庭餐余物为养殖提供饲草饲料，家庭养殖为种植业提供肥料，物质能量良性循环，劳动时间和生活废弃物充分利用，提升了家庭经营效率。但由于农民生活环境质量的提升，分散的庭院养殖已逐步让位于离开村落的养殖专业户和养殖场等规模化养殖。规模化养殖提高了效率，但也隔断了与种植业家庭经营的联系，对市场变化具有更高的敏感产前、产中、产后的社会化服务具有更高的依赖性，特别是畜禽粪便的集中排放影响环境质量成为一大难题。要求不断创新经营组织，优化畜牧业生产空间布局，完善社会化服务网络，尤其要在畜禽排泄物无害化处理技术上实现尽快突破。

3. *养殖方式创新开拓京津冀畜牧业前景*。集中化规模化的圈养舍饲是当前京津冀畜牧养殖的主体方式，但影响周边的环境质量。京津冀核心区域正在快速城市化，土地供给趋紧，环境质量要求趋高。要把集中化规模化养殖的环境影响减少到最低，除了技术和经营组织的不断创新以外，另一个方向就是优化养殖场的空间布局，变圈养舍饲为散养、放养方式。一是统筹种植业与养殖业，扩大饲用作物种植与优化养殖场空间布局，结合耕地休耕、轮作试点、扩大优质饲料作物种植①，并使养殖场区尽可能接近作物种植区，实现畜禽排泄物就近还田，形成种养业的良性互动。二是林养结合。京津冀地区大规模的植树造林、绿化国土，为畜禽散养、放养提供了空间。幼林地可以间种作物，围栏放养家禽，成林地可以散养大中牲畜，辅之以必要舍饲。三是农区与牧区结合。坝上乃至内蒙古牧区春夏繁育、农区冬季育肥、屠宰，供应市场，曾经行之有效，多方共赢。

四、畅通京津冀畜产品流通渠道

畜产品的鲜活性要求以最短距离、最少环节、在最短时间内从生产

---

① 20世纪90年代初，基于饲料粮消耗占粮食总产比重日渐提高，我曾建议河北省政府调减粮食播种面积，扩大优质饲用作物种植，以提高农牧业的总体效益。1999年基于北京生态环境问题日益突出，粮食生产不具比较优势，我曾建议北京市政府变藏粮于民为藏粮于地，拿出1/3—1/2的耕地植树造林。这些思路在党的十八届五中全会文件中已得到体现。

者手中送达消费者的厨房和餐桌。流通渠道的畅通无阻是畜牧业发展的生命线。畅通京津冀畜产品流通渠道的基础。首先是区域市场的一体化。京津冀协同发展目标是破除市场区域行政壁垒，实现要素低成本的自由流动，为全国省域协同发展作出示范。历史上京津冀曾同属一个行政区，这种同一地理单元、同一生态环境和水资源供给、同一地域文化承传的特殊的省域关系，本来客观上就存在着密切的经济、社会、文化、生态的互相联系，三地协同发展具有极大的迫切性和更多的可能性。这是京津冀协同发展成为国家战略的深层原因。京津市场准入的高门槛是二市发展水平和市场需求决定的，河北市场畜产品准入也有一个逐步高端化问题。市场一体化不在于准入门槛的高低，而在于对内外企业的一视同仁。对外域企业歧视性标准与协同发展目标相悖，当在废除之列。统一京津冀畜牧业企业标准，畜产品质量标准，畜产品检验、检测、检疫标准和追溯制度，实行三地互认制度势在必行。

其次，完善产销网络。建立各种横向的纵向的经济技术协会、学会、研究会、产销合作社、产销联合体，提高畜产品产销的组织化、网络化水平，应用互联网、物联网技术构建和完善产销互联互通平台，是基本方向。

再次，扩大畜超对接。畜产品生产基地向城市大型超市、单位食堂、大型餐饮企业直接供货可以减少流通环节，保质保鲜，降低成本。但需要指出的是，由于市场需求的多样化和市民群体的庞大，京津二市近郊的农贸批发市场仍然具有存在的必要性，而不宜全部疏解到远离市区的河北。例如，若北京新发地批发市场转移到河北，势必再增加北京市内的批发分销环节。

最后，整合京津冀畜牧业要素，形成合作共赢关系。如前所述，京津是畜产品市场主体，拥有科研、技术、资金优势，河北拥有土地、劳动力成本较低、环境容量较大的相对优势，三方要素整合，能够实现 $2+1>3$ 的效果。而建立利益共享、风险共担的体制机制则是持续合作的保证。

最后应该提醒，京津冀协同发展不是三方形成新的行政壁垒。京津冀畜牧业产销合作也不是三方同盟垄断市场。三方合作并不排斥各方分别发展与其他省区畜牧业合作关系。

本文系作者在“河北省首届京津冀协同发展畜牧业高峰论坛”上的演讲

第三编

城市化建设：节约资源保护环境的重心

新型城市化进程中的资源环境问题

（2013 年 4 月 25 日）

城市化与城镇化是同一概念，只是背后的政策含义有不同侧重。本讲义使用城市化概念亦有所指①。

积极稳妥地推进城市化是我国低成本地实现社会主义现代化的必由之路，新型城市化则是我国实现城市化的历史必然，也是扩大内需最大潜力所在和转变发展方式的基础平台。我国经济社会发展受到资源环境越来越强的约束。把两者作为一个问题来分析，具有针对性和复合性。

人多地少的基本国情、社会主义初级阶段、资源禀赋和大国经济特征是认识和把握我国新型城市化进程中资源环境问题的逻辑起点。

一、当前我国城市化的若干热点提法评析

何谓积极稳妥的城市化？所谓积极的城市化，就是要提高城市化自觉，不要以各种似是而非的理由抑制城市化进程，一有风吹草动就拿城市化开刀。所谓稳妥的城市化，就是遵循城市化的客观规律，不要急于求成，奢望在短期内解决城市化的所有问题。

城市化的本质是农村人口向城市聚集，城市的本质是人口和非农产业在空间上的大规模高度聚集。一些时髦的提法或于解决实现问题无补，或极易造成误导，干扰正确的城市化决策。

1. 我国城市化总体形势判断

我国的城市化是快了还是慢了？是超前、冒进，还是滞后于经济社

① 小城镇是城市规模体系的基础组成部分，在推进城市化进程中发挥着重要作用，但小城镇不可能承担起城市化的主体责任，城市化也不否定小城镇的重要作用。

会发展的客观要求？不同的总体形势判断决定着城市化政策取向。

2. 如何看待城市病

拥挤、污染、占地、公共安全、农民工问题、社会保障问题、高房价问题等是城市病，但在很大程度上又是取得城市化效益必须支付的成本。

城市化的成本与收益比较：城市有更深度的社会分工、更快的技术进步、更高的要素配置效率，为工业化提供依托，为服务业提供规模化需求。

城市有城市病，农村有农村病；大城市有大城市病，中小城市和小城镇有中小城市和小城镇病。

3. 城市化要以人为本

城市是人类文明高度发展的产物，城市化是人类共同的理性行为，为了人们生活得更美好是建设城市的根本目的。城市化当然要以人为本，但关键是如何实现以人为本。

科学发展观是四句话，是一个完整的科学体系。

城市化是社会结构和利益结构大变动时期，不仅要高举人权的旗帜，民生的旗帜，也要讲集体主义，正确处理局部与全局、近期与远期的关系。

4. 城市化水平不是越高越好

城市化水平也不是越低越好。一个大多数人居住在农村的大国要实现现代化是不可想象的。基本国情决定了我国必须有一个较高的城市化率。我国城市化水平刚刚达到世界平均水平，城市化率还将提高几十个百分点，大讲城市化水平不是越高越好，对积极稳妥地推进城市化意味着什么？

5. 城市化速度不是越快越好

试问：难道城市化速度越慢越好？近十多年来我国城市化率每年上升 1 个多百分点，有以往多年抑制城市化积累的能量集中释放的原因。以后每年增加 0. 7— 0. 8 个百分点亦属高速度。在城市化率达 60%—70%以后，速度降下来也属正常。

6. 城市化由速度向质量转型

十多年来我国城市化速度每年上升 1 个多百分点，城市化质量总体上在提高，还是在下降？为什么总是把速度与质量对立起来，而看不到两者是辩证的统一？以人为手段减缓城市化速度达到质量提高，还是在城市化快速或正常进程中提高质量，哪一种思路更符合中国的国情？

我国的土地的城市化速度快于人口的城市化速度，是阶段性的必然现象。

7. 大中小城市协调发展

规律放置四海皆准，是如何遵循的问题。战略是达到目的手段，具有阶段性。大中小城市协调发展是目标，在中国正确，在美国也正确；今天正确，明天还正确。

长期的崇小抑大，对重点发展小城镇的效果如何评估？一直鼓励发展的中小城市，为何还是大城市的率先发展？

大中小城市和小城镇是一个有机的城市规模结构体系，各自发挥着不同的不可相互替代的功能，各有其存在的依据和功能。

8. 半城市化（农民工现象）

半城市化不是理想的城市化，必须改变。但半城市化总体上是社会的进步，还是社会的退步？农民工现象对我国现代化建设是利大于弊还是相反？长期的农民工现象对和谐社会构成潜在威胁，农民工市民化是大势所趋，但一步到位的可能性不大。重要的是要在改革城乡分割的体制、在制度改革上下功夫。

二、何谓新型城市化？

与外国相比，中国城市化有共性，也有其个性。

中国新型城市化应包含两个方面内容：一是不同于外国之处；二是不同于传统城市化之处。

1. 城乡居民平等共享发展成果的城市化

这是社会主义制度的本质要求，也是和谐社会、现代社会的本质体现。

2. 政府主导和市场发挥资源配置基础作用相结合的城市化

由上而下和由下而上相结合。一方面发挥体制优势，协调各种利益关系，减少城市化社会成本；另一方面发挥市场配置资源的基础作用，减少行政失灵，提高资源配置效率。

3. 资源节约和环境友好型的城市化

4. 内生动力和外部力量共同推动的城市化

推动城市化的主体是内生动力。但在全国：有外国资本推动；在中西部：有外部区域资本推动，将加快一定时期、一定区域的城市化进程。

5. 多元动力推进的城市化

工业化、服务业、非农产业发展均对城市化进程发挥推动作用，但根本的动力是人们对美好生活的追求。

6. 就近进城与跨区域进城并存的城市化

这是大国城市化的重要特征。就近进城，较少文化、语言冲突，降低迁移成本；跨区域进城，可在更大的范围内优化人口空间配置。全国跨省域流动的农民工大约有7000万。

就地城市化？农村发展为城市就再不是农村。世界上大概没有一个城市人口是就地城市化的。农村城市化的实质是农村现代化。农村工业化？将支付极高的工业化的分散成本，乡镇企业总体上风光不再的根源就在于此。

7. 集中型的城市化

四层含义：一是一个较高的城市化率；二是大城市的率先发展，大城市人口占城市总人口的较高比重；三是若干个不同等级的都市密集区的形成与发展；四是城市空间的紧凑型布局。

8. 多样化的城市化

中国幅员广阔，城市化发展阶段、城市化动力、城市化发展的方式等呈现区域差异性。各区域城市化不可能只有一个模式。

三、我国资源环境问题的再认识

在新型城市化进程中突破资源环境约束，首先要有顶层设计，而顶层设计要有正确的理论思维。

1. 我国重化工业阶段可以缩短，但不可逾越

13 亿人口的大国现代化，物质基础设施建设离不开重化工业提供的物质保障。靠国际贸易满足 13 亿人口现代化建设对重化工业产品需求绝无可能。

2. 我国资源环境消耗强度要降下来，但消耗总量仍将呈上升趋势

我国单位 GDP 排放要降下来，但排放总量将持续上升。估计达到 70 亿— 80 亿吨标煤才可能迎来发展与排放的拐点。

一个企业应否淘汰，不在于其排放和污染的大小，而在于其产品有无市场需求。有市场需求而又无经济性的替代产品，将是此处不生产而彼处生产，即产业的区域（国际）转移。我国制成品的净出口，是国际分工所致，实质上也是为发达国家减排。

3. 节能减排是我国应对资源环境问题的核心内容

节能减排、提高能源使用效率是转变发展方式的重要内涵，也是我国一直在追求的目标。即使没有全球气候变化应对问题，节能减排也是我国破解资源环境约束的基础性环节。

4. 节能减排的基点是科技进步和发展路径的调整

高效节能技术装备的研发与推广应用：水电油气热生产的高效设备，高效率的发动机、工作母机、运输设备等。

理顺资源环境价格体系；

保护资源环境成本的补偿机制；

树立和形成节约资源的风尚。

5. 加快科技进步关键在于体制改革

知识产权保护；

科技进步风险投资；

人才队伍建设：人力资本充分发挥作用两个基本条件，一是人才的无生活后顾之忧；二是人才的自由思想和创新的空间。

6. 减排（减量）、治污（循环资源化、再利用）、建设美丽中国（再造秀美山川）、建设防灾减灾体系是我国应对资源环境问题的四大领域

7. 应对全球气候变化实质上是个国际政治问题，是争得国际话语权问题

人类对地球生态的演化、对太阳系和宇宙演化的认识仍处于初级阶段，对地球气候变化仍有诸多的未知。把近百年来气候变化主要归结于人类活动，依据并不充分。这是另一种形式的“人定胜天”！

四、建设低碳城市

与之相近的概念还有绿色城市、生态城市、环保城市、田园城市、宜居城市等。

建设低碳城市是推进新型城市化的基本内涵之一，也是破解新型城市化进程中资源环境约束的主要抓手和平台。

1. 城市是建设两型社会的重心

武汉都市圈和长株潭城市密集区被确定建设两型社会试验区体现了中央的战略考量。11 大都市密集区占全国国土面积的 6%，人口占 30%，GDP 产出占 60%，今后其人口和产业占全国比重还将提高。

2. 城市是节能减排的重心

城市是产业和人居中心，是资源能源消耗的主体，当然也是节能减排的主体。

享受同等生活水平，在城市消费比在农村更节约。

3. 城市不仅有更高的要素配置效率，而且具有更高的污染治理效率

集中的消耗必然造成集中的排放，排放超过自然净化能力，必然造成污染。而集中的污染又为集中化治理、规模化治理提供了前提。

4. 把握建设低碳城市的五个节点

①基础在低碳产业建设。

制造业占碳排放总量的 60% 以上，其中化工、冶金、炼焦、非金属矿物制品制造又占制造业排放量的 3/4 以上，我国碳排放 70% 以上来自燃煤，而发电和热力生产又占燃煤的 50% 以上。

②重点在低碳建筑建设。

我国每年建筑施工面积 50 亿平方米，占世界的一半以上。包括建筑

物建设、运行维护和拆除在内，广义建筑物能耗占社会总能耗的40%。

③重要方面是低碳交通建设。

交通占石油消费的40%以上。

④基本目标是低碳生活方式的形成。

改变浪费性、奢侈性、炫耀性消费陋习，形成科学、健康、合理的消费风尚。

⑤关键在低碳管理体制建设。

5. 低碳城市发展评价

评价指标选择要有针对性、可得性和经济性。

一级指标	序号	二级指标	单位	说明
低碳产业	1 2	单位GDP排放量 主要产品排放量	吨/万元 千克	
低碳建筑	3 4	低碳建筑比率 节能原材料使用比率	% %	
低碳交通	5 6	节能环保汽车、新能源汽车保有比率 绿色出行比率	% %	
低碳生活	7 8	每万元生活支出能源消耗 节能家电普及率	千克 %	
低碳管理	9 10	人均行政费用支出 低碳激励和限制政策完善和执行	元／人	

五、新型城市化进程中破解资源环境约束方略

西部地区工业化总体上处于初中级阶段，城市化水平较低，推进新型工业化、新型城市化任务更为艰巨。但具有资源相对丰裕，环境空间较大和后发优势。破解资源环境约束，首先要在更高层上进行战略把握。

1. 以积极稳妥地推进新型城市化为基础平台，在更高层次上统筹把握发展与资源环境的关系

2. 满足合理的城市化用地

突破土地政策约束，协调征地拆迁中利益关系。

合理的城市化用地是更集约的用地，满足合理的城市化用地不会威胁我国的粮食安全，城市化用地增量与农村居民点用地减量之间存在着后者大于前者的置换关系。

认识土地在当代中国的四大功能：

土地是宏观调控的重要工具，生态安全、食物安全的保障，农村土地集体所有制具有平衡城乡社会保障差异的功能，土地财政是实现社会再分配的重要杠杆。征地拆迁的核心是城市土地升值收益的合理分配。不仅是直接相关方的利益关系协调问题，而且关系到市民整体和农民整体的利益协调。

3. 统筹城乡，实现城乡一体化发展

我国农村相对不发展的深层根源在于城市的相对不发展。一个大多数人生活在农村的大国现代化不可想象。城乡一体化发展不是城乡同步发展。以城带乡的前提是城市的率先发展，城市带动农村发展能力的强大。城乡一体化发展政策基点，一是农村居民拥有迁居城市的自主选择权；二是已经进城的农民平等享有市民权益；三是逐步实现城乡公共服务的均等化。为此，一要消除城乡二元的户籍制度；二要改革城乡二元的土地制度。

4. 正确处理工业化、城市化、信息化与农业现代化的关系

农业是国民经济的基础，但农业不具有物质财富的代际积累功能。一个社会从事农业生产的人越多，社会财富积累能力越弱。

工业化为农业现代化提供物质技术装备，城市化为农业现代化提供产品市场和剩余劳动力就业空间。工业化为城市化提供动力，城市化为工业化提供依托。信息化为工业化、城市化、农业现代化提供技术支持，用现代信息技术装备工业和农业，可大大提高工农业生产效率，用现代信息技术装备和管理城市是智能城市，将大幅度提升城市功能和城市

效率。

5. 城市的产业选择

城市产业选择不应以第一、二、三产业比重孰升孰降为目的，而应以发挥比较优势为取向，是什么更赚钱就干什么的问题，而不是克隆国家的产业政策。

6. 实施生态移民战略

改变我国多数人以土地谋生的格局，是建设美丽中国，再造秀美山川的重要前提。

生态脆弱地区、环境敏感地区的根源在于人多地少的矛盾尖锐。

退耕还林必须与退人结合起来，才是可持续的。

生态移民异地务农有成功的案例，但总体上空间有限。

生态移民与城市化相结合，不仅降低生态保护和移民的社会成本，更可一劳永逸解决问题。

7. 我国能源战略选择

“十五”“十一五”期间我国能源消费年增长率8.3%，以今后20年GDP翻两番，能源消耗弹性系数0.4计，2030年前后我国能源消费总量约为60亿吨标准煤。

我国能源消费特点：

①消费总量持续增加。

②煤炭消耗占比较高。

③石油对外依赖度上升。

④非石化能源消费占比上升缓慢。

⑤石化能源禀赋不足。

⑥增加供给和减少消费受多方制约。

我国能源战略选择：

①节能优先战略。

②技术替代战略。

③来源多元化战略（新能源、非石化能源开发）。

④国际合作战略。

⑤体制改革推进战略。

8. 深化改革，构建低交易成本的软硬环境

西部后发地区有外部要素的进入，才会有跨越发展。

资本向高回报地区流动，人才向可发挥才智的区域流动。

构建企业外部交易低成本的基础设施条件和制度环境，才能吸引外部要素进入，整合当地要素，发挥增长潜力。推进新型城市化，才能突破资源环境约束。

本文系作者为“西部网讲座”准备的课件

建设生态文明制度体系方略与策略

（2013 年 11 月 22 日）

党的十八届三中全会作出《决定》是在新的历史起点上作出的战略部署，为实现中华民族的伟大复兴，勾勒出了路线图和时间表。从十八大确立“五位一体”的社会主义现代化建设总体部署到三中全会决定全面深化改革，标志着我国进入全面深化改革新阶段。制度是共同遵守的行为规范，是一定历史条件下形成的规范、调节、制约、制衡各种关系和行为的准则、法则、规章，如政治制度、经济制度、文化制度等。

一、建设生态文明制度体系的时代背景

1. 建设生态文明是基本国策

生态文明建设目的：为人民创造良好的生产生活环境，为全球生态安全作出贡献；

生态文明建设目标：节约资源、保护环境；

生态文明建设方针：节约优先、保护优先、自然恢复为主；

生态文明建设的重点：着力推进绿色发展、低碳发展、循环发展，形成节约资源和保护环境的空间格局、产业结构、生产方式、生活方式；

生态文明建设的重要策略：从源头上扭转生态环境恶化的趋势；

生态文明建设主要内容：优化国土空间开发格局，全面促进资源节约，加大自然生态系统和环境保护力度，加强生态文明制度建设。

2. 我国资源生态环境面临严峻挑战

①庞大的人口数量和现代化进程对资源的需求与供给不足的矛盾日趋尖锐，土地、水资源、石油、燃气、铁矿石、铜、氧化铝、木材等资

源需求量与存储量不匹配。

②快速发展对生态环境的越来越大的压力，大量的排放超过生态环境自我修复和自然净化能力。

——环境污染：大气、水、土壤、污染、城市环境污染；

——生态系统退化：沙化、荒漠化、水土流失、草原退化、森林湿地湖泊减少、河道断流。

③越来越大的生态破坏和环境污染对人民健康的影响，与人民过上幸福生活的期待形成强烈反差。

④足够的资源供给，良好的生态环境是人类发展的基础，实现可持续发展的基础。

⑤生态环境具有强烈外部性，法律法规、相关制度的缺失加剧行为扭曲，造成更大的恶果。

⑥生态文明建设具有紧迫性，制度建设是生态文明建设的重要保障。

3. 我国资源生态环境问题原因分析

①人多地少，人均自然资源不足的基本国情。

中国人口密度是世界平均水平的3倍。

人均耕地只有世界平均水平的40%，人均水资源只及世界平均水平的1/4，人均林地、草场只有世界平均水平的1/6。人均煤储量为世界平均水平的50%多，石油、燃气只及世界的1/12，贫铁矿石比重大。资源使用消耗的强度大。

②人口和经济区域与资源空间分布不匹配。

人口和经济中心资源耗用量大，资源富集地区人口稀少、经济落后，加大运输成本。人口和经济中心集中耗用，导致高排放，超过自然净化能力，造成污染。

③特殊的发展阶段。

13亿人口的现代化建设，重化工业基础产品靠进口是不可能的。重化工业过程可以缩短，但不可逾越。

人类生存对自然资源具有依赖性，对不同的自然资源依赖程度不同，不同发展时期对不同的自然资源依赖程度不同。

我国主要原材料年产量变化

品名	单位	1978 年	2000 年	2010 年	1978—2000 年增长率（%）	2000—2010 年增长率（%）
粮食	亿吨	3.05	4.62	5.46	1.91	1.68
钢材	亿吨	0.22	1.31	8.03	8.45	19.88
水泥	亿吨	0.65	5.97	18.82	10.61	12.17
原油	亿吨	1.04	1.63	2.03	2.06	2.22
煤炭	亿吨	6.18	13.84	32.35	3.73	8.86
能源总产量	亿吨标煤	6.23	13.50	29.69	3.58	8.20
能源消费量	亿吨标煤	5.71	14.55	32.49	4.34	8.36

资料来源：中国统计年鉴（2011 年）。

我国能源生产消费构成 单位：%

	1978 年		2000 年		2010 年	
	生产量	消费量	生产量	消费量	生产量	消费量
能源总量	100	100	100	100	100	100
其中：煤炭	70.3	70.7	73.2	69.2	76.5	68.0
石油	23.7	22.7	17.2	22.2	9.8	19.0
天然气	2.9	3.2	2.7	2.2	4.3	4.4
水电核能风能	3.1	3.4	6.9	6.4	9.4	8.6

资料来源：中国统计年鉴（2011）。

④发展路径、发展方式与生态环境规律相背离。

毁林开荒、围湖（海）造田、草场过牧、过度使用化肥农药、过度抽取地下水，水资源保护不力、矿产资源不合理开发，循环经济发展滞后、节能减排技术推广力度不够等。

⑤经济社会发展观念、理念和生活消费习惯与资源生态环境供给不相适应。

⑥相关制度的缺失和执行不力加剧了资源生态环境问题。例如，企业排放成本外部化的约束制度、合理的资源生态环境价格体系、高耗能高污染高排放产业控制等制度缺失或者有待完善，城乡建设决策中环境权重不够，生态补偿制度、损害赔偿制度、责任追究制度执行不力等。

二、生态文明制度建设总体框架

《决定》第十四部分规划的生态文明制度建设包括四个方面：

1. 自然资源资产产权制度和用途管制制度

——对水流、森林、山岭、草原、荒地、滩涂等统一确权登记，形成归属清晰、权责明确、监管有效的自然资源资产产权制度；

——建立空间规划体系，划定生产、生活、生态空间开发管制界限，落实用途管制；

——健全能源、水、土地等节约集约使用体制；

——健全国家自然资源资产管理体制，统一行使全民所有自然资源资产所有者职责；

——完善自然资源监管体制，统一行使所有国土空间用途管制职责。

2. 生态保护红线制度

——实施主体功能区制度，严格按主体功能区定位发展，建立国家公园制度；

——建立资源环境承载能力监测预警机制，对超载区域实施限制措施；

——对限制开发区域和生态脆弱的国家扶贫开发重点县取消国民生产总值考核；

——探索编制自然资源资产负债表，对领导干部实行自然资源资产离任审计；

——建立生态环境损害责任终身追究制。

3. 健全资源有偿使用制度和生态补偿制度

——加快自然资源及其产品价格改革，要全面反映市场供求关系、资源稀缺程度、生态环境损害成本和修复效益；

——坚持资源使用付费和谁污染、谁破坏谁付费原则，资源税逐步扩展到各种自然生态空间；

——稳定和扩大退耕还林、退牧还草范围，调整严重污染和地下水严重超采区耕地用途，有序实现耕地、河湖休养生息；

——建立有效调节工业用地和居住用地合理比价机制，提高工业用地价格；

——坚持谁受益、谁补偿原则，完善对重点生态功能区生态补偿机制，建立地区间横向生态补偿制度；

——发展环保市场，推行节能量、碳排放权、排污权、水权交易制度，建立吸引社会资本投入的市场化机制，推进环境污染第三方治理。

4. 改革生态环境保护管理体制

——建立和完善严格监管所有污染物排放的环境保护管理制度，独立进行监管和行政执法；

——建立陆海统筹的生态系统保护修复和污染防治区域联动机制；

——健全国有林区经营管理体制，完善集体林权制度改革；

——及时公布环境信息，健全举报制度，加强社会监督；

——完善污染物排放许可制，实行企事业单位污染物排放总量控制制度；

——对造成生态环境损害的责任者严格实行赔偿制度，依法追究刑事责任。

《决定》的其他部分亦有关于生态文明制度建设的内容，体现了生态文明制度建设与其他领域的改革融为一体。例如，（14）健全宏观调控体系；强化节能、节地、节水、环境等市场准入标准，加大资源消耗、环境损害、生态效益等在政绩考核评价中的权重；（18）完善税收制度：把高耗能、高污染产品纳入征税范围，加快资源税改革，推动环境保护费改税；（23）完善城镇化健康发展体制机制：从严合理供给城市建设用地，提高城市土地利用率；等等。

三、生态文明制度建设方略

制度具有强制性，违者必究，制度具有严肃性和相对稳定性，又要在实践中不断加以完善。

1. 生态文明制度建设的指导思想

——生态文明制度是国家制度体系的一个子系统，本身又是个复杂的系统。既要注意其与经济制度、政治制度、文化制度、社会制度的相互关联性，又要注意其自身各组成部分之间的相互关联性；要加强制度之间的关联性研究，研究制度必须具备的建立条件、执行成本与收益的比较、波及效应，进行顶层的系统设计。

——生态文明制度建设是一个长期的反复探索的过程，建设目标要积极稳妥，措施可行，从中国实际出发，从各地资源禀赋特点和不同的发展阶段出发；在实践中逐步完善，力戒目标过高过急。

——建设生态文明制度既要有高度自觉，还要有高度自信。要借鉴发达国家经验，但不照抄照搬，中国的事要靠中国人自己的努力解决。中国人民和政府有能力解决资源环境问题，中国以往在资源生态环境上的努力成效显著，未来前景光明。

——在推进生态文明制度建设的同时，大幅度提升全民族的生态文明素质，通过外部的制度约束逐步养成生态文明生产生活习俗。

2. 生态文明制度建设策略

——重在调节利益关系。生态文明建设关系每个人的切身利益，资源生态环境问题又是每个人行为结果的集合。生态文明制度建设是对个体行为规范，必然涉及不同的阶层、群体、行业、企业、部门、地区之间利益关系的调整。要减少生态文明制度建设和执行的阻力，中心在于调节相关者之间利益关系，关键是寻求利益的平衡点。

——制度是行为规范，必须恪守，违者必究。行为又是思想意识的结果。生态文明制度建设与宣传教育相结合，依法依规与解决思想认识问题相结合，惩罚与激励并重，规范与引导相济，方能取得更好效果。

——企业是资源消耗和排放的基本单元。生态文明制度对国企、民企和外企实行统一的“国民待遇”，国内外一视同仁，内外居民一视同仁，是生态文明制度建设的重要方向。

——注重人们科学、健康、节约、环保的消费习惯的引导和养成。

本文系作者在“学习《决定》讲座”上的发言提纲

我国资源环境战略再认识

（2014 年 3 月）

一、认识我国资源环境问题的基本点

①任何人类生存发展都有排放，超过自然净化能力即造成污染。

②一个企业应否被关闭，并不取决于其有无污染或者污染的大小，而是取决于其产品有无真实的社会需求。有社会需求而无经济性替代品，则是此处不生产，彼处生产问题，产业的转移实质是排放、污染的转移。伴随技术改造的产业转移只是提高了资源效率，减少了排放污染单位成本。

③我国人均能源消费仅及发达国家几分之一。随着人民生活水平的提高，人均能源消费量和全国能源消费总量仍将是增长趋势。

④应对全球气候变化实质上是个国际政治问题，是争得国际话语权问题。

人类对地球生态的演化，太阳系和宇宙演化的认识仍处于初级阶段，对地球气候变化仍有诸多的未知。把近百年来气候变化主要归结于人类活动，依据并不充分。这是另一种形式的“人定胜天”！

二、我国资源环境战略的再思考

在新型城市化进程中突破资源环境约束，首先要有顶层设计，而顶层设计要有正确的理论思维。

①我国重化工业阶段可以缩短，但不可逾越。

13 亿人口的大国现代化，物质基础设施建设离不开重化工业提供的物质保障。靠国际贸易满足 13 亿人口现代化建设对重化工业产品需求绝无可能。

②我国资源环境消耗强度要降下来，但消耗总量仍将呈上升趋势。

我国单位 GDP 排放要降下来，但排放总量将持续上升。估计达到 70 亿—80 亿吨标煤才可能迎来发展与排放的拐点。

③推进节能减排，是我国应对资源环境问题核心战略。

节能减排、提高能源使用效率是转变发展方式的重要内涵，也是我们一直在追求的目标。即使没有全球气候变化的应对，节能减排也是破解资源环境约束的基础性环节。

④节能减排的基点是科技进步和发展路径的调整。

高效节能技术装备的研发与推广应用：水电油气热生产的高效设备，高效率的发动机、工作母机、运输设备等。

理顺资源环境价格体系；

保护资源环境成本的补偿机制；

树立和形成节约资源的风尚。

⑤加快科技进步关键在于体制改革。

知识产权保护；

科技进步风险投资；

人才队伍建设：人力资本充分发挥作用两个基本条件，一是无生活后顾之忧；二是自由思想的空间。

⑥减排（减量）、治污（循环资源化、再利用）、建设美丽中国（再造秀美山川）、建设防灾减灾体系是我国应对资源环境问题的四大领域。

三、生态文明制度建设方略

——我国 13 亿人民要建成全面小康社会，完成工业化、加快城市化进程，人均能源消费量和全国能源消费总量仍将持续增长一个时期，较高强度的资源消费仍将持续一个时期。在这个时段，中心是提高资源能源效率，以节能减排为中心的制度建设。

——节能减排的基础是科技进步。以先进技术装备改造升级传统产业，发展新兴节能环保产业、低碳绿色产业、无污染排放产业，优化产业结构。生态文明制度建设的重点是促进科技创新、科技进步的制度机制建设。

——鉴于我国人口与资源环境的不匹配，广泛开展国际合作，充分利用国际国内两种资源、两个市场实现资源优化配置是建设生态文明的重要环节。我国的生态文明制度建设既要把握世界发展的总趋势，与国际接轨，又要对我国的特殊国情和特殊的发展阶段有清醒认识。

——我国是一个幅员辽阔的大国，各地资源禀赋、发展阶段极不平衡，生态文明制度建设的重点、进度、条件也存在着极大差异性。维护中央政令统一和权威性，增强中央指令弹性和差异化与各地实际相统一，是生态文明制度建设中的一项重要课题。

本文系作者在“环境研讨会”上的发言提纲

北京治霾方略

（2014 年 3 月 27 日）

一、北京雾霾探源

大约从 2012 年开始，在美国使馆 PM2. 5 数据的刺激下，雾霾成为国人，特别是北京使用频率最高的词汇，雾霾成了北京污染的代名词，治霾成为从中央到地方、从领导到大众的最大关注。

北京的雾霾是多种因素综合作用的结果，有自然的原因，也有人为的原因；有历史积累的原因，也有新的因素叠加原因；有持久作用的原因，也有时段性、偶发性原因。

1. 持续发生作用的原因

①特殊的地理、地形地貌；

②持续的大规模的人口增长和产业的聚集；

③燃煤占较大比重的能源结构；

④轿车大规模进入家庭、大量的机动车尾气排放；

⑤居民喜爱的烧烤烹炸饮食习惯；

⑥周边地区以燃煤为主力能源的重化工业结构，污染的跨区域输送。

2. 短期发生作用的原因

①短时期的大气流动性相对稳定，是形成雾霾的主因，否则北京雾霾会成为常态；

②冬季取暖集中排放，加剧雾霾污染强度。

3. 阶段性发生作用的原因

①全国正处城市化、现代化建设阶段；

②北京大规模的工程项目建设，工地扬尘；

③周边地区仍处于重化工业阶段，污染空气跨区域输送。

二、北京治霾措施评估

北京为治霾采取了制定规划、明确目标，强化管理、依法治污，聚焦重点、标本兼治，部门联动、区域协调，落实措施、督查问责等一系列制度性、技术性措施。

北京治霾要采取综合措施是正确的，但任何措施又有极大的外部关联性，要求有相应条件保证，要支付相应成本。

1. 减煤

逆国内资源禀赋而行，改气改油都要有相应的资源保障，受到国内外市场的强烈制约。

2. 限人

绝对限制外来人口与首都地位不相称，无法理依据，亦无可能。“限人口不限人才”是一厢情愿，低端产业乃城市运行所必需，人才亦有抚养人口问题。

中心区人口疏解或于疏堵有效，于治霾效果可疑。

3. 控车

轿车进入家庭是社会的进步，人民生活水平的提高。机动车减排要以车好、油好、路好、人好为前提条件。

公交优先首先要公交优质，公交优质又要以技术进步和大规模公共投资建设为前提。

4. 转型

关闭燃煤企业，首钢迁唐山总体上于北京、于整体上利大于弊，但于北京是产业转型，于唐山是排放的增加，为外部污染输入北京提供可能。

5. 防尘

工地洒水、覆盖，室内安装空气净化器、外出戴口罩等可减少扬尘危害，但也要支付相应成本。

6. 应急

严重雾霾天气限制机动车出行，工地停工，企业限产、停产，停课、霾补、诉讼等均有一个成本和收益比较问题，有一个由谁来支付成本的问题。

7. 绿化

造林需要相应占地和支付巨大成本，发挥效益需要时日。

8. 禁烧

严禁露天烧烤和垃圾、秸秆焚烧，落实到位非一朝一夕。

9. 限排

油烟处理后排放，要求有相应的技术装备跟进和费用支付。

三、影响北京治霾的特殊因素

北京城市治霾既不同于发达国家大城市，亦有别国内其他中心城市。北京面临多难的选择。

①多种城市功能的叠加和优质资源的聚集，使北京外来人口的增加在短期内不可逆转，只能做到限制增加的强度。

②建设世界城市，要求北京大规模现代化基础设施工程建设仍将持续一个较长时期。

③提升首都城市功能与中央财政转移支付体制的不匹配，决定了发展产业、增加税收成为北京的必需选项。

④大都市、小郊区的行政区划限制了北京优化人口产业布局空间。

⑤中央政府所在地和各类媒体对北京治霾形成了更为强大的政治和社会舆论压力。

⑥北京城市处于由极化发展向扩散发展的转型阶段，治霾有赖于区域协调和联动，但与周边地区面临新的利益博弈。

四、北京治霾思想认识的起点

1. 北京治霾要有足够的自信

北京不乏治霾的自觉，认识也足够高，但似乎少了些自信，甚至出现了某些过度反应。

北京对生态环境的保护和治理一直在前进，治理空气 PM10.0（与 PM2.5 标准不同）已接近完成任务；只是由于美国驻华大使馆的引导，掩盖了空气治污的进展，打乱了已有的治理轨道。

北京居民的预期寿命一直在提高，在国内居较高水平。而影响预期寿命的营养、医疗和环境等三大因素相互关系及其各占多少权重尚无所知。

一些屡见媒体的 PM2.5 与疾病、遗传的相关关系研究数据从何而来，令人怀疑。

吸入 PM2.5 有害于健康，但也不能被 PM2.5 吓死。习主席在雾霾天气行走于北京小巷为国人作出了榜样。

面对北京雾霾，有几人愿迁出北京？面对致霾重要原因的尾气排放，又有几个人能够停车上路？

2. 北京治霾将是一个长期过程

北京雾霾是多种因素综合作用的结果，治霾绝非短期可达到理想目标。发达国家至今也没有达到根治目标。

治理 PM2.5 成为社会焦点是人们环境意识、健康意识提高使然，也是空气污染监测技术进步的结果。随着社会发展，将来还会有治理 PM1.0 之类的更高目标。

3. 北京治霾要置于国家和区域经济社会发展总体框架之中，统筹兼顾

提高治霾在北京发展决策中的权重是必要的，但治霾只是空气治污的重要组成部分，空气治污又是生态文明建设的重要组成部分。而生态文明建设与经济建设、社会建设、文化建设、政治建设是五位一体的关系，而非一票否决的关系。生态文明建设要与其他建设统筹兼顾，治霾也要与生态文明整体建设统筹兼顾，根据经济社会发展的条件，分别轻重缓急，科学安排优先顺序。

4. 治霾人人有责

每个人要生存都会或多或少的排放，可以说人人皆是雾霾的制造者，也应成为治霾的责任人。提高公众的环境意识，还要提高公众的环境责

任意识。我国发展迫切需要转型，但过去的发展也不是一无是处。把雾霾全部归于过去的发展，把过去的发展说成一无是处就成了历史虚无主义。政府治霾责无旁贷，深化体制改革，建立生态文明制度体系为治霾所必需，但把雾霾完全归之于政府和现行体制过于简单，似乎与己无关，则于事无补。

五、发挥财政金融政策在治霾中的保障作用

党的十八大把生态文明建设作为基本国策，明确了生态文明建设目标方针、重点和主要内容，党的十八届三中全会《决定》确立了我国生态文明制度建设方向和总体框架。

财政是政府凭借国家政权、为实现其社会职能、满足社会公共需要而参与社会总产品的分配和再分配的经济活动。金融是各种货币资金运动和信用活动的总称，是现代经济的核心。财政金融政策于北京治霾具有重要的保障作用。

1. 支持节能减排行业企业发展

通过财政转移支付和税率、税赋、价格的调整，金融贷款优惠、贴息政策等支持节能减排行业、企业，促进转型发展。

2. 支持治霾技术创新和推广应用

通过财政拨款、财政补贴、财政担保、税收优惠、信贷优惠、风险投资等手段，支持治霾技术创新和治霾技术设备的应用与推广。

3. 惩罚致霾行为

通过资源税改革，使用资源付费、排放污染付费，谁致霾、谁治理，谁受益、谁付费，以及金融信贷政策的调整等手段，抑制和淘汰高耗能、高排放、高污染产业，实现污染排放成本内部化，平衡区域、阶层、群体利益关系。

4. 引导社会消费

通过理顺资源环境产品价格体系，调整消费税征收范围，调整高耗能高污染产品及部分高档奢侈品税收范围和税率，引导健康消费和节能、节水、节电、节材社会风尚的形成。

5. 监督治霾资金使用

通过财政金融审计、财政监督、金融监管，堵塞治霾资金浪费、挪用漏洞，提高治霾资金的使用效率。

本文系作者在“北京市某区治霾研讨会”上的发言

我国城市环境保护之辩

（2014 年 6 月 24 日）

推进城市化是我国实现现代化的必由之路，但城市污染威胁着市民健康和城市可持续发展，成为当前我国城市管理的一大难题。辨析城市污染之源，明确城市环境保护指导思想，确立适合的城市环境愿景，选择合理的城市治污措施，是城市健康发展、和谐发展的保证。

我国城市污染有自然的和历史的原因，也有人为的和发展阶段性原因，大致可归纳为自然资源禀赋、能源结构、重化工业发展阶段、产业结构、机动车尾气、工地扬尘、技术水平、发展路径、法制与管理体制、市民生活消费习俗等，但深层原因还在于城市本身。城市的本质是人口和非农产业在一定地域空间上的大规模高度聚集，城市存在和发展的依据是城市的规模效应和聚集效应，以及由此衍生的更高要素配置效率。任何人类活动都要以一定的资源和能源耗费和“三废”排放为前提。在一定的地理环境下，一定区域对人类活动排放物的自然净化能力是有一定限度的，即通常所说的环境容量。城市大规模高度密集的人类活动造成资源和能源的集中消耗和相应的“三废”集中排放，而且这种排放与生产力和生活水平的提高呈正向关系。当这种集中的“三废”排放超出环境容量的时候，必然造成污染。污染累积超过一定程度即成为环境公害。把城市效益与城市污染作为一个整体来看，城市污染在一定程度上又是取得城市效益必须支付的成本。所以城市发展和建设的关键问题不在于有无污染和污染的大小，而在于污染成本与城市效益的比较，在于以较小的污染求得更大的城市效益。同时还应该看到，“三废”的集中排放为城市污染的集中化规模化治理提供了有利条件，依托城市的污染治理工程更有效率，依托城市的循环经济、资源综合利用更有生命力。享受同等生活消费水平，在城市比在农村更节约，也更具可持续性。过度夸大城市污染的负面作用有可能陷入否定城市的误区。

随着经济社会的发展，以人为本，建设环保城市、低碳城市、绿色城市、宜居城市成为社会潮流。这是市民健康意识的觉醒、生态环境意识的提升，是社会的进步。但城市环境保护不是城市建设的全部，加强城市治污也不能是一票否决，而是在城市发展“五位一体”总体布局中生态文明建设的一个重要组成部分。我国的城市环境保护既要有高度自觉，又要有必要的自信和定力。所谓自信，就是要正确评估以往城市环境建设的成效与问题，对城市光明未来有足够信心；就是相信城市环境问题能够逐步得到解决，中国城市环境问题只能靠中国人自己解决。所谓定力，就是要清醒地认识到我国整体上还处于完成工业化、加快城市化的发展阶段，各个城市面临的主要矛盾方面依然是发展，转变发展方式是转变方式的发展。随着城市常住人口的快速增长，企业集群、产业规模的持续扩大，能源、资源消耗总量和“三废”排放总量短期内难以降下来；各类公共基础设施存在巨大缺口，公共服务需求与供给矛盾尖锐，又普遍受制于城市公共财力的不足。在这种发展阶段和历史背景下，关键不是要不要治理污染问题，而是治理污染能够支付何种成本，城市环境质量能够达到何种标准问题，是城市的治污愿景与城市发展如何统筹兼顾、实现均衡问题。已经完成工业化、实现城市化的发达国家城市环境标准只能参考，不能照抄、照搬；农村地区的环境质量优于城市是一种正常的难以改变的状态。从国情和市情出发，在正确把握城市发展与环境保护的关系中，确立积极可行的环境质量标准和治理污染目标，扎实推进，并在实践中逐步完善，应是我国城市环境保护的指导思想。治污目标过高过急，虽然占据了道德的制高点，能够鼓舞士气，形成舆论压力，但无实现可能，成本高昂，得不偿失。

城市污染是多种因素长期综合作用的结果，要进行长期坚持不懈的努力，正确的治污策略是低成本实现城市环境目标的保证。面对多难的选择，当前我国城市各项环境保护措施各有实施的条件，也各有局限性。调整能源结构，减少燃煤，增加天然气用量，要以有气可用、有气能用为前提，大量进口和相关设施建设要支付巨额费用。发展新型绿色能源要以技术成熟、经济合理为条件，长期过高的财政补贴既不可持续，又将扭曲行业关系，弊大于利。节能减排，提高资源和能源效率是环境保护的中心环节，是普适性举措，但节能减排的支撑是技术进步，是用高效率的设备、装备、工艺提升既有产业。而技术进步是一个长期的渐进过程，要依赖于教育水平的提高和研发投入的持续不断地增加。关闭“三高”企业、转移低端产业、优化产业结构往往成为中心大城市环境保护的首选。但一个企业应否被关闭并不取决于其污染的严重与否，而是取决于其产品（服务）有无真实的社会需求。有真实社会需求又无经济性的替代品，是此处不生产彼处生产问题，即产业转移。伴随产业转移的是排放和污染由转出地向输入地的转移，产品由输入地向转出地的转移。这种转移改变了企业污染的区域环境成本，若配合以技术进步当然更加可取，但由于转出地产品输入成本的增加和污染的跨区域输送，将使这种产业转移的综合效果大打折扣。提升城市空间规划水平，合理产业布局和功能分区，增加绿色用地，构建市区空气流通廊道，等等，有利于提高城市环境质量，但也将增加城市建设用地和城市运行成本。我国城市大规模的基础设施建设时期还没有过去，采取措施减少工地扬尘和施工噪声可以做到，但要支付相应费用，且将持续到发展阶段的完成。解决机动车尾气污染，限车、限行只能治标，治本的基本条件是车好（高效动力系统）、油好（高标准燃油）、路好（畅顺的道路系统）和人好（良好的驾驶技术和出行习惯），而这“四好”又是一个复杂的经济社会技术体系构建工程，非短期可以做到。

城市环境是公共产品，惠及每一个市民，而每一个市民活动都会或多或少地造成排放和污染。城市环境保护法制和制度建设是对个体行为的规范，涉及不同阶层、群体、个体利益关系的调整。不同的阶层、群体、个体在不同时期获得的环境利益及其诉求与其负担的责任和支付的成本并不完全一致，有时甚至是对立关系。所以城市环境保护立法、制度设置和执法重在调节相关者之间的利益关系，核心是寻求各方利益的平衡点，基本方向是引导市民、企业、单位养成科学、健康、节约、环保的行为方式和生活习惯。

结论：保护城市环境态度要积极，目标要切实可行，措施要稳妥，要因地因时制宜，因条件制宜，统筹安排，坚持不懈，对症施策，注重实效。

本文发表于《上海城市管理》2014 年第 4 期

我国治理污染战略的思维基点

（2014 年 6 月 26 日）

治理污染是生态文明建设的重要内容，也是当前的社会热点和国家治理的一大难点。确定治理污染战略要坚持正确的思维基点。

1. 任何人类生存都要以一定的资源消耗和相应的“三废”排放为前提，而且这种排放的数量与社会生产力和生活消费水平的提高呈正相关关系。“三废”排放超出自然净化能力（环境容量）即造成污染。在此意义上，污染可视为发展必须支付的成本，治理污染是把污染控制在可以接受的限度内问题，本质是求得发展与环境容量的平衡。

2. 我国环境污染加剧有自然的、历史的原因，也有发展阶段、人为体制和技术上的原因。其中，自然地理资源禀赋、人地关系的原因是顺应、适应、因势利导问题；发展阶段的原因是缩短过程、减少成本问题；人为的原因才有调整、转变、改革、创新问题。

3. 我国重化工业阶段还没有过去，大规模的现代基础设施建设还将持续较长时期。我国人口基数大，整体发展水平低，未来要努力提高资源能源效率，降低污染成本，但消耗总量仍将难以在短期内降下来。所以我国治污任重道远，既面临多难的选择，又要长期坚持不懈。

4. 治理污染关系人民健康，必须高度重视，提高决策权重，但治理污染又不能是一票否决，而应在“五位一体”的总体布局中统筹安排。治污的目标和标准也不是越高越好。目标和标准过高、过急虽然占据道德高地，鼓舞士气，形成治污的社会压力，但脱离实际，成本高昂，成功概率较小。

5. 我国不乏治污的自觉，但似乎少了些应有的自信。所谓自信，就是正确评估以往治污的得失，而不是采取历史虚无主义态度，全盘否定过去；就是相信人类能够解决发展中的环境污染问题，中国的环境污染能够靠自己的努力得到治理。

6. 我国是一个大国，各地差异大，污染往往是多种不同因素综合作用的结果。治污必须因时因地制宜，因条件制宜，组合施策，对症施策，注重实效；治污态度要积极，但要讲条件，进行成本与收益比较。治污的中心任务是节能减排，用高效的设备、装备、工艺提升改造既有产业。而支撑节能减排的是科技进步，科技进步的基础在教育、在研发，教育研发的原动力则是持续地扩大投入和相应的体制机制改革与创新。

7. 产业转移被视为中心城市治污的首选。但“三高”企业应否被关闭不取决污染的高低，而取决于其产品（服务）有无真实的社会需求。有真实社会需求而无经济性替代品是此处不生产、彼处生产问题，即产业转移。产业转移降低了污染的外部环境成本，若伴随技术改造、效能提升自是不错，当然可取，但转移企业仍有或大或小的污染。若计入转出地所需产品的输入费用、转入地污染的跨区域输送，中心城市产业转移的总体效果可能会大打折扣。

8. 治理污染关系到每一个人的切身利益，但不同的阶层、群体、个体对治污有不同的利益诉求，同一阶层、群体、个体在不同时期的环境诉求并不总是一致，有时甚至是对立的。构建治污法制、制度体系，关键节点是协调相关利益关系，求得各方共赢。

本文系作者在“《国家治理》创刊启动仪式
暨首届国家治理高峰论坛”上的演讲

辩证看待环境保护与城市化

（2015 年 9 月 13 日）

改革开放以来，我国城市化快速发展。城市化率由 1979 年的 17.9% 上升到 2014 年的 53.7%。伴随城市化水平的提高，城市基础设施建设取得重要进展，城市公共服务体系不断完善，城镇居民生活水平和文明程度显著提高，同时也引发了诸如能源资源消耗快速增长、环境污染加剧等问题。如何看待城市化与环境保护的关系？笔者认为应该以对立统一的观点进行辩证思考，以对自然规律和社会经济发展规律的敬畏之心选择我国未来的城市化和环境保护协调发展之路。这个题目十年前笔者曾撰文做过分析，这里再作梳理和某些重复。

一、协调发展与环境保护的关系是社会永恒的主题

地球生物圈内各物种之间相互依存，又各自依赖于适宜的外部环境。其中任何一种物种的过度繁衍都将波及其他相关物种，打破既有的生态平衡状态。人类是生物圈的重要组成部分，其生存发展要以适宜的生态环境为条件。任何人类的生存和发展都要消耗一定的物质资源，并对生态环境产生相应的干扰和破坏。在一定的技术水平条件下，人类群体越大，生活水平越高，消耗的物质资源越多，对生态环境的干扰和破坏也越大。协调发展与环境保护的关系是人类社会永恒的主题。其核心问题是最大限度地提高不可再生资源的使用效率和实现可再生资源的永续利用，关键在于科学技术的进步以及相应生产、生活方式的转变。

我国要在几十年内实现 14 亿人口的现代化，必须以巨大的资源消耗为前提，由此不仅将对世界资源环境产生重大影响，而且将对国际政治经济格局产生重大影响。环境保护是我国的重要国家战略，选择正确的

保护环境政策策略关系到环境保护战略的成败。

当前我国发展面临的严峻环境问题，既有自然的原因和发展阶段的原因，也有发展观念和发展方式的原因；既有国内原因，也有外部原因。自然原因是顺应、适应的问题，较少人为改变的可能。例如资源禀赋决定的消费结构，地理地形地貌和大气环流决定的空气、水环境自然净化能力等。发展阶段是一个历史过程，只能缩短而不可能超越。只有发展理念、发展方式等人为问题才是转变、转型问题。而转变、转型又是在一定基础上，以一定条件为条件的阶梯推进过程。全球化使生态环境问题成为重要的国际博弈课题。在当前，人类对生态环境科学问题还有诸多的未知，生态环境理论、标准、主导权、话语权仍然掌控在发达国家之手。例如，今天风靡全国的 PM2.5 正是 3 年前美国驻华大使馆率先引导的结果。发达国家与发展中国家面临的矛盾和利益诉求不同，环境保护的目标和重点也大不相同。我国必须从基本国情出发，在维护国家根本利益与世界潮流之间寻求共同点，选择适合国情的环境保护目标和质量标准，并实施相应的政策策略。

在微观上，一个企业应否停产、关闭，不在于有无污染和污染的大小，而在于其产品（服务）有无真正的社会需求。有真正的社会需求而无经济性替代品是此处不生产、彼处生产问题，即污染的转移。这种污染转移的依据是此处生产的环境成本过高，不可承受，而彼处生产的环境社会成本可以承受。若企业转移伴随技术进步，资源效率提高和排放下降则是输入地与输出地各得其所，皆大欢喜。这也是我们所追求的目标。

在宏观上，我国虽然已是世界第二大经济体，但人均水平仍排名在世界第 80 位左右。人均能源消费量、人均基础设施存量只有发达国家的几分之一。支撑 13 亿人口现代化生活水平的基础原材料只能主要靠国内供给，而不可依靠进口。我国的城市化、工业化还没有完成，重化工业阶段还将持续一个时期。这一阶段能源效率、资源效率能够实现持续提升，但消耗总量难以降下来，达到拐点还需要一个较长时期，环境污染的压力在短期内也难以减下来。

二、实现城市化利大于弊

我国正处于城市化加速时期，对城市化的种种非难也不时充斥于舆论媒介。根源在于对城市化缺乏全面深刻认识。在走什么样的城市化道路、建设什么样的城市化问题上，往往尖锐对立，各说各话，原因在于不同的知识结构和信息把握，不同的价值取向和利益诉求。

城市化是实现现代化的必由之路。城市的本质是人口和产业大规模高度聚集，是以空间换时间。城市具有聚集效应和规模效应，因而具有更高的要素配置效率。城市化进程的基本表现是农村人口向城市聚集。实现城市化的基本特征是城市人口占总人口的绝大比重，城市成为社会的主体。

工业化是城市化的动力，但城市化的动力并非仅仅来源于工业化。政治、军事、服务业等的需求也是催生城市、推动城市发展的动力。

集中型的工业化是工业化的基本规律。依托于城市化的工业化、与城市化良性互动的工业化有更低的工业化成本。乡镇企业总体上风光不再，根本原因在于分散的工业化成本过高，没有市场竞争力。

服务业的发展，服务业比重的提高是经济发展的总趋势，但人口聚集的城市才能为服务业的发展提供规模化的市场需求。依托于城市的服务业才会有大的发展。

城市人口的高度大规模聚集使社会深度分工、大规模协作成为可能，而社会深度分工和大规模协作又是更快技术进步的前提。城市因而有更高的劳动生产率，有更多的就业岗位和社会财富创造出来。城市是陌生人社会，较少创新束缚，为社会阶层流动开辟了广阔空间。城市不仅是人居中心、产业中心、知识创新中心、财富中心，而且是构建和谐社会的主体。

城市人口和产业的大规模高度聚集必然造成资源能源的大规模集中消耗和“三废”的大规模集中排放，这种大规模集中的“三废”排放超出自然能力必然造成污染。但这种“三废”的大规模集中排放又为资源的综合利用、循环利用和集中化、规模化地治理污染提供了有利条件。

所以依托于城市的污染治理工程更有效率。城市人口和产业的大规模高度聚集，为交通、供水、供电等公共设施建设提供了社会需求，提升了城市公共设施的使用效率。享受同等生活水平，在城市消费比在农村更节约。①

“三农”问题是我国经济社会发展的短板。“三农”的重点和难点都在农民增收。农民增收难的根源在于农民数量的庞大。要富裕农民必须减少农民，而减少农民的根本途径是城市化，改变大多数农村人口的生产生活方式。一个大多数人口生活在农村的大国要实现现代化是不可想象的，一个大多数人口从事农业生产的大国不可能有较高的社会财富积累能力。没有农民的大幅度减少，就没有中国农业的规模化经营，也不会有中国农业的现代化。

再造秀美山川必须改变数亿计的农民以土地为生的格局，生态脆弱地区的退耕、退牧要与退人相结合才是可持续的。实施政策引导、政策扶持的经济性的渐进的生态移民与推进城市化统筹安排，让大多数农民、牧民走出深山、高原、草原，进城务工经商，才会有生态失衡地区的生态平衡和生态的自然恢复。移民异地务农多数没有前途，最后归途还是进入城市工作生活。过度忧虑进城农民无活可干和对农村居民闲置在家熟视无睹同时并存，是城乡二元体制思维的表现。

拥挤、污染、占地、公共安全风险、高地价、高房价等是城市化之弊，但在一定程度上又是取得城市效益所必须支付的成本。满足合理的城市化用地不会对我国粮食安全形成威胁，而是提高土地集约利用的重要举措。城市地价、房价过高将增加城市生活成本，降低城市活力，但城市的高地价、高房价又是社会固定资产大规模投资的转化，其背后是复杂的社会再分配关系和社会财富代际承传的关系。世界上没有一个工资收入水平高、发展空间大而地价低、房价低的特大城市。减少污染、

---

① 唯物辩证法是共产党人的重要思想方法，但在具体问题分析上常常被弃置脑后。国人研究中国城市化问题多与发达国家城市进行对比，而极少顾及双方城市的可比性。例如双方城市区划、规模的可比性，城市地理区位和自然禀赋的可比性，城市发展阶段的可比性，城市性质、功能和产业市域分工的可比性，等等。

保护城市环境、治理城市病是人类始终的追求，但过度夸大城市病，将束缚解决城市病的思路，压缩城市调整资源配置的空间。

结论：在全球的视野上，城市化与环境保护存在着整体的一致性，只是在城市建成区内才表现为局部的矛盾对立。

三、关键在于合理度的把握

保护环境乃改善民生，为实现可持续发展所必需，推进城市化乃现代化的必由之路。两者皆吾所欲，又存在局部矛盾对立。摈弃非此即彼的思维定式，以对立统一的观点进行辩证思考才有出路。

1. 环境保护要进行成本与收益的综合评价，在经济、社会、政治、文化和生态文明五位一体建设中统筹谋划。城市是环境保护的重心，但城市环境质量不是要向农村看齐，也较少可能达到农村的环境质量。要在城市效益与环境质量保护成本之间作出权衡，把城市环境质量控制在人们可以接受的范围内。而且这种权衡要因地因时制宜，既要从基本国情、市情出发，又要与时俱进。

2. 农村工业化、农村城市化、小城镇大战略等依然是在城乡分割的二元体制下思维的产物，将支付极高的分散工业化、分散城市化成本。重点发展中小城市和小城镇，人为抑制大城市发展，缘于过度夸大大城市病，与半个多世纪以来国内外大城市率先发展的客观进程相悖。大中小城市各有其存在的价值、功能互补，不能相互替代。大中小城市协调发展是理想目标，过去、现在、将来均正确，国内外亦无不同，但作为城市化战略几乎没有现实意义。

3. 在一定技术水平条件下，城市规模越大，资源配置效率越高。在扩张边际效益存在的情况下，一个城市的人口增长不可逆转。北京、上海常住人口已超2000万，以500万人口划定城市扩张边界，依据有待充分论证。有条件的中小城市成长为大城市（100万人以上），有条件的大城市成长为特大城市（500万人以上），乃至上千万人的超大城市，在中国城市化进程中具有客观必然性。

4. 人多地少的国情决定了我国必然实施集中型的城市化战略。即有一个较高的城市化率（至少80%以上）；大城市率先发展，大城市人口占城市人口较高比重；若干个不同等级的都市密集区的形成与发展；紧凑型的城市空间布局。

5. 紧凑型的城市空间布局，即一定空间内布局更多产业、容纳更多的人口。这有利于节约用地、提升城市运行效率，但也将加剧城市人均空间资源的稀缺性，加大城市环境质量保护的压力。建设新城、新区，组团式城市布局、扩大绿化隔离带、增加城市公共绿地面积等有利于城市环境保护，但也将增加城市用地，增加城市交通和管线里程，加大城市运行成本。

6. 不同的产业、行业、企业资源能源消耗的数量与效率不同，按照城市功能定位调整产业空间布局是保护城市环境的重要举措。但一个城市的发展本质上是自然的历史过程。城市功能定位是人为主观判断的产物，一要尊重城市历史发展积淀基础；二要切合城市未来发展的客观趋势。违背城市发展客观趋势的定位，只能延缓城市发展进程而不能改变城市的发展方向。调整产业空间布局的根本措施是通过资源环境税费、地价等改变企业经营的外部成本，更多地通过经济手段，发挥市场配置资源的决定性作用。单纯以行政措施强制推行将支付极高的成本。

总之，环境保护与城市化的关系错综复杂，13亿人口的现代化征途漫漫，怀着对自然规律和经济社会发展规律的敬畏之心，进行系统化的辩证思考，作出统筹安排才有光明前途。

本文系作者在“中国第二届城市发展与生态平衡论坛”上的演讲

我国生态文明建设方略的深度思考

（2015 年 11 月 17 日）

党的十八届五中全会《中共中央关于制定国民经济和社会发展第十三个五年规划的建议》（以下简称《建设》）进一步明确了我国以完善体制体系为保证建设生态文明的目标和基本路径。生态文明建设是一项艰巨的历史任务，涉及宏观、中观、微观各个方面的关系异常复杂，具有高度的关联性，必须进行最高层次上深度思考。

一、建设生态文明要进行长期艰苦努力

我国是一个人多地少、13 亿人口、960 万平方千米发展中的大国，仍处于并将长期处于社会主义初级阶段。我国生态环境面临的问题有自然资源禀赋、地理区位的原因，又有特殊的发展阶段、发展方式、生活方式和相关的体制机制、思想观念的原因。既要稳定发展，全面建成小康社会，实现家国梦想，又要保护资源环境，实现可持续发展，为全球生态安全作出新贡献。生态文明建设既要与经济建设、政治建设、文化建设、社会建设、党的建设六位一体，又要统筹协调当前与长远、局部与全局、国家和全球的关系。这是一种多难选择，必须高屋建瓴、整体谋划、统筹兼顾、分别轻重缓急，合理安排时序和相应的力度，必须坚定方向、脚踏实地，有所不为而有所为，长期坚持不懈，逐步达到预定目标。

二、建设生态文明的重点是节能减排，基础在科技进步

我国工业化还没有完成，城市化还在加速过程中。13 亿人口的大国决定了我国现代化建设要充分利用两种资源和两个市场，但又不可能单

靠进口和国际贸易满足建设现代化的基础物质需求。我国的重化工业阶段可以缩短，但不可逾越。我国资源能源消耗总量上升的拐点还没有到来，破解资源环境约束主要依托于节能减排，提高资源能源利用效率。生态文明建设的重点、重心在于以较少的资源能源消耗满足现代化建设和人民生活水平提高的需要。而节能减排的基础在科技进步。这里的科学技术进步既包括科技创新，新的高效装备、设备、工艺、技术的发明创造和推广应用，新产业、新业态的组建，新产品、新服务的使用与消费，也包括既有先进适用技术、工艺、装备、设备在生产生活中的推广应用，以先进实用技术改造提升传统产业。科技进步关键在人才，包括科技型人才、技能型人才和管理型人才，在于充分发挥人才的自觉性、积极性、创新性。万众创新、大众创业、人才体制改革的最终目的都是充分发掘人才潜力，根本措施是使人才拥有无后顾之忧的生活条件和自由思想与创新的空间。

三、辩证看待城市化与环境保护的关系

我国城市化进程高歌猛进，引发了一系列生态环境问题。城市的聚集效应和规模效应使城市化具有更高的要素配置效率。人口的大规模高度聚集使城市具有更深度的社会分工、专业化和广泛的社会协作，使城市具有更高的社会生产力、更快的技术进步、更多的就业岗位和更广阔的创业空间。城市不仅是人民中心、产业中心，而且是知识、技术创新中心、财富创造中心。但人口和产业的大规模高度聚集，又造成了资源能源的大规模集中消耗，大规模集中“三废”排放超过自然净化能力，必然造成环境污染。同时应该看到，城市的“三废”集中排放也为规模化集中化地治理污染创造了有利条件。所以依托城市的治理污染更有效率、更有可持续性。拥挤、污染、占地、公共安全风险、高地价、高房价等是城市病，但在一定程度上又是取得城市效益必须支付的成本。科技进步、转型发展和体制改革可以把城市病的影响降到最低。夸大城市病无异因噎废食。在城市化加速时期，过度恐惧城市病，无异“自我束缚手脚”“自废武功”。把正在建设发展之中的城市环境与发达国家发展

成熟阶段的城市简单对比，虽有一定借鉴意义，但有更多不可比性，很可能走上自虐、自我矮化的歧途，失去应有的自信。分散型的工业化，即工业排放污染的分散化，将支付更高的社会成本。一个城市的诞生和发展本质上是自然历史过程，人为因素只能改变一个城市发展的空间方向和节奏，而不可能改变城市发展的根本方向。城市规模不是越大越好，也不是越小越好。在一定技术水平条件和一定限度内，城市规模与效率呈正相关，人多地少的基本国情决定了我国必须走集中型城市化道路。即有一个较高的城市化（至少 80% 以上）；大城市的率先发展，大城市人口占城市总人口的较高比重；若干个不同等级的都市密集区的形成与发展；紧凑型城市空间布局。紧凑型城市空间布局有利于土地的节约集约利用，但也将加剧城市人均空间资源的稀缺性，增加保护城市环境质量的压力。建设新城、新区，扩大绿化隔离带和城市绿地面积，组团式城市布局有利于环境保护，但也将增加城市用地，增加城市交通和管线里程，加大城市运行成本。这里没有对与错和是与非，一切要把握合理的“度”。城市环境保护的目标、路径，要从城市的自然地理、地形、地貌、城市发展阶段、城市功能性质、产业特征出发，而不能与所谓发达的城市、成熟城市进行简单类比。总之，城市化与环境保护关系复杂，必须怀着对自然规律和经济社会发展规律的敬畏之心，进行系统化的辩证思考，才能找到正确的办法。

四、应对气候变化要有定力

应对气候变化和治理空气污染有交集，但不完全等同，分别开来更容易解决问题。治理空气污染关系人类健康，具有极端迫切性和现实性，但多为区域性环境保护问题。应对气候变化则是全球性问题，更多的是一个国际政治博弈问题。不同发展阶段的国家面对的主要矛盾不同，会有不同的诉求，对气候变化的原因及应负的责任也会有不同的认同。当前气候变化的理论、理念、依据、标准、应对策略、话语权等主要掌控在发达国家之手。发达国家以其先发优势、科技资金优势占据着气候变化的道德高地，但又不愿承担自己高碳排放历史责任。全球应对气候变化谈判更多地表现为发达国家与发展中国家的政治博弈。另外，也要清醒地看到，人类对气候变化的原因、影响及其未来走势还有诸多的未知，对地球、太阳系、宇宙的演化规律的认识和对地球生物圈变化趋势的认识还处于初级阶段。太阳光照射地球的角度可使地球划分为寒带、热带、温带，温度相差数十摄氏度；地球同一地点昼夜温差相差十几摄氏度，说明人类活动对地球温度的影响与太阳变化的影响简直是微不足道。把地球变暖（是长周期性变化还是短周期变化亦无定论）归结人类活动，是另一种形式的"人定胜天"。世界大多数科学家和政治家认同的气候变化，并不一定是"真理"，因为真理从来不是多数人认同的结果。

我国处于发展阶段，虽然全球碳排放第一，但人均排放只及美欧的几分之一，且有1/4是为发达国家排放的。这一阶段还将持续一个时期，中国发展与碳排放脱钩的时刻估计在2030年，但那时可能迎来印度、非洲等国家和地区的高强度碳排放。

五、正确协调发展与环境保护是永恒的主题

地球生态圈是由动物、植物、微生物等生物组成，又各自以依赖于适宜的光热水土气等外部环境生存，各生物物种之间相互依存组成复杂的巨系统。其中任何一种物种过度繁衍都将波及其相关物种，打破既有的生态平衡状态。人类是生物圈的一个组成部分，人类生存要以适宜的外部环境为条件。任何人类的生存都要消耗一定的物质资源，并对外部环境产生影响和干扰，甚至破坏。在一定技术条件下，人类群体越大，生活水平越高，消耗的能源、资源越多，对外部环境的影响和干扰越大，这种干扰超过一定限度就会造成环境破坏。所以协调发展与环境保护的关系是人类社会永恒的主题。核心是最大限度地提升不可再生资源的利用效率和实现可再生资源的永续利用，基础在科技进步，以及相应的生产、生活方式的转变。对环境生态盲目乐观造成严重危害，悲观失望也没有依据。

本文系作者学习十八届五中全会《建议》的体会

第四编

城市化的先导：土地与房地产开发

答央视网记者问

（2012年2月27日）

2012年全国地方“两会”大幕陆续拉开，与房地产相关的民生问题成为焦点。限购令会不会松绑？保障房覆盖范围会不会扩大？房产税试点方案会不会进一步完善？一系列问题在会上屡屡被提及。房地产政策和市场走向面临长期的博弈。2012年房价将唱响怎样的旋律？

问：房价调控政策之下，必然出现地方财政缺钱。摆脱土地财政、卖地经济的时候已经到来了。用什么来替代？寻找哪些新的经济增长点？

答：摆脱土地财政和卖地财政是许多人的期许，但寻找新的增长点以替代土地财政并非一日之功。因为土地财政的形成是我国财政体制设置的产物，也有其设置的依据。土地财政的本质是社会再分配的工具。把土地财政诟病为“与民争利”，背后是把地方政府所代表的公共利益（尽管地方政府所作所为并非总是代表公共利益的）与人民利益置于对立状态。中央要求把土地收入的1/3用于保障房建设、1/3用于农村教育、1/3用于农田水利建设的规定正是土地财政的社会再分配功能的体现。现在的关键是要把土地收入用到最该用的地方。轻言“摆脱”可能造成青黄不接。

问：当前一些地区出现发展缺规划空间、用地缺计划指标、补充缺后备资源问题，能否继续依靠开发后备资源解决问题？

答：我国人多地少，土地后备资源不足是基本国情，严格保护耕地是基本国策，节约城市建设用地（房地产开发用地约占城市建设用地的1/3—1/4）是既定方针。当前我国一些地区缺规划空间，既有后备资源稀缺问题，也有城乡建设用地结构调整滞后问题，更与传统观念束缚、现行城乡分割的土地制度和用地计划指标安排不合实际需要等人为因素有密切关系。城市化用地是更集约的用地，以城市化率80%计，城市建成区用地上限也仅占国土面积的1.2%左右。在几十年的城市化加速阶段，城市化用地大幅度增加和农村居民点用地相应减少乃经济社会发展所必需，且存在着后者大于前者的置换关系。今后我国完成城市化占用耕地的增量上限不会超过6000万亩，而农村居民点可置换出耕地亿亩以上。这里有农村居民点改造为耕地初期质量不高的问题，但并非不可改变。所以，满足合理的城市化用地是保护耕地的重要前提，以粮食安全为由限制合理的城市化用地似是而非，有关部门掌握科学的土地出让节奏才是正途。

问：若调控形势持续，地方政府如何度过土地财政的“严冬”？

答：由于决策层思维以及政策的惯性，近期我国改变房地产调控方向的概率较小。我国幅员辽阔，各地情况差异极大，度过土地财政严冬的办法也当有不同。不过，一般说来，地方政府一方面要调整预算，以土地收入决定支出，必要时应调减或延缓某些建设项目。另一方面要适时调整政策，正确房地产定位，促进房地产市场健康稳定发展。房地产是扩大内需与改善民生的重要结合点。增加包括保障性住房、普通商品住房和高端商品住房的有效供给，满足日益增长的改善性住房需要，应成为房地产调控的主要政策取向。

问：目前房价呈现出从“止涨”向“下跌”了，一些城市从地方政府利益出发，修订之前的限购政策，比如，之前的佛山取消限购令的“半日游”、芜湖三天叫停的新政，如何避免地方政府为楼市“变相松绑”？

答：史上最严厉的房地产调控已过周年，总体效果已经显现，调控政策效力对不同地方也有很大不同。房地产是区域性市场。在一般情况下，地方政府对本地房地产市场信息的把握要比中央政府更充分。一些地方政府从当地实际出发，对调控政策进行微调，应被视为对本地经济社会发展负责任的表现，大可不必上纲上线为“挑战中央”。须知，没有各地国民经济健康稳定发展，何来全国整体的健康稳定发展？

问：如何规范房地产市场发展？如何走出暴利市和救市这两个极端的怪圈？

答：房地产暴利说已流行多年，但至今未见有宏观统计数据以佐证。

一个行业有较长时期的暴利必有垄断支撑，房地产行业没有进入的行政壁垒，企业的破产、倒闭、重组等也常有发生，断言房地产行业垄断不能令人信服。所谓“救市”和“压市”都是对房地产市场的行政干预，扭曲市场供求关系。在当前，我国的房地产市场存在的主要倾向仍然是行政干预过度，而不是市场化过度。走出房地产越调控房价越高的怪圈，最终要靠市场发挥配置房地产资源的基础作用，在坚持深化市场化改革中，逐步实现市场的规范和完善。

问：房产税试点方案会不会进一步完善？房产税的依据何在？政府已征收房产在规定期限内的土地使用费，是否还可重复征收？如果在70年（有的是50年或更短）使用期内就征收了，期满后应如何调整？

答：房地产税是调节房地产资源占有的杠杆，也是实现社会再分配的重要工具。进行试点，一是我国普遍征收的条件尚不完全具备；二是要摸索经验，逐步推进，才能把房地产税征收的事办好，发挥其应有的效果。在土地使用费已经一次性征收70年的情况下征收房地产税，确实有一个重复征收的问题。而且城市土地属国有，对自有土地征税逻辑不通。所以现在有用房产税替代房地产税的提法。但房产价值是随着时间推移而耗减的，房产税如何合理设计又成为问题。70年（50年）国有土地使用费一次性征收，有利有弊。其利在于它是地方政府土地财政的重要来源，可以在短期内集中财力加快城市公共基础设施建设，提高城市的综合承载力，施益于整个社会。其弊一是当届政府花了以后几届政府的钱，似有寅吃卯粮、难以为继之嫌。二是提升了即期房价。对购房者来说，我国现在是买房时贵，而住房时便宜，在无其他更好投资渠道情况下，不失为保值增值的一种选择，在宏观上亦有扩大内需之效。征收土地使用费70年、50年到期后如何调整，大可不必担忧。因为房屋存量多了，征税的基数大了，回旋的空间也大了。

问：保障房是保障低收入人群的。而中国的实际情况是中层及中低收入人群占大多数，他们既买不起商品房，也享受不到保障房，这种问题该如何解决呢？

答：十多年来我国城镇居民住房大有改善（不是所有居民都有改善）

的实践已经证明，住房市场化改革方向是正确的。对低收入人群实行基本住房保障是住房市场化改革的应有之义。住房保障对象只能是少数居民家庭，且保障标准不能过高，多数居民家庭通过市场满足住房需求，也是住房市场化改革的基本方向。住房保障覆盖多数家庭，与市场化改革方向相悖，也不具可行性。高收入阶层在市场上直接购房，中等收入家庭通过金融政策支持逐步实现市场化购房，我们的住房公积金制度就是为此而设的。可惜的是，住房公积金实际执行中没有能发挥其应有作用，反倒有把2.1万亿余额投资于其他领域以保值增值的论调。

问：北京出台了关于经适房以后只能由政府回购的政策，那么因拆迁补偿而来的经适房是否也算在其中呢？因拆迁而获得经适房的住户，他们的收入和财产已超出了经适房申请的要求，他们的经适房是否会被收回呢？

答：我国目前保障住房概念有泛化之势。把廉租房、公租房、经济适用房、双限房、危改房、拆迁房、人才房等统统纳入保障住房范围，徒增了保障住房建设规模，扩大了政府政绩。实际上，廉租房、公租房只是承租对象收入不同，都是公有住房；具有部分产权的经济适用房、双限房与基本住房保障的内涵不符；危改房、拆迁房、人才房等应属于政策房。原本有住房，因城市建设拆迁而获得的住房是一种补偿，应视为合法财产，是对社会的贡献，视同经济适用房没有道理。

问：针对炒房问题是否应该征收空置税呢？真要开征空置税，不仅针对空置的商品房，是不是也将保障性住房、房改房、公房等包括在内？把这些房给真正有需要的人居住。

答：炒房现象存在的前提是住房有大的升值空间。遏制炒房根本举措是减少住房升值预期，征收空置税于抑制炒房作用有限。一是炒房转手一般迅速，税务部门界定的成本很高。二是炒房者一般市场信息更充分，可以容易地把空置税转嫁给最终消费者。征收空置税当然应该针对所有存量住房，但存在政府对公有住房征收空置税的悖论。公有住房如何分配给真正需要的人居住可以有其他办法，比如，强化对公有住房管理部门的政绩考核、反腐倡廉、公有住房信息公开、承租信息透明等。

问：2011 年的“1000 万套保障房”落实得如何？保障房建设任务是否能按期完成？资金是否足额筹集？用地供应是否得到保障？

答：从各地上报的数据看，2011 年“1000 万套保障房”开工计划似已完成，有的还有超额。能否如期竣工、交付使用则是另外一个问题。人们对此的期望值甚高，但资金和土地供应是两大约束。中央拨付的保障房建设资金只是小头，大头还要靠地方政府筹措。而有些地方公共财力本来就捉襟见肘，公共支出压力大，筹足保障房建设资金困难更大。中央下达的保障房建设用地指标足够，但要把用地指标变为可建设用地，还要完成征地、补偿、拆迁、几通一平等地方政府投入，所以压力还在地方政府。如果上级对下级政府保障房建设进一步加压，则地方政府有可能调减其他支出，由此又引申出保障房建设的机会成本提高问题。

房产税近期开征难

（2012年10月17日）

近年来，伴随严厉的房地产调控政策出台，开征房产税的呼声渐高。上海、重庆房产税征收试点已有两年，效果如何，仁者见仁；扩大试点范围的传闻时而披露于媒体，又随即被否认。2010年夏，易宪容研究员在海南言之凿凿：房地产税肯定年底出台。笔者与之对赌：若明年年底出台笔者请客：见证者：北师大王宏新教授。今年再见，易称，上海、重庆不是已经试点了吗，笔者则一笑置之。笔者作出房产税近期不会出台的判断，主要是基于以下理由：

第一，我国不具备开征房产税所必要的大环境。房地产税是调节社会再分配的重要工具，在一些发达国家的城市，房地产税已经成为公共财政收入的重要支柱。从长远来看，我国开征房产税对于抑制住房占有上的两极分化、协调各阶层利益关系具有制度保障意义；在近期，对于提高直接税比例，构建合理的税制，优化房产资源配置具有迫切意义。开征房产税有多种好处，是大势所趋，在理论上无大争议，政府也有足够的增税动力。房产税是一种直接税，我国拟征房产税的核心问题是把不动产税扩大到住房消费环节，这种社会再分配环节利益关系的调整要受到宏观层面体制的强烈影响和制约。我国改革已进入攻坚阶段，近年来虽有进展，但无大的突破。在国民收入分配领域，制度内初次分配上的平均主义依然是主要倾向，对制度外的非法收入则惩治不力，灰色收入更是缺少规范。没有最高层面的体制改革配套，在涉及亿万家庭的房产税上单兵突进，除了转移公众对深层改革的关注视线外，当不会有实质性结果。我国建立官员个人财产全面申报制度涉及面远较房产税为小，但20多年过去，至今不见出台的希望即是证明。

第二，我国目前不具备开征房产税的前提条件。要把征收房产税这件事办好，避免产生新的社会不公，除了科学的规划设计和细心组织以外，还必须具备以下三个前提条件。一是住房产权的确认。目前我国城镇住房有公有房、私有房、商品房、房改房、拆迁安置房、危改房等多种类型，又经过复杂的历史沿革和政策变迁，要公平、公正地确定归属于具体家庭和个人，非短期可为。二是科学的住房价值评估。住房个性化强，同地段的不同楼盘，同楼盘的不同楼层、户型、朝向价格差异大。合理评估每一套住房价值要依赖于一支高素质的评估队伍，而高素质评估队伍非短期可以建成。三是房产税与土地出让金70年一次征收的衔接。我国城市土地属于国有，为避开法理上的悖论，把房地产税改称为房产税。住房用地出让金70年一次性征收，推升了房价，也为公共基础设施筹集了建设资金。我国是购房高价，居住便宜；发达国家是购房便宜，居住高价。这种不同的制度设置是不同的国情和不同的发展阶段对影响变量赋予不同权重的结果，而没有优劣和对错之分。在住房产权人一次性交纳了70年的土地出让金，住房又在随着时间的推移而不断贬值的情况下，房产税是否又是一种重复征税，不言而喻。

第三，现阶段不是我国开征房产税的好时机。在我国快速的城市化进程中，各种类型的住房存量和增量都在剧烈变动，各种利益矛盾集中多发，深层的体制改革亟待整体推进。这种背景下对住房持有环节征税，若面向广大普通存量住房，其征税成本能否与预期收益相匹配令人怀疑；若面向高端住房，低税率于持有者无大影响，高税率虽可抑制其国内购房，但促使其在外国购房，对于扩大内需则弊大于利；若面向多套住房，持有者将提升租金水平，把税负转嫁到租赁者身上；若面向增量住房，则要对土地出让金制度进行根本性变革，而土地出让金制度的变革，又要求对现阶段地方公共财政结构和城市基础设施建设体制作出一系列连锁调整。由此推论，冀希征收房产税控制国内房价上涨将会落空。以房产税取代对土地财政的依赖是一种理想。但在现阶段，作为社会再分配重要杠杆的土地财政，既有寅吃卯粮的一面，又有卯事寅做的相对应另一面。当城市化基本实现之时，在较少公共基础设施投资需求的情况下，以大量房产存量为税基的房产税取代土地财政也就水到渠成。

本文发表于《人民论坛》（2012 年 11 月）

我国房地产调控政策向何处去？

（2013 年 1 月 29 日）

房地产及其调控政策涉及错综复杂的社会利益关系，已经成为我国经济社会乃至政治生活中最敏感、分歧最大、争论最为激烈的话题。对于近十年来，特别是近两年来的被称为历史上最严厉的调控，政策效果如何，仁者见仁；调控政策的执行成本与收益比较，未见评估；关于房地产市场的未来走势及其调控政策的调整方向，智者见智。政策是决策部门依据对客观规律的认识和总体形势的判断，对发展目标的选择及其为实现目标而采取的措施。回答房地产政策向何处去，首先要对房地产市场总体形势作出判断。

一、我国房地产市场形势判断

从 2004 年起我国房地产调控力度总体上呈不断加大趋势，房地产泡沫论、房地产崩盘之声亦不绝于耳。但房地产投资仍在持续快速增长（由 2005 年的 1.59 万亿元增加到 2012 年的 7 万亿元，年均增长率达 24%），商品房的平均价格和交易量总体上亦呈大幅度上扬趋势。我国的城市化、工业化进程对房地产产品的增量需求，城镇居民对居住条件的改善性需求，旧城、旧街、旧村、旧厂改造对房地产的被动性需求，这几种需求叠加造成的市场供不应求效应，是房地产投资和平均价格大幅增长的根本动因。限购、限价、限贷、限卖等行政强制手段或可会有量跌价滞或者量价小幅齐跌，但只具短期的阶段性效应，不仅不可能改变房地产市场供不应求关系的基本面，而且潜伏着市场反弹与增强调控力度的交替反复、恶性循环的风险。令人眼花缭乱的相互矛盾的环比、同比数据、典型调查案例等只具企业经营决策层面的意义，不具政策调整层面的意义。从短期看，我国房地产市场相对于历史上最严厉的调控，政策效果似乎初步显现，虽有去冬的翘尾和今春的回暖，但大起大落的概率较小。从长期看，我国房地产市场交易价格将在涨涨落落中呈总体的上升趋势，其间个别时段、局部区域因供求关系加剧，房价会有较大升幅，但在一个较长周期内（如3—5年），只要房价上涨幅度低于居民收入增长水平，各方面的利益关系就比较容易得到协调。我国房地产交易量上扬的拐点到来将是工业化完成、城市化高潮之后的事，商品房价格的涨涨落落和市场交易量高峰与低谷的交替出现则是市场的常态。所以，笔者对房地产市场未来趋势总的判断是：我国房地产无大事，房价上涨比房价下降对经济社会的负面影响要小，房价过度上涨造成所谓泡沫破灭在一二十年内概率不大，国人大可不必自忧自扰。过度炒作房地产的负面现象，只能激化社会矛盾，而不利于相关利益关系的协调。人为拔高住房民生的社会性和政治性权重，无助于统筹兼顾和和谐社会的构建。对房地产市场活动进行过度的行政干预，不仅是有限行政资源的无效配置和行政效率的下降，而且会掩盖公共领域行政管理的缺位和市场配置资源领域政府管制的越位，进而成为深化体制改革的负能量。坚持正确的调控方向，我国房地产业将是一片光明。

二、房地产政策调整要把握两个逻辑起点

我国房地产政策调整要把握两个逻辑的起点，一是房地产业的地位问题；二是房地产政策应否成为宏观经济调控的应急工具。学术界内的分歧焦点也大多起源于此。

1. 关于房地产业的地位

作为国民经济的一个部门，房地产业的存在与发展不以人的主观喜欢和厌恶为转移，房地产业是否被政府文件和教科书赋予基础产业或支柱产业地位也无关紧要，但房地产业是上下游关联度极强的产业，是为人类活动建设房屋和场所的产业，是为城市化、工业化提供物质基础的部门则是确定无疑的。房地产虽被统计部门划为第三产业，但它把相关要素组合起来，生产出房屋等实实在在的物质产品，满足社会需要，符

合实体经济定义，是名副其实的实体经济，而非虚拟经济。住宅首先是最终消费品，其次才是投资品。我国居民购房的主体是自住需求，保值增值是第二位的。以发达国家已经高度资本化的房地产市场数据为参照系简单套用我国房地产市场，没有可比性，当然不会得出正确的结论。我国居民在吃穿用行等物质消费需求基本满足的情况下，改善居住条件不仅成为消费结构升级的重点，而且成为重大的民生问题。把防过热、防过剩、防投资率过高长期作为宏观调控的主基调，与社会主义初级阶段的基本国情较少相容。我国房地产业快速发展，是社会经济发展和民生改善的必然要求，与经济过热、产能过剩没有直接的因果联系。通胀是货币现象，增加房屋产品有效供给是抑制通胀的重要物质基础。房价上涨不等于房地产泡沫，房地产泡沫危及我国金融安全之说，依据不足，意在转移视线，因为我国金融安全的主要威胁首先来自于金融机构内部治理结构。房价、地价的背后是复杂的社会再分配关系，土地财政是实现社会再分配的杠杆，关键是如何改进和用好的问题，简单否定于事无补。在缺少宏观统计数据支持的情况下，国内一些学者抛出的雷人数据，如房价中的61%被政府拿走，十年来政府通过征地拿走了30万亿元，全国住房空置6500万套，等等，除了添加新闻佐料，煽动社会情绪外，没有任何积极意义。

2. 房地产调控应否作为宏观调控的应急工具

房地产业生产周期长，一个项目从拿地到建成出售一般要经过2—3年。住房产品个性化强，消费需求弹性大，人均几平方米可以满足基本需求，人均几十平方米住得舒适、尊严，数百平方米的高端住宅也是许多高收入群体的追求。一个社会在一年内能够买得起住房、且付诸购买行动的家庭，只能是少数。一个家庭购房是多年储蓄、一次支付、多年消费，选择性强。在一个家庭存续几十年的周期内，能够买得起住房、且付诸购买行动的时刻，一般只是一两次。若在一年内有3%的家庭购买住房，即等于这个社会居民住房30多年更新一次。房地产市场面对的数以万计的企业和数以百、千万计的购房者，市场供求关系时时都在发生变化，而政策从制定和出台到发挥效力总有一个滞后期，不可能对供求双方产生立竿见影的影响，因而不应、也不可能发挥宏观调控应急工具的效能。实现居民住宅供给与需求的基本平衡，我国要经过几十年的艰苦努力和两三代人的代际积累。期望房地产政策发挥宏观经济调控应急工具的作用是不可能有效的。房地产政策密集出台即等于政策多变，加剧市场波动，放言还有更严厉的政策出台则意味着对现行政策也缺乏信心。

三、我国房地产政策向何处去

目前我国的房地产市场依然是“政策市”，房地产两大基本要素（土地、资金）主要掌控在政府之手，政府调控对市场供给预期具有决定性影响，对需求预期亦有重要影响。供求双方有一个稳定的预期是房地产业健康稳定发展的前提，而一个相对稳定的房地产调控政策则是稳定市场供求双方预期的基础。所以一个符合社会经济发展规律、适应社会主义初级阶段基本国情和社会主义市场经济体制要求，并保持相对稳定的房地产调控政策是房地产健康稳定发展的前提。

1. 逐步淡化以控制房价为主的政策目标

有学者争辩：如果没有调控，我国房价会有更快上涨，这只是一种假设，没有实际意义。因为社会主义市场经济几乎不存在要不要调控的问题，焦点在于调控的边界、时机、力度的把握和方式、方法、措施的选择。多年来，我国房地产调控把抑制房价过快上涨和房价合理回归作为主要政策目标，虽然占领了道德制高点，拥有保障民生的正义性，但实践结果却是房价照涨不误，社会关系不和谐的程度加深。原因在于政策目标违背房地产市场客观规律。事实上，房价的涨涨落落既是市场配置资源的基本形式，也是市场发现和形成价格的必由路径。以抑制价格达到一种商品在更高水平上供求平衡，在国内外从来没有成功的先例。房价上升表明市场供不应求，要求扩大投资，增加供给。以行政手段控制房价上涨，只能刺激需求的增加，加剧市场供不应求的矛盾。限购只是人为地暂时改变了市场供求关系，并不能使住房购买力得到最终释放。审查购房资格，成本过高，效果不佳，莫如审查购房资金来源的合法性。

抑制炒房的重点应是对金融部门内外勾结参与炒房进行精确打击；抑制投资性购房虽有减少市场需求之效，但也阻塞了民间投资渠道，减少住房租赁市场的有效供给。在控制房价过快上涨的同时，又抑制房地产投资的增长，政策效力内部相互抵消，进一步扭曲了供求预期。房价回归到何种水平为理性，未见明确界定，回归到哪一年的房价为合理水平，没有谁能作出定论。房价关系的民生，不仅指准备买房人的民生，还应包括已经拥有住房人的民生和短期内买不起也租不起住房人的民生。在房屋建造成本（土地、原材料、劳动力等的价格）普遍上涨，物价上升趋势不可逆转的背景下，以控制房价上涨为主要调控政策目标，自我束缚手脚，执行成本过高，也难以达到预期目的。

2. *以增加住宅有效供给为政策基点*

增加住宅有效供给是抑制房价过快上涨的釜底抽薪之策。房地产政策主要目标由控制房价过快上涨转变为增加住宅有效供给才能发挥政策的正能量。我国仍处于并将长期处于社会主义初级阶段，社会主义初级阶段的主要社会矛盾是人民日益增长的物质文化需求与落后的生产力之间的矛盾，在房地产领域的主要表现就是住房水平低、有效供给不足。我国待售住房和在建住房达40亿平方米的统计数据，以及个别城市、某个时段、典型楼盘的住房闲置和少数家庭过多占有住房等典型事例，并不证明我国住房供不应求的主体态势和主要矛盾已经改变。我国城镇居民户均住房存量已达1.02套的统计数据，由于包括了25%的平房以及大量的危旧存量住房，只能证明“让大多数人有房住”的口号是站不住脚的，而不能证明城镇住房已经基本满足了日益增长的需求。以扩大房地产投资增加住房有效供给，包括保障房、普通商品房和高端商品房在内的有效供给为政策基点，才能从根本上改善供求关系，掌握房地产调控的战略主动权。禁止高端住房供地，等于把高端住宅市场推给外国人，与构建多元的住房供给体系、满足市场多样化需求的发展趋势不相容，因而弊大于利。租房是按月支付住房消费，购房则是一次性支付的多年住房消费。若把购房作为消费支出，我国投资率将下降6—7个百分点。房地产是扩大内需与改善民生的第一节点，与转变经济增长方式、优化结构、稳定增长高度相容。把增加房地产投资与经济过热相联系，与发展实体经济相对立，理论上不能成立，实践证明也是有害的。住房消费挤出其他生活消费，是消费者的偏好；把居民购房支出与扩大消费对立起来，逻辑不通。所以，我国房地产投资保持一个较快的增长，房地产投资占固定资产投资的较大比例，具有阶段的必然性和合理性，也是满足人民日益增长的住房需求的物质前提。

3. 坚定住房市场化改革方向

20世纪末以来，我国城镇居民住房整体上大有改善的实践证明，住房体制的市场化改革基本上是成功的，方向正确。住房制度改革还有诸多需要完善之处，部分居民居住困难还没有得到解决是阶段性、暂时现象，与住房制度市场化改革方向无关。房地产领域成为腐败的重灾区，住房分配新的不公现象依然存在，有的还很严重，但只是支流，与住房体制改革没有必然的联系。以支流否定主流，用个别局部现象否定整体事实，只能误判形势。构建多元的住宅供应体系与住房市场化改革并非水火。但泛化住房保障边界，把中等收入阶层纳入住房保障范围，与市场化改革方向相悖，也是不可持续的。建设住房保障体系是住房制度市场化改革的重要组成部分，在一定时期内，加大保障房供给力度，以偿还历史欠账是必要的。但过度扩大公有住房规模，构建所谓的住房双轨制，不仅受到公共财力支撑的约束，而且有腰斩住房市场化改革之虞。保障性住房的主体是廉租房，在强势部门实质上的福利分房仍然存在的情况下，允许部门、单位集资建房，把经济适用房、双限房、人才房、拆迁安置房、危旧房改造、“城中村”改造等政策性建房统统纳入保障房范围，不仅模糊了住房保障本来含义，扭曲社会再分配关系，而且增加了以权谋私的空间。少数低收入阶层通过保障解决基本住房需求，多数人通过市场满足住房需求，对其中的夹心层给予住房信贷金融政策支持应是正确方向。

4. 增强房地产调控政策的弹性和差异性

住房是个性化极强的私人消费品。在一般情况下，开发商比政府对市场信息的把握更充分，政府的调控政策边界应限制在公共领域。限购、限贷、限价，90 平方米以下套型占商品房建设的 70% 以下等政策规定，是对市场交易和产品结构的过度干预，不仅扭曲了正常的市场供求关系，而且加大了房地产市场调控成本，造成了宝贵的行政资源错配和行政管理的越位与缺位并存。房地产是区域性市场，一般情况下，地方政府比中央政府对市场信息的把握更充分。我国各地的房地产市场供求情况千差万别，面临的主要矛盾和约束条件也极不相同。减少和弱化中央房地产政策的指令性和数量性调控指标，调控目标有更多的弹性，较多地体现地方的差异性，应是房地产调控政策调整方向。特别是当前，实施科学的房地产信贷政策和合理的土地供应节奏，更多运用经济杠杆调节房地产市场供求关系，往往比行政指令、问责、约谈、督察等更具有正向效力。城市政府拥有更大的调控本地房地产市场、解决居住民生的自主决策权，更有利于房地产健康稳定发展和低成本地改善居住民生，把国家调控目标落到实处。

本文系作者在“《中国房地产蓝皮书》新闻发布会（4 月 25 日）”上的演讲

房地产“新国五条”稳定房价目标的预评估

（2013年3月11日）

2月20日国务院常务会议研究部署房地产市场调控工作，确定了五项政策措施（以下简称“新国五条”）。与以往的调控政策相比，“新国五条”有了诸多改进，例如适应我国各地发展的不平衡、房地产市场差异大的特点，增加了政策的弹性和区域差异性，强调增加住房有效供给，等等。但仍然以稳定房价为主基调，例如扩大限购区域和房产税征收试点，增收住房交易20%增值税，等等。房地产调控政策从出台到发挥政策效力总有一个滞后期，这里对其效果作一预评估。

第一，我一直认为，房地产市场调控政策只有与市场供求规律相吻合，才能发挥事半功倍的政策效果。多年来我国房地产调控的总体目标是抑制房价过快上涨和房价的合理回归。这一政策目标虽然占据了保障民生的道德高地，但实践的结果却是房价的成倍上涨，以致社会关系的不和谐程度加深。根本原因在于调控房价目标与房地产市场发展的客观规律相悖。“新国五条”仍然以稳定房价为主要目标，恐怕依然难以如愿。我国房地产市场是“政策市”，房地产生产的两大基本要素（土地和资金）主要掌控在政府之手，调控政策对市场有效供给具有决定性影响，对市场需求预期亦有重要影响。在和平时期，政府以控制产品销售价格达到更高水平的供求平衡，在国内外从来没有成功的先例。房价的涨涨落落既是市场配置住房资源的基本形式，也是市场发现和形成房价的必经之路。房价上涨表明市场供不应求，要求扩大投资，增加供给。住房需求弹性大，以行政手段控制房价上涨，只能刺激需求，加剧供不应求的关系。限购是以行政力量强制排除部分购房需求，暂时改变了供不应求的态势，但不仅不能达到住房购买力的最终释放，而且为下一轮推动房价上涨积蓄能量。对购房资格进行审查，增加了行政成本，也为权力寻租提供了空间。在市场供不应求的背景下，增加交易环节税费，只能增加购房者的实际负担，阻碍住房资源市场化流动，降低配置效率。稳定房价比房价合理回归的政策目标更有弹性，是一个进步。稳定房价既可界定为小幅上下浮动，也可以界定为低于收入增长幅度；既可以理解为短期（月、季、年）房价较小变化，也可以理解为长期（3—5 年）的房价上涨低于收入增长水平。从短期看，由于调控政策与市场预期逐渐趋于理性，我国房价大涨大落的概率较小。从长期看，由于房屋建造成本（土地、原材料、劳动力价格）普遍上涨、物价上升和居民收入提高趋势不可逆转的推动，房价将呈上涨趋势。控制房价上涨的政策成本过高，或者根本达不到政策目标。与长期的社会主义初级阶段相对应，我国住房市场的主要矛盾是供给不足，增加住房有效供给是稳定房价的釜底抽薪之策。增加普通商品住房和用地供应，有利于改变住房市场供求关系，但同时抑制高端住宅建设，无异于把高端市场推给了外国，于扩大内需不利。有效满足多样化的居住需求，包括高端住房市场需求，才有我国住房市场整体的健康稳定发展。

第二，房地产调控政策有其预期的正效应，也会有其关联性的负效应；既可能产生时段性的和即时的效应，也可能产生长期的和连锁的效应。“新国五条”设定的稳定房价若干政策措施亦不例外。房价的背后是复杂的社会再分配关系。房价过快上升增加城镇购房者压力，进而推升市民生活指数，影响企业和城市活力。但房价又是征地拆迁补偿的最终支付者，是城市公共财力提高、基础设施建设和公共服务提升的重要支撑。住房是最终消费品，房地产是扩大内需与改善民生的重要节点，控制有旺盛市场需求的房地产业投资，等于行政力量干预行业之间资源配置，既与扩大内需、优化结构方向相悖，抑制住房有效供给的增加，也将抵消稳定房价的政策效力。炒房即为卖而买住房，与其他商业流通（贱买贵卖）活动没有本质区别。炒房者把握市场信息更充分，在房价上涨时期，炒房于房价上涨火上浇油，令人厌恶，但也加快了房地产开发商的资金回流，引导了开发方向，有利于加快下一轮开发。抑制炒房有利于减轻需求压力，但也压缩了民间资本空间，阻滞了社会资本流动。投资性购房即为长期持有而购房，若是用于出租获得租金回报，即增加了住房租赁市场有效供给；若长期持有坐等升值，虽有资源闲置之虞，但又是社会闲置资本对社会再生产的投入；若住房升值变现则是二手房市场有效供给的增加。任何增税于政府都不乏内在动力，任何流通环节税费都是要素流动的成本。加征住房交易20%的增值税，增加炒房风险，于抑制炒房有利，但也将抑制住房资源的合理流动，降低住房资源配置效率。在市场供不应求的背景下，征收20%的住房交易增值税，或由购房者埋单推升房价，或抑制交易意愿，增加住房闲置和租赁市场需求压力。加快保障性安居工程规划建设是改善民生的物质基础，于偿还保障房建设历史欠账实属必要。但由于面向的并非商品住房购买群体，于稳定商品房价几无影响。在地方行政资源既定的条件下，加强地方政府稳定房价责任制，即意味着其他领域行政资源配置的减少，统筹兼顾约束的增加。有论者争辩，若无房地产调控，房价上涨更快。这里争论有无调控没有实质意义，也不是争论的焦点。焦点在于如何增强房地产调控政策的系统性和前瞻性，以充分发挥房地产业在国民经济社会发展中的正能量。

第三，任何政策要取得预期效果都需要支付执行成本，任何政策的执行都需要相应的条件。作为对房屋持有环节征税，房产税是调节住房资源占有和社会再分配的重要杠杆，但需要具备如下开征条件：①房屋产权确认：确定向谁征税问题；②房屋资产评估：解决征税数量问题；③评估队伍建设：确保征税公平；④与土地出让金70年一次性征收制度的衔接，与相应税费和地方财政体制改革相配套。开征房产税涉及复杂的财政体制改革和社会分配关系的重大调整。在上述条件不具备的条件下，开征房地产税很可能征收成本大于收益。房产税被视为抑制购房需求、控制房价上涨的撒手锏，被一些人士寄予厚望。沪渝两市已有两年多的试点，成本与成效之比较未见评估，但由于征税范围较小，控制房价和取代土地财政的作用几乎可以忽略不计。本次“新国五条”要求扩围房产税试点，扩大到何种范围有待细化。但既然属于试点，就仍然是探索、试验阶段，也就不可能全面推广开来，其稳定房价的作用也就不言而喻。

我国房地产市场形势与政策展望

（2013 年 3 月 22 日）

一、房地产市场与政策评估

（一）房地产市场形势总体判断

近 10 年来，我国房地产市场尽管年度变化较大，但从长期走势来看，总体上供求两旺的局面一直持续。各项指标增速虽有下降趋势，但随着基数的扩大，增量在持续扩大。一些指标同比增速变化剧烈，多与上年的变化幅度有密切关系，反映了房地产生产跨年度长周期的特点（详见表一）

1. 供求持续两旺

表一　我国房地产市场主要指标年度变化

	房地产投资额		商品房新开工面积		商品房销售面积		商品房销售收入	
	万亿元	同比增长（%）	亿平方米	同比增长（%）	亿平方米	同比增长（%）	万亿元	同比增长（%）
2003 年	1.02	29.7	5.47	26.9	3.37	25.8	0.80	—
2005 年	1.59	20.9	6.81	12.7	5.55	41.2	1.73	66.9
2007 年	2.52	30.2	9.46	19.4	7.62	23.2	2.96	41.96
2009 年	3.62	16.0	11.64	13.4	3.48	52.7	4.44	77.1
2011 年	6.17	27.9	19.0	16.2	10.99	4.9	5.91	12.6
2012 年（1—10 月）	5.71	16.5	—	—	7.87	—	4.63	—

资料来源：根据国家统计局资料整理。

2. 房价在调控中上涨

真实的房价变化应是同地段、同品质住房（或者同一住房）成交价格的比较。我国的商品房平均单价以当年销售收入除以销售面积计算，未考虑物价水平、商品房区位和品质、结构变化的因素。2003—2012 年房价名义增长率为 10.7%，城镇居民家庭可支配收入从 9422 元上升到 24565 元，名义增长率为 11.2%，后者高于前者 0.5 个百分点（见表二）。2010 年我国城镇居民住房消费 421 元，占消费支出的 3.1%（发达国家一般占1/4左右，中外发展阶段不同、统计口径不同，不宜简单对比），占可支配收入的 2.2%。

表二 我国商品房价年度变化

年份	2003	2004	2005	2006	2007	2008	2009	2010	2011	2012
商品房平均单价（元/平方米）	2359	2778	3168	3367	3864	3917	4695	5029	5377	5883
同比上升（%）	4.84	17.76	14.04	6.28	14.76	1.42	21.10	7.11	6.92	9.41

资料来源：《我国城市地价与房价关系专题报告》（2013）。

3. 总体判断

我国房地产市场无大事，国人大可不必自忧自扰，过度的行政强力调控可能适得其反。

理由：

①我国具有相应的房地产供给能力。

——有所谓过剩的钢铁、水泥、建材生产能力。

——相对廉价的建筑业大军。

——必要的土地供给。房地产开发用地是更集约的用地。城市化用地增量与农村居民点用地减量之间存在着后者大于前者的空间置换关系，而房地产开发用地仅占城市化用地的 1/4—1/3。满足合理的房地产用地不会威胁我国农业安全。

——必要的资金供给：银行机构有 20 多万亿元的年末存贷差，3 万亿美元的外汇储备。

②我国房地产市场需求持续旺盛。

——城市人口增加形成的基本居住需求；

——居民消费结构升级推动的住房改善性需求；

——危旧房屋改造形成的住房被动性需求；

——工业化、城市化进程所必需的工业地产、商业地产等非住宅地产需求。

几种需求叠加造成我国房地产市场供不应求的总体态势。

③居民高储蓄率。

高达30多万亿元的城乡居民储蓄余额，具有潜在的购房支付能力。

4. 2013年市场前景

房地产市场大起大落的概率较小，小幅上升的可能性极大。

①两年多历史上最严厉的调控暂时地挤出了部分市场需求，但没有改变供求关系的基本面，市场购买力没有得到最终释放。

②政府换届提供了调整决策思路的可能性，但调控的根本转向可能性不大。

③宏观经济稳增长压力的增大，不排除通过多个微调，达到适度松绑的可能性。

④经过十年的市场风雨，房地产供求双方在向着理性前进，调控政策也在逐步趋于理性。

⑤住宅地产调控效力受到非住宅地产（工业、商业、旅游、公用事业地产）的对冲，中央调控受到地方利益的对冲，重点城市与一般城市存在对冲，国内外市场存在对冲，房地产调控效力受到宏观调控政策的对冲。

⑥目前相对矛盾的令人眼花缭乱的环比、同比数据和典型区域性数据，只具企业经营层面意义，不足以成为政策调整的依据。

（二）房地产政策评估

1. 总体评估

2003年以来，我国房地产大约进行过九次较大规模的调控。调控的主要目标和方向是抑制房价过高、房价上涨过快、房地产过热。但除了2008年年末短期的房价小幅下降以外，总的趋势是房价在调控中持续较快上升，有违调控的初衷。结果是中央、地方、开发商、欲购房者和已购房者均不满意，这在我国建设史上绝无仅有。

2. 原因：

①供给不能满足需求的市场总体态势。

这是社会主义初级阶段主要矛盾在房地产领域的主要表现。

②与市场规律相悖的政策成为房价上升的重要推手。

我国房地产是政策市，房地产两大要素基本上掌控在政府之手。政策对供给有决定性影响，对需求有重要影响。

一种产品价格越低，越容易造成低效率的占用。一种产品价格越低，增加供给的动力越弱。控制房价一方面刺激需求，另一方面抑制有效供给。

为防过热、防过剩、防泡沫、防投资率过高、保粮食安全等关紧土地和资金闸门，限制房地产开发用地和投资，减少了有效供给，效力在政策内部相互抵消。

政策密集出台，加剧市场供求预期波动。

③舆论导向抬升社会购房预期。

高举居住人权旗帜，站在改善民生的道德高地，从居者有其屋，到住有所居的舆论导向，提升了社会购房预期，增加了市场需求压力。

④理论误导舆论，舆论裹挟政策。

套用发达国家的参数解释发展中的中国房地产现象，误导舆论，舆论反过来又裹挟政策。

例如，何为房价过高？房价收入比？中国买房贵、住房便宜；发达国家买房便宜，住房贵。这是两种不同的制度设置。

何为房价上涨过快？基数越低，同等增量速度越快。近10年来，以人民币现价计，房价有大幅度增长；以黄金价计，我国房价10年基本稳定。

房价合理回归？中国哪一年、哪一时刻房价是合理的？恐怕难以定论，谁也不敢妄下结论。

有学者计算出北京市房价泡沫49.5%。若北京房价下降49.5%，能够保证北京大多数人买得起房吗？如果大多数人买得起房，北京有那么多房可卖吗？

房地产泡沫论已有10年，为何泡沫不破而房价照涨？错在理论，还是错在实践？

（三）“新国五条”预评估

“新国五条”仍然以稳定房价为主要政策目标，释放的是房地产继续严控信号，很可能重蹈以往调控有违初衷的政策效果。

这里从“新国五条”的正负效应和关联性作一简要预评估。

1. 地方政府稳定房价责任制

在行政资源既定的条件下，稳定房价过多地占用行政资源必然挤占在其他领域的必要配置，压缩地方统筹兼顾的空间。

2. 扩大限购范围

①限购是以行政手段排除部分群体购房的权力，存在法理问题。

②限购与市场配置资源的方向相悖，资格审查的执行成本过高，增加寻租空间。

③限购只是人为地暂时改变了供求关系，并不能达到住房购买力最终释放，将为下一轮房价上涨积累能量。

④限购间接增加租赁市场需求，推动租金上涨。

3. 坚决抑制投机性和投资性购房（简称“两投”）

两投性购房并非十恶不赦，一无是处，而是有利有弊。要整体地全面地进行分析。

①投机性购房即贱买贵卖，与一般商品流通活动无异。

②“两投性购房”引导了开发商投资方向，加快开发商资金回流，有利于下一轮开发，增加供给。

③“两投性购房”是民间资本的重要出路，增加了社会资金投资渠道，有利于盘活社会闲置资本。

④投机性购房转手，是二手房市场有效供给的增加，投资性购房增

加租赁市场有效供给。

4. 扩大房产税试点

征收房产税是调节住房资源占有和社会再分配的重要杠杆，但应进行征税成本与收益的评估。要把房产税征收的好事办好，还要具备相应的条件，否则将是得不偿失。

①房屋产权确认：确定向谁征税。

②房屋资产评估：解决征税额问题。

③高素质评估队伍建设：确保征税公平。

④与土地出让金70年一次性征收的制度安排衔接和过渡。

⑤与相应的税费制度和地方财政体制改革相配套。

⑥期望房产税成为控制房价的撒手锏，可能要落空。

5. 征收二手房交易20%差价所得税

①正效应：增加炒房风险，抑制炒房，增加税收。

②负效应：或由购房者负担，变相提高房价；或增加住房交易成本，抑制二手房交易双方意愿，阻滞住房资源流通，降低住房资源配置效率。

6. 增加普通商品住房及用地供应

有利于改善市场供求关系，但限制高端商品住房的供应，不利于满足住房市场多样化需求，割裂房地产市场的整体性；把高端市场推给外国开发商，压缩了国内市场，弊大于利。

7. 加快保障性安居工程建设

保障性安居工程是住房市场化改革的重要组成部分，是改善民生的重要物质基础，一定时期内加快建设以偿还历史欠账亦属必要，但应防范下列风险：

①扩大保障性住房范围，模糊保障性住房的合理边界，将挤压商品房市场空间，面临新的社会不公风险。

②持续扩大保障安居工程面临着公共财力可支撑能力、可持续性和城镇住房过度低端化风险。

③推进住房供应双轨制，有可能腰斩市场化改革，扩大政府直接掌控的住房资源，增加公权寻租空间和概率。

二、房地产市场前景与政策展望

（一）认识房地产市场和政策的两个理论起点

1. 房地产业的性质和地位

①房地产业是国民经济的组成部分，而不是异己的力量。对房地产业整体妖魔化是混淆是非，只能加剧社会经济关系的不协调。

②房地产业是否被赋予支柱（基础）产业名义无关紧要，房地产是上下游关联度强的产业确定无疑。

③房地产业虽被划归第三产业，但它是为人类提供居住和活动场所的物质生产部门，符合实体经济定义，而非虚拟经济。

④房地产业的主要产品是住宅，住宅首先是耐用消费品，其次才是投资品。我国居民购房主体是自住需求，投机投资性购房是第二位的，只占较少比例；我国房地产与高度资本化的发达国家房地产参数不具可比性。

⑤在社会资本既定的条件下，房地产投资与高科技产业、战略新兴产业的投资存在此消彼长的关系，但任何高新战略新兴产业的发展都离不开必要的活动场所，都需要有相应的房地产供给。

⑥在家庭消费支付能力既定的条件下，购房对其他消费存在挤出效应，但这里是消费者偏好，没有谁是谁非问题。

2. 房地产政策不应成为宏观经济调控的应急工具

①房地产项目一旦开工即形成投资沉淀，难以快速转移投资。房地产业生产周期长（一般2— 3 年，甚至更长），而调控政策发挥效力会有一个滞后期，不能发挥立竿见影的效果。所以调控政策的密集出台于改变房地产供求关系往往无效。

②住宅是房地产主要产品，是最终消费品。扩大住宅投资与经济过热、产能过剩、通货膨胀不存在因果关系，把房地产调控作为防过热、防过剩、防通胀的应急工具，理论上不通，实践效果也有违初衷。

③租房是按月支付，购房是一次性支付，多年消费。若把购房作为

消费支出，则我国消费率将提升6—7个百分点。

④在社会一定时间内（如一年），能够买得起住房且付诸买房行动的家庭只能是少数，若占3%即等于这个社会33年更新一次住房。在一个家庭存续的几十年周期内，能够买得起住房且付诸买房行动的时刻一般只有一两次。期望房价降到大多数家庭买得起住房的水平只能是空想。

⑤与我国将长期处于社会主义初级阶段相适应，居民住房需求的满足将是一个长期的渐进过程，是一个由首先满足部分群体需求到满足绝大多社会成员需求、由一个较低水平的满足到较高水平满足的过程。

⑥房地产健康稳定发展有赖于相对稳定的市场供求预期，而相对稳定的房地产调控政策是稳定市场预期的重要前提。

结论：房地产政策不应该，也不可能成为宏观经济调控的应急工具。

（二）房地产发展的宏观背景分析

1. 支持房地产发展的宏观背景

①中国经济发展战略机遇期还没有过去。

10%以上增速为过热，8%以下增速为过冷，是简单化判断。2000年我国10%以上增速，增量不过万亿元，2013年7.5%增速，增量达4万亿元。何热何冷？

②13亿人民居住水平在较低基数上提高的市场需求。

③深化体制改革的红利。

④全方位开放，国际国内两种资源、两个市场为我国优化资源配置提供了广阔空间。

⑤高储蓄率支撑。

2. 转变方式、调整结构与房地产发展不存在矛盾

①转变方式，首先是扩大内需、减少对外需的过度依赖。2011年房地产销售收入5.9万亿元，两倍于汽车销售收入，堪称国内第一需求。

②调整结构要有保有压。房地产产品市场需求持续旺盛，理当在“保”的行业之列。

3. 人民消费结构升级对房地产发展的要求

①在吃穿用行等消费基本满足的情况下，旅游、汽车、住房成为三

大消费热点。三者支出的比例大约为 1 ∶ 10 ∶ 100，住房成为家庭消费升级的第一支出。

②我国城镇人均居住建筑面积虽已超过 30 平方米，但质量低、存量不足仍是主要矛盾。城镇住房存量中有 25% 为平房，早期建设的楼房质量大多不高，2. 6 亿进城农民工中的绝大多数尚无有尊严的住房。

结论：房地产是扩大内需、转变方式、优化结构、改善民生的节点。

（三）城市化进程与投资

1. 探索正确的城市化道路

①城市化是现代化重要标志，也是现代化的必由之路。城市化进程客观上是自然的历史过程，又是社会结构的大变动和利益关系的大调整。正确的城市化政策有利于协调各类社会关系和利益关系，减少城市化社会成本。

②城市化的目的是为了人们生活得更美好，提高全民福祉。我国的城市化当然首先是人的城市化，要以人为本。但城市居民是分为不同的阶层的，各阶层有着不同的利益诉求。如何以人为核心推进城市化是复杂的系统工程，要在实践中不断探索改进。

③城市化率不是越高越好，但没有一个低城市化率而实现现代化的国家和地区。基于基本国情，我国应有一个较高的城市化率。

④城市化向质量转型？我国城市化的速度快，质量在上升还是在下降？对城市化质量现状有正确认识，才能有正确的政策指向。

2. 新型城市化的基本内涵

①城乡居民平等分享城市化成果。

②政府主导、发挥体制优势和发挥市场配置资源的基础作用相结合，由上而下和由下而上相结合，共同推进。

③内在动力和外部资本的共同推进。

④农民就近就地进城与远距离跨区流动的共同推进。

⑤以科技进步和体制改革为支撑，推进资源节约型、环境友好型的城市化。

⑥集中型的城市化。

⑦多元动力推动、多样化的城市化。

3. 城市化热点解读

①污染、拥挤、占地、高地价、高房价公共安全等城市病，在很大程度上是取得城市化效益必须支付的成本，如何减少这种成本当然要努力去做。城市的集中生产生活造成集中消耗和集中排放，集中排放造成污染，集中排放和污染为治理污染提供规模化需求。所以依托于城市的污染治理更有效率、更可持续。城市是治理污染、保护环境的重心。城市用地越集约，人均空间资源越稀缺，环境质量的约束越高。这里的关键是合理度的把握。科技进步、科学发展可以把城市病的负效应减少到最低。享受同等生活水平在城市消费比在农村更节约。

②大城市有大城市病，小城镇有小城镇病，各有其存在的依据和不同的功能，不能相互替代。大中小城市协调发展是目标，但在时间断面上又总是不协调、不平衡的。过程的不协调、不平衡和目标的协调平衡是辩证的统一。

③根治大城市病要更多地从特殊的发展过程、发展阶段层面进行分析，从改变大城市功能的叠加，革除行政体制弊端，减少行政权力错配资源等方面采取措施。

4. 城市化为投资提供广阔空间

①我国重化工业阶段可以缩短，但不可逾越。

②我国经济社会的稳定发展和激烈的国际竞争，为电子信息、新能源、新材料、航空航天、生命和生物医药、海洋资源开发等高端、新兴战略产业研发与产业化，为先进制造业的发展和传统产业改造升级，以及与此相适应的金融、保险、物流、商务、中介咨询等高端服务业发展提供了广阔市场空间。

③城市是创新中心、财富创造中心和财富积累中心，也是投资的重心。城市化建设是第一内需，是新的经济增长点，为大规模投资提供了历史机遇。除了上述新兴战略产业、先进制造业和高端服务业以外，城市的扩张、城市现代化对公共设施和公用设施建设、城市环保建设、智

能型城市建设、房地产开发等资金密集型、回报长周期类投资以及相关的金融、中介咨询和配套服务业等的发展提供了更大需求市场。我国城市建成区每年扩大1500—2000平方千米，仅基础设施投资即达数万亿元。

（四）城市化为房地产发展提供历史机遇

1. 城市化当然不是房地产化，但没有房地产支撑，城市化也就成了空话。从物理的直观上看，城市即各式各样建筑物的排列组合。房地产业是为城市化提供房屋场所的物质生产部门。房屋于城市产业的发展、人民生活的提高须臾不可或缺。

按容积率0.7计，全国城市仅建成区的扩大每年建筑面积增量即达10亿平方米以上。

2. 房地产市场需求量估算

房地产可分为城镇、农村两个市场。农村住房现以农民自建自住为主。随着农村现代化水平的提高，农村也将成为房地产的重要市场。这里仅对城镇房地产市场需求作一估算。

①城市人口增加的基本居住需求。

以城市人口每年增加1500万、人均居住面积30平方米计，每年住房增量为4.5亿平方米。

②城市居民改善性住房需求。

以2050年前后全国总人口14.5亿、城市化率80%以上计，届时城市人口将达12亿。以人均住房建筑面积40平方米计，住宅存量面积将超过480亿平方米；计入周转更新用房，住房存量将在530亿平方米上下，在现有住房存量基础上增加300多亿平方米。

③更新改造需求。

我国城镇存量房在未来几十年估计将有一半左右需要更新改造。

④非住宅房屋需求。

以住宅存量的0.6计。

⑤综合上述数据，2050年我国基本实现城市化之时，全国城镇房屋存量将在800亿—1000亿平方米，房屋增量达600亿平方米左右，计入

改造更新，今后几十年城镇每年商品房开工面积平均当在15亿平方米以上，方能满足社会需求。

3. 商品房价格走势

从一个长期过程来看，商品房成交价涨涨落落是常态，商品房价格将呈上涨的总体趋势。

①建房成本上升：土地、建材、劳动力价格上升。

②经销成本上升。

③物价水平上涨趋势不可逆转（货币贬值趋势是各国共同的现象）。

④与居民收入水平相对应的购房支付能力的提高。

（五）房地产政策展望

1. 房地产政策必将作出调整

①随着形势的发展变化和决策部门对房地产规律认识水平的提高，房地产政策将进行相应的调整。

②房地产政策目标：一是促进房地产与国民经济社会协调发展；二是协调房地产内部的各环节相互关系，满足居民目前增长的住房需求。

③房地产政策的调整原则：一是遵循顺应房地产发展规律；二是与社会主义初级阶段的基本国情相适应；三是符合大国房地产发展特征；四是赋予房地产业以能够负担的功能；五是行政调控限制在公共领域；六是保持房地产政策相对稳定；七是增强政策的系统性、前瞻性；八是减少执行成本，提高实际效果。

2. 房地产政策调整方向展望

随着改革的深化和对房地产发展规律认识的加深，我国房地产政策的科学性、系统性、前瞻性将得到提升。

①稳定房价为主的政策目标将淡出。

十年的实践证明，以行政力量控制房价上涨与市场规律相悖，成本过高，效果不佳。在和平时期，通过控制价格达到更高水平的供求平衡，国内外尚无成功先例。

城市土地国有，城市土地升值是社会投资积淀的结果，与土地使用者个人的努力无关。城市土地级差收入归社会合理合法。房价包含了地价，凝聚着本区位公共设施建设投资的价值。房价、地价的背后是复杂的社会再分配关系。土地财政≠土地腐败，土地财政是实现社会再分配的重要杠杆，是改进用好问题，而不是简单的彻底否定。

在房价问题上，不仅要关注民生改善，还要协调各种利益关系，重视社会公平和发展机会均等问题。在城市建设征地和拆迁问题上，不仅要关注居住人权、土地合法产权保护问题，还妥善处理局部利益与全局利益的关系，弘扬集体主义。

②增加住宅有效供给将成为政策的主基调。

增加供给是解决供不应求矛盾的根本措施，也是稳定房价的釜底抽薪之策。扩大住宅投资，房地产投资占较高比重在今后几十年内具有阶段性的合理性和必然性，与社会主义初级阶段的理论高度相容。为此，房地产业要享有国民待遇的金融信贷政策，政府要掌握合理的土地批租节奏。

③住宅市场化改革得到深化和完善。

回到福利分房没有出路，住宅供给双轨制也将和其他双轨制一样被实践证明没有前途。少数贫困群体靠保障解决基本居住需求，绝大多数居民走住宅市场化之路，其中的夹心层享受住宅信贷优惠将成为社会共识。

④地产政策的弹性化、差异化得到加强。

房地产是区域市场，各地房地产市场发展极不平衡。在对房地产市场信息的把握上，一般情况下是房地产商比政府更充分，城市政府对本地信息的把握比中央政府更充分。故此，全国统一的房地产指令性计划和强制干预将减少，弹性化、差异化政策将增加，经济杠杆将更多地取代行政手段调控房地产。政府对房地产的调控将更多地关注于公共领域，城市政府调控房地产的自主决策权将逐步扩大。

本文系作者在“全国房地产高峰论坛”上的演讲提纲

为地王辩护

（2013 年 11 月 5 日）

最近一个时期一线城市地王再次频现，引来舆论几乎一边倒的讨伐。国土资源部亦随之跟进，要求土地供求紧张的城市务必做到年底不再出现地王。多年来，地王屡禁屡现，禁而不止，是调控不力、政策落实不到位，还是有其不以人们的主观愿望为转移的客观原因？地王是十恶不赦、必予诛杀，还是有其合理性、要充分发挥其正向作用？厘清地王的是与非和得与失，关系到房地产业的健康稳定发展，也将对我国国民经济社会的协调发展产生重要影响。

地王有总价地王和单价地王之分。总价地王主要因为出让地块面积过大所致，调整招标宗地面积可解。本文主要讨论单价地王问题。单价地王是指按规划建设单位楼面分摊的土地价格再创新高。其备受诟病的理由大致有三：一是地王拉升房价预期，房价上升抬升租房价格，诱发抢购，推升物价。二是地王支撑土地财政，与民争利，而土地财政是不可持续的。三是地王吹大房地产泡沫，增加市场风险，对经济稳定持续发展构成隐患。从房地产市场发展的局部和某一时间断面上看，上述看法不无道理，但从房地产市场整体发展和全过程来看，上述看法又失之简单、偏颇，给人以只见树木、不见森林、似是而非之感。

第一，地王产生的根本原因首先在于地块的极度稀缺性和高赢利潜力。作为一种稀缺要素，城市土地高价是提高土地要素配置效率的必然。稀缺要素低价格只能造成低效率的配置，甚至是浪费性的无效率占用。高价者得之是市场优化城市土地资源配置的应有之义和前提条件。成为地王的地块往往是极度稀缺，甚至绝版，只此一家，再无其他。同时地王的优越区位和良好周边配套设施又使其具有极高的使用价值和巨大的开发升值潜力。由于地王的空间不可移动性，政府增加土地供给，或可拉低区域内的土地平均价格，削弱地王争夺的强度，但不可能改变地王的稀缺性和高赢利性。

第二，地王产生的直接条件是开发商的理性选择。地王地块的极度稀缺性和高赢利性是客观存在，而其成为现实地王的直接条件则是开发商拿地意愿和具有支付地价的实力。开发商拿地意愿取决于其对拿地成本与开发预期收益的比较，而追求更高的赢利是开发商的本质属性。房地产市场交易量价齐升，表明房地产市场前景看好，坚定了开发商拿地再投资意愿，也提升了开发商出手争抢高价地的底气。把开发商争抢地王的热情和拿地的底气打下去，虽然能够起到遏制地王出现的作用，出口恶气，但也将扼杀土地开发势头，制约房地产市场下一轮的有效供给。地价越高，风险越大，但高地价是与高赢利相对应的，是开发商自己的事。他人横加干预，是计划经济思维；奢望地王没有任何风险，百分之百赢利，与市场经济规则背道而驰。

第三，地王隐含着复杂的社会再分配关系，背后是现行的财政分灶吃饭体制的支撑。区位决定地价。地王的高赢利潜力，是社会投资积淀和凝聚的结果，与土地使用者的努力几无关系。城市土地属国家（社会）所有。地王的高级差收益归代表社会的国家，形成地方政府财政收入，既合理又合法。土地财政收入是地方政府增加公共产品（服务）供给、加快城市基础设施的重要保障，城市公共产品、城市基础设施建设惠及整个社会，发挥着社会再分配杠杆的作用。不要与民争利，其逻辑起点是地方政府与社会整体的根本利益是对立的，或者把土地财政等同于土地腐败。前者将造成新的社会不公，引发新的社会矛盾冲突；后者则混淆了两种不同性质的概念。土地领域确有腐败高发，但应由党纪国法查处；土地财政中存在的不足和缺陷，是改进和完善的问题。至于断言土地财政寅吃卯粮，不可持续，更是以现时的断面状态推论城市化的全过程。我国城市化和城市现代化建设的快速推进，要求大规模公共基础设施建设与大规模的土地开发相适应、相配套，在没有更好的财政体制支持的情况下，没有土地财政的支撑不可想象。同理，我国大规模的城市土地开发又不可能永远继续下去，当城市化和城市现代化实现之时，大规模的土地开发和基础设施建设亦将成为过去。依赖于土地大规模开发支持的土地财政将让位于届时的房地产税财政或其他财政。寅吃卯粮与卯事寅干相对应，包含着当代人建设与后代人分享建设成果的代际承传关系。

第四，现行土地政策催生地王。我国现行建设用地政策成为产生地王的重要推手。一是不同类型建设用地不同地价的政策。工业用地低价降低了工业企业用地成本，有利于招商引资，提升区域工业竞争力。公益用地零地价划拨可减轻公益建设直接投资额度。但工业用地和公益建设用地的征用拆迁安置成本均需按标准由政府财政来支付。由此而财政增加的支出必须由商住用地高价来承担才能平衡收支。这种不同类型建设用地价格的巨大差异扭曲了行业之间正常关系，也造成了社会经济关系的紊乱。二是各种名目的商住用地配建政策。商品房配建保障房，商业用地配建公益设施建设，实质是财政支出向土地价格的转嫁。这种转嫁体现在商住开发用地上，推动地价上涨，产生地王。北京农展馆地块新地王有多少是因为配建27万平方米医院所致并不难计算出来。三是限房价、竞地价和限房价、限地价政策。限房价政策以抑制房价过快上涨为目标，初衷无可厚非。但限房价等于以行政手段规定了土地开发收益的上限，其与地价和建筑经营成本的差额即是开发商赢利空间。竞地价依然是高价者得。限地价若使开发商无利可图，则不会有开发商竞标。若要吸引开发商出手拿地，政府必须让利，进行其他方式的财政转移支付。四是混乱的征地拆迁补偿。城市建设征地拆迁补偿成本是土地价格的重要构成。过高的征地拆迁补偿不仅直接推升了土地价格，而且扰乱了整体的社会利益关系，抬升了征地拆迁补偿预期，诱发了一系列家庭和社会群体事件。

第五，如何化解地王的负效应。面粉价格上涨推升面包价格。地王出现，推升房价上涨预期，诱发恐慌性购房，加剧房地产市场波动。但地王的出现有其客观性，整体比较利大于弊。化解地王负效应之道大致有四。一是政府根据土地市场需求，科学把握推地节奏，满足合理的建设用地需求。这样做虽然不能杜绝地王的产生，但可降低建设用地平均价格水平，给市场需求以稳定的预期。二是实行不同类型建设用地同地段同价格政策。实现工业用地、公益建设用地成本的显性化，有利于工业企业成本和公益建设成本核算，理顺社会经济利益分配关系。三是深化财政体制改革，管好用好土地财政收入。土地成本最终要由土地开发产品的使用者埋单。地王产品的高价又是与其高使用价值或高投资价值相对应的。支付高房价在前，享受优质房和完善的公共设施在后，是房地产资源又一种形式的市场化配置。所以关键不在于房地产价格的高低，而在于土地财政收入的公平合理使用。通过土地差级收入的合理再分配，加大住房保障力度，加快基础设施配套建设，形成新的住宅建设用地的有效供给，以满足不同社会阶层对房地产的需求，不失为一种共赢的选择。四是实现城市土地征用拆迁补偿标准的合理化和规范化。科学测算征地拆迁的直接经济损失和间接的精神损失，实行合理统一的城市征地拆迁补偿标准，并严格执行，规范化管理。实施正确的舆论引导，慎用市场化补偿标准，方能遏制土地价格快速上涨趋势，把城市土地开发成本控制在合理区间。

本文系作者在“城市用地座谈会”上的发言

农村集体经营性建设用地入市效应分析

（2014 年 1 月 14 日）

一、三中全会《决定》中的土地新政

土地制度是一个国家的基本经济制度。完成工业化、实现城市化阶段是土地利用结构大变动时期，也是利益结构重组、矛盾冲突的多发期，对土地制度和土地政策及时做出适当调整具有全局意义。党的十八届三中全会通过的《决定》对土地制度和土地政策多处作出了重申、调整和新的规定，但似未达到“新土地改革”的程度，可称“土地新政”。

《决定》对土地制度和土地政策的重申、调整主要内容如下：

①建立城乡统一的建设用地市场。在符合规划和用途管制的前提下，允许农村集体经营性建设用地出让、租赁、入股，实行与国有土地同等入市、同权同价。②缩小征地范围，规范征地程序，完善对被征地农民合理、规范、多元保障机制。③扩大国有土地有偿使用范围，减少非公益性用地划拨。④建立兼顾国家、集体、个人的土地增值收益分配机制，合理提高个人收益。⑤完善土地租赁、转让、抵押二级市场。⑥坚持农村土地集体所有权，依法维护农民土地承包经营权。⑦稳定农村土地承包关系并保持长久不变，在坚持和完善最严格的耕地保护制度前提下，赋予农民对承包地占用、使用、收益、流转及承包经营抵押、担保权能，允许农民以承包经营权入股发展农业产业化经营。鼓励承包经营权在公开市场上向专业大户、家庭农场、农民合作社、农业企业流转。⑧赋予农民对集体资产（作者注：土地是绝大多数农村地区集体资产的主体）股份占有、收益、有偿退出及抵押、担保、继承权。⑨保障农户宅基地

用益物权，改革完善农村宅基地制度，选择若干试点，慎重稳妥推进农民住房财产权抵押、担保、转让。⑩保障农民公平分享土地增值收益。从严合理供给城市建设用地，提高城市土地利用率。加快房地产税立法并适时推进改革。建立空间规划体系，划定生产、生活、生态空间开发管制界限，落实用途管制。健全土地节约集约使用制度。统一行使所有国土空间用途管制职责。

此外，三中全会《决定》关于全面深化改革，必须立足于我国长期处于社会主义初级阶段这个最大实际，坚持发展仍是解决我国所有问题关键的战略判断；关于公有制为主体，多种所有制经济共同发展的基本经济制度，是中国特色社会主义制度的重要支柱，也是社会主义市场经济体制的根基，产权是所有制的核心等重要论断；关于市场在资源配置中起决定性作用，主要由市场决定价格，加快完善现代市场体系，加快转变政府职能，健全宏观调控体系，改进预算管理制度，完善税收制度，健全自然资源资产产权制度和用途管制制度，加快自然资源及其产品价格改革等新的制度安排，也将对土地制度和土地政策及其未来走向间接产生重要影响。

笔者认为，对我国土地制度和土地政策及其未来走向影响最为深远、最具突破性的当首推第一项。

二、农村集体经营性建设用地入市的逻辑

任何制度的设置和政策的出台都有其目标的正义、目的的美好，对解决现实问题具有针对性，且理论依据能够成立。农村集体经营性建设用地实行与国有土地同等入市、同权同价亦是如此。但能否达到预期目标，以及在何种程度上达到还有待实践的检验。

①农村集体经营性建设用地入市有助于打破国家对城市建设用地供应的垄断，形成多元供地主体，是建立城乡统一的建设用地市场应有之义，亦应视为完善社会主义市场经济体系的制度性安排。

②城市建设用地多元供应，形成竞争态势，或可降低城市建设用地价格，防止地王出现，进而达到稳定和降低房价、实现房价合理回归的目的。

③农村集体经营性建设用地与国有土地同等入市，符合让利于民的舆论导向，有利于增加农民土地收益、缩小城乡差距。

④农村集体经营性建设用地与国有土地同等入市、同权同价，是向着“城乡要素平等交换”方向前进的重要步骤。

⑤农村集体经营建设用地入市或将淡化地方政府对土地财政的依赖和偏好情结，改变所谓“寅吃卯粮”的不可持续性，实现可持续发展，亦为深化财税体制改革、改进预算管理制度、建立规范合理的地方政府债务管理及风险预警机制、加快自然资源及其产品价格改革提供制度支持。

三、农村集体经营性建设用地入市的关联效应

任何制度和政策的实施都需要一定的条件，都要支付相应的实施成本，还将产生一系列的关联效应。任何制度和政策都会产生负效应，要求相应的配套措施及时跟进，抑制其负效应。农村集体经营性建设用地入市亦不例外。

从总体上看，三中全会《决定》规定能够入市的既不是全部农村集体土地，也不是全部农村集体建设用地，更暂不包括占农村建设用地主体的农民宅基地，而是只占农村集体建设用地较小比例的经营性建设用地。即使如此，对其可能产生的关联效应亦应有充分预见。

①并非所有农村地区的集体经营性建设用地都有入市变现的条件，只有邻近城市的农村集体经营性建设用地才有入市变现的可能。那些远离城市化用地需求的农村地区集体经营性建设用地可能永无入市变现的可能。这些农村地区要公平分享城市化成果，还要有赖于国家相应的转移支付制度安排。否则将会造成农村地区之间的新的不平等。

②邻近城市的农村地区集体经营性建设用地入市实现变现后，巨额财富的突然降临将对社区集体全体成员的社会心理产生剧烈冲击。面对各个家庭结构时刻都在发生的变化，集体经营性建设用地的巨额收益如何在集体成员之间公平合理分配成为一道难题。这一难题又与农村集体经济组织长期虚置、农村干部的村民身份交织在一起，不仅为小官大贪提供肥沃土壤，而且已经并将继续诱发家庭财产分割、伦理道德等一系

列深层的社会问题。若土地收入的大部分留为集体资产，又有集体资产经营风险的回避和资产经营收益公平分配等一系列难题。

③近年来，近郊征地拆迁安置补偿标准的快速升高，已经成为城市土地价格快速上升的重要推手；被征地拆迁农民对土地变现收益的过高预期，成为引发社会群体事件的重要诱因。而任何地价、补偿、安置成本的上升最终均要由土地使用者和房屋购买者埋单，由此引发城乡居民利益倒挂、城乡居民不能公平分享发展成果等一系列新的社会问题。深圳首例集体经营性建设用地入市规定：土地出让金集体与政府三七开，集体拥有20%的土地开发产品所有权。这一分配格局的背后含义及其影响还有待相关信息的进一步披露和实践的检验。

④入市成交（出让、租赁、入股）后的农村集体经营性建设用地所有权性质，是国有还是仍属集体所有？若属于国家所有，则只是农村土地变为城市用地程序的变化。即先由国家征用变为国有、再拍卖，实现市场化配置，改变为先由集体拍卖、实现市场化配置，再变为国有。若维持集体土地所有权不变，则意味着城市土地由原来的国家一元所有制变为国家、集体二元土地所有制，势必增加未来城市统一空间规划建设的新变数。在农民工市民化仍是一大难题的情况下，城市社会又会有市民、农民工、有土地产权市民三元结构出现。

⑤农村集体经营性建设用地入市对小产权房转正形成新的压力。小产权房问题极其复杂，涉及面极广。若小产权房转正，等于由违法变为合法。此既是对违法者的鼓励，又是对守法者的惩罚。下一轮小产权房建设热潮恐怕难以避免，由此对城市规划建设造成的冲击难以估量。若补交一笔土地出让金即可转正，则不仅必须解决交纳多少、以何比例交纳、如何征缴是各方面可以接受的等难题，还要解决转正后小产权房普遍存在的公共安全和市政配套等一系列后续问题。

⑥远郊农村地区集体经营性建设用地虽无（少）入市变现的可能，但随着人口的大量进城，会有大量的建设用地（包括宅基地）闲置出来，需要复垦。近郊农村地区不仅建设用地将转变为城市用地，而且大量的农业用地也将转变为城市建设用地。在近郊划定基本农田保护红线，不

仅有保护的成本支付问题，还有因城市串联式布局导致的城市建设成本提高和运行成本增加问题。近郊农业用地城市化与远郊农村建设用地复垦之间在数量和空间位置上实现合理、顺畅的置换，不仅关系到耕地保护红线，而且关系到远郊进城农民土地权益保障，更是远郊农村地区与城市化地区利益关系的重大调整问题。

四、土地制度调整与改革的两大基点

土地制度的调整与改革是关系经济发展、资源配置效率、社会利益关系调整和生态文明建设等的重大全局性问题。土地制度调整与改革要以土地基本特征为基本起点，要以统筹兼顾土地多种功能为目标，使用单一指标进行评价，或者追求单一目标不具合理性和可行性。

（一）土地的基本特征

①土地的空间位置不可移动，人类目前还没有能力改变土地的地理空间位置；②同一块土地可以有多种用途，土地的用途是可以改变的；③满足某种特殊用途要求的土地总是稀缺的；④区位决定土地价值；⑤投资可以改变土地的区位；⑥城市土地升值是社会投资积淀的结果，与土地使用者的努力几无关系；⑦城市土地级差收益归社会。

按照马克思的理论，在资本主义制度下，农用土地级差地租Ⅰ归地主，级差地租Ⅱ归资本家。我国城市土地属于国有，城市土地级差收益归社会，由国家代表社会获取城市土地级差收益，再用于社会，既合理，又合法。

（二）土地的功能

①土地是自然资源，是财富之母，人类生产生活须臾不可离开土地；②在市场经济制度下，土地是资产、资本，是生产力要素；③土地是宏观调控的工具（通过土地用途管制、土地利用规划和年度用地计划实现国家宏观目标）；④土地是社会再分配的重要介质（国家通过土地级差收益实现社会再分配。城市地价的背后是复杂的社会再分配关系）；⑤土地是生态安全、环境保护的载体；⑥农业用地是国家粮食安全和食品安全

的基础保障；⑦在农村居民社会保障尚不充分的条件下，农业用地的家庭承包制具有一定的社会保障功能，农民的各种土地权益保障是对城乡公共服务差异的某种平衡。

实际上，在三中全会《决定》中，有关土地新政已经对发挥土地综合功能提出了明确要求，并作出了相关规定。

五、现行城市用地制度分析

天下没有十全十美的制度设置。任何制度设置都是针对现实问题的选择，都有其时代的局限，需要进行不断地修改和完善。与客观规律相适应的制度设置才能以较小的执行成本，获得更大的效果。我国现行的城市用地征用制度有其优越性，也有很多弊端，对现行土地征用制度利弊作出全面的精准分析，是改进、改革城市建设用地制度的前提。对现行城市用地制度进行片面解读和简单否定，将误导改革创新的方向。

①由国家征用农村土地，变为国有，再统一供应城市用地市场，有垄断土地要素供给之嫌。但由于有明晰土地产权，实行土地所有权与经营权分离，改进土地招拍挂制度，完善土地租赁、转让、抵押二级市场等一系列制度的制衡，可为市场发挥土地资源配置的决定性作用提供保障。此外，由于区域发展存在多种横向竞争，在国家垄断的土地一级市场上，实际上存在多个供地主体。

②国家垄断土地一级市场与土地供给不足之间并不存在必然的因果关系。科学制订供地计划，把握合理的供地节凑，具有满足城市用地合理需求的可能性。

③城市现代化建设是城市空间结构再布局、再优化的过程，也是城市土地利用结构的大变动。城市人口和产业高度密集，个体行为有着更强烈的外部性，离不开“更好地发挥政府作用”。在城市土地利用上，没有政府的空间规划和对各种复杂利益关系的协调，一切通过市场配置土地资源，需要经过更多的各方利益博弈，进行长期的信息搜寻和谈判，支付极高的社会成本。国家垄断一级土地市场，对于城市优化空间布局、

减少内耗，利多弊少。

④政府直接掌控大部分城市土地级差收益，是协调城乡关系、城市各阶层、群体利益关系以及农村区域之间关系的重要财力保障，也是加快城市公用基础设施建设、增强城市综合承载力、提升公共服务水平的重要物质基础。土地财政不等于土地腐败。土地腐败是党纪国法解决的问题。在土地征用上高调宣扬“不与民争利”“让利于民”的主张，背后的含义是人民政府与人民的根本利益是对立的，无助于协调发展、和谐发展。

⑤在城市化加速阶段，土地收入大幅度增加是与城市用地大量增加相对应的，是一种正常现象。土地财政具有阶段性的必然性和合理性。城市化过程完成，城市用地增量停止，土地收入相应减少，即所谓土地财政具有不可持续性。但城市化过程完成之时，由于城市规模扩大，房地产存量增加，房地产税税基扩大，又使以房地产税取代土地财政成为可能。在城市化加速和城市现代化建设阶段，较大规模的土地财政收入与大规模的公共基础设施建设相对应，正是寅吃卯粮与卯事寅干相对应。寅吃卯粮，是当代人投资建设；卯事寅干有后代分享现代投资建设的成果成分，这里存在着代际承传关系。随着大规模城市化建设的完成，我国大规模投资建设将成为过去，届时印度和非洲迎来大规模投资建设也是一种正常现象。

六、土地制度改革总体思路

三中全会《决定》标志着我国经济社会改革发展进入了新的历史时期。破除城乡二元制度（城乡二元结构提法在此并不准确）壁垒，改革城乡分割的户籍制度，实现城乡一体化发展已成社会共识，但对于城乡二元土地制度尚少触及。城市土地国有、农村土地集体所有的城乡土地二元制度，与城乡一体化发展方向相悖，需要在宪法层面上进行改革。我国土地制度改革的方向有二，一是农村实行土地家庭所有制；二是实行城乡统一的土地共有（国有或者称全民所有）制，农民家庭拥有农地的永佃权。这里首先界定概念再略作分析。

定义：农民不等于农村居民。拥有土地，且从事农业生产、主要靠土地谋生的劳动者才是农民；拥有土地，但不从事农业生产，而享有地租的是地主（或者小土地出租者）；没有土地，但从事农业生产，靠工资生活的是农业工人；拥有资本，从事农业生产经营的是农业企业家。

（一）在现阶段实行农村土地家庭所有制不具可行性

①农村土地家庭所有制与城市土地国有制形成尖锐对立，在农村土地大规模转化为城市用地时期，将加大协调城乡关系、推进城乡一体化发展的难度。

②在农村土地家庭所有制度下，城市化征用农地需要与农民家庭一对一谈判，势将提高城市化用地成本。

③我国20世纪50年代初的土地改革消灭了农村土地地主所有制，50年代中期的农村社会主义改造否定了土地私有制，现行的土地家庭承包经营制实现了对土地家庭所有制的某种程度的合理复归。实行土地家庭所有制则是对已经实行50多年的土地集体所有制的彻底否定，协调社会关系成本极高，得不偿失的概率极大。

④在农村人口大规模减少的城市化加速时期，农村家庭生老病死、婚丧嫁娶时时都在发生，集体成员身份认定难度大大增加，实行土地家庭所有的操作难度也大大增加。

（二）实行城乡一元的土地共有（国有）制，农民对农地拥有永佃权，收效大于成本

①土地城乡共有制与现行土地公有制高度融合，既可解决城乡一体化发展制度障碍，又有较低的实施成本。

②城乡土地一元共有制与公有制为主体、多种所有制经济共同发展的国家基本经济制度具有高度一致性。

③城市土地制度保持不变的情况下，城乡土地一元共有制改变的只是农村土地集体所有制，较少社会震荡，实施成本当可接受。

④城乡土地一元共有并不触动当前的农村土地家庭承包经营的基本格局，又有利于解决农村集体经济组织虚置问题，促进农村、农业稳定发展。

⑤城乡土地一元共有制为实施城乡统一的土地所有权与经营权分离的制度，推进城乡一体化发展提供制度保障，有利于减少城乡一体化发展的体制阻力，为分散农业转移劳动力和农民工市民化成本提供制度支持。

本文系作者为 2014 年 1 月 14 日“北京市土地学会讲座”准备的课件

房地产形势与共有产权房政策评估

（2014 年 4 月 29 日）

一年一度的房地产蓝皮书发布会都要对房地产市场及其政策作一回顾和展望。

十多年来，有关我国的房地产市场的泡沫论、崩盘论、拐点论、寒冬论、过热论、虚拟经济论、裹挟国民经济论以及房地产商人民公敌论等都不时占据媒体舆论的主流地位。但房地产市场在调控、挤压的政策环境中，在舆论的围剿中仍在持续快速发展，是人们的判断错了，还是房地产市场发展本身错了？笔者想这不言而喻。2014 年第一季度，全国房地产增势趋缓，区域分化加剧，量跌价滞或者量价齐跌，但由强劲的住房改善性刚性需求和快速的城市化进程决定的市场供求关系基本面并没有发生根本性变化。再度掀起的拐点论、泡沫崩盘论又一次成为笑谈的概率极高。“鬼城”形成的原因多种多样，但不是我国城市化进程的主体。房子也不是面包，面包只有几天的保质期，房屋库存两三年会对企业资金周转和回流以及金融安全产生不利影响，但于广大消费者则是增加了选择空间，不能说不是利好。交易量价的涨涨落落是市场配置资源的基本形式。现阶段的市场下行，是前时段上涨的结果，也将为以后某一时段反弹聚集能量。无论是救市、松绑，还是“有形之手应慎出手”，实质上都是行政对市场的干预，与市场决定资源配置的改革方向相悖。因为与救市相对应的是“压市”，与松绑相对应的是捆绑。政府今天出手救市即意味着明天可能再出手压市；没有捆绑，又何来松绑？至于有形之手何时以及以何种方式、力度出手，决定权应交给地方政府。因为房地产是区域性市场，地方政府对当地房地产市场信息的把握一般要比中央更充分。限购、限价本是应急之策，或对房价上涨有短期抑制作用，但也扭曲了真实的市场关系，退出当是早晚的事。

中央政府换届已经进入第二个年头，房地产调控政策未见密集出台，“控制房价过快上涨”“房价合理回归”等口号逐渐淡出主要调控目标，分类指导、全国不再“一刀切”成为政策的主导方向。这表明中央的房地产政策顶层设计正在酝酿之中。但主管部门又对“双向调控”作出了具体解释，同时重点推出共有产权房政策，并决定在6个城市首批试点。这里或有实现房地产调控政策平稳转向的考虑，但也反映了传统思维惯性的强烈影响。在笔者看来，共有产权房政策效果不会像设想的那样美好，对其大范围推广可能产生的关联效应不可不作分析，对其可能支付的执行成本和产生的负效应也不可不作预判和预防。

第一，共有产权房建设以公共财力的投入或者未来财政收入的减少为前提。在公共财力一定的条件下，共有产权房建设投入的增大，必然是包括廉租房、公租房、危旧房改造等在内的其他更为急迫民生工程和公共服务投入的减少。

第二，共有产权房是私人消费品。政府以公共财力支持共有产权房建设，等于以公共财力支持部分群体实现住房个人产权，对其他未得到此项政策优惠的群体是新的不公平。

第三，共有产权房在一定时期内供给有限，不可能满足所有符合条件的群体。一部分群体依靠政府支持率先实现了住房个人产权，获得了利益，势必刺激更多的人加入轮候队伍，对共有产权房形成强烈的社会需求。当多年轮候不能实现住房预期的时候，必然引发愤懑情绪，降低政策的公信力。

第四，政府从来就有强化资源控制、扩大权力边界的偏好。共有产权房规模越大，政府直接掌控的住房资源越多，权力寻租的空间越大，贪腐的机会也越多，而公共资源的配置效率也越低。

第五，公有产权房相对于经济适用房设计是有改进，但以为明确了个人和国家对住房产权的占有比例，就能消除经济适用房的所有弊端，似乎过于乐观。五年以后共有产权房上市之时，住房价格的市场评估，交易成本分摊，收益分配的落实，与已有的经济适用房、双限房政策如何衔接，以及各个操作环节如何堵塞漏洞，等等，以达到公平合理，都还有诸多不确定性。

第六，受政策目标的限制，共有产权房建设标准不可能过高。共有产权房的大规模建设必然造成城镇住房整体标准的低端化，增加未来住房改造升级的难度。

总之，按现在主管部门的设计，共有产权房面对的是数量庞大的夹心层，与廉租房、公租房、双限房、经济适用房、拆建安置房、棚户区改造、危旧房改造、“城中村”改造、人才房等一起构成我国城镇住房保障体系，进而成为我国城镇住房供给“双轨制”中的一轨。从住房政策顶层设计考虑，这里有三个关键问题需要厘清。一是房地产行业的功能定位问题。在现阶段，我国的房地产行业是为城市化和改善民生提供物质基础的实体经济，还是虚拟经济？房地产信贷风险是我国金融安全的首要关键吗？房地产行业是国民经济发展不可或缺的基础产业，还是宏观调控的应急工具？应否为了调节经济发展过热或者过冷而频繁调整房地产政策？这是房地产政策顶层设计的逻辑起点。二是我国住房保障政策目标是要解决少数贫困群体的基本居住需求，还是保障占大多数的中低收入阶层改善性居住需求？泛化住房保障概念，占大多数的中低收入阶层走住房保障之路，具有广泛的民意基础，但这是正确的选择吗？在社会主义初级阶段具有实现的基本条件吗？满足广大夹心层改善性住房需求难道只有保障房一条路可走吗？三是20世纪末开始的我国城镇住房市场化改革之路是基本上成功的，还是基本上不成功？住房改革十多年来我国城镇居民住房质量是大有改善，还是小有改善，或者是下降了？实践是检验政策的标准。加强住房保障体系建设是住房市场化改革的应有之义，也是重要组成部分。在继续推进住房市场化改革中完善住房保障体系建设，走住房供给的市场化之路，还是在加强住房保障体系建设的声浪之中，阉割住房市场化改革，走所谓的住房供给的双轨制？这是两种根本不同的政策思路。

本文系作者在“《房地产蓝皮书》发布会”上的演讲稿

农村集体经营性建设用地入市相关机制建设

（2014 年 8 月 12 日）

一、农村集体经营性建设用地入市将带来的变化与挑战

党的十八届三中全会通过的《决定》明确指出，允许农村集体经营性建设用地出让、租赁、入股，实行与国有土地同等入市，同权同价。从长远看，这一政策有其目标的正义性，将对现行的城乡二元的土地制度造成冲击；从近期看，这一政策将为土地市场注入新的变量和元素，有利于建立城乡统一的建设用地市场，但也将引发一系列关联效应，带来一系列变化和挑战。

第一，农村集体成为供地者，土地市场供给主体增加，市场竞争加剧，有利于土地的市场机制形成和市场发挥土地资源配置决定性作用，为打破土地市场的行政垄断提供条件。但也将带来城市土地一元国有制向城市土地二元制度的变化，要求在宪法层面上作出相应安排，为城市规划和土地用途管制以及城乡一体化发展增加新的变数。

第二，农村集体经营性建设用地入市，土地市场供给增加，但数量较少，不足以改变土地市场供求关系的基本面。因为入市的不是农村集体建设用地的全部，更不是所有农村集体土地，也不包括占农村建设用地大多数的宅基地。可以入市的土地大致仅限于原乡镇企业用地，这其中又只有快速城市化地区的近郊乡镇企业用地才有入市变现的可能，而且这些少量的入市土地还要符合规划和用途管制要求，具备相应入市条件也需要时日。

第三，农村集体经营性建设用地入市为满足“保护农民土地合法权

益”“土地收益向农民倾斜”“城乡要素平等交换”“打破供地的行政垄断”等相关诉求和舆论导向提供了政策支持。但也将提升集体土地升值的预期，增加农村集体讨价还价、待价而沽的空间，提高国家征地的难度和成本。而集体土地入市高额收益的突然降临将使集体所有成员心理发生剧烈变化，诱发一系列社会矛盾和家庭问题。农村集体经营性建设用地入市成为政策性安排后带来的思想观念上的冲击，将对广泛存在的小产权房转正形成强大社会推力。

第四，农村集体经营性建设用地入市的高额收益一方面最终要由土地的最终使用者埋单，由此引发城乡居民利益结构发生逆转，将对农民工市民化攻坚产生间接负面影响。另一方面一些远距城市的农村地区集体经营性建设用地可能永无入市变现的机会，由此在农村内部产生土地入市集体与非入市集体之间的利益再平衡问题。

二、土地制度变革的逻辑起点

土地制度是基本的经济制度。我国土地制度变革要从基本国情和特殊的发展阶段出发，为建设有中国特色的社会主义现代化提供土地保障。农村集体经营性建设用地入市政策孕育着城乡土地制度变革上的某种突破，必须厘清相关理论认识，明确逻辑的起点。

1. 我国城乡土地制度的变革必须从土地资源的特殊属性出发，以统筹土地多种功能作用的充分发挥为目标，而不宜仅仅囿于土地作为一般经济要素的效率提高。土地的特殊属性包括自然资源属性、空间的不可移动性、不可人工制造性、满足一定需求的土地稀缺性、土地的多用途性、土地用途的可改变性、区位决定地价、投资可以改变土地区位等。土地的多种功能是指土地是财富之母，是人类一切生产生活的基础，在市场经济中土地是资产、资本、生产要素；在社会主义体制下，土地是宏观调控和社会再分配的重要介质和杠杆；在当代中国，土地是生态环境安全和食物安全的基本载体，农村土地制度安排在当前还发挥着对城乡社会保障、公共服务不均衡的某种矫正作用。

2. 农村集体经营性建设用地入市直接目的是对农民合法土地权益的

保护，关系到城乡关系的调整和城乡一体化发展。首先应对农民的概念有一个准确的界定。我国的农民与农村居民并不等同。农村居民包括农民，也包括在农村居住生活工作的非农产业从业者及其家属。农民应界定为拥有土地（经营权）且从事农业生产劳动、以农业为主要收入来源者，是一个职业概念。拥有土地（经营权）而不从事农业生产劳动，以收取地租生活的是地主，有地租收入的是小土地出租者；从事农业生产劳动而不拥有土地（经营权）的是农业工人；从事农业经营的是农业企业家。

3. 我国土地改革消灭了封建的土地地主所有制，实现了耕者有其田，根本目的是重构土地占有及其土地收益分配关系。农村集体土地所有制是农村社会主义改造的产物，家庭承包制则是对集体土地所有制的重大调整。农村集体经营性建设用地入市的根本目标应是城乡居民公平分享城市土地级差收益。但城市土地级差收益是社会投资积淀的结果，与农村集体的努力几乎没有关系。城市土地属国有，城市土地级差收益归社会（国家代表社会）合理合法。

4. 集约用地是我国的基本国策，城市用地是更集约的用地。城市化是我国实现现代化的必由之路。满足城市化用地的合理需求不会对我国的粮食安全构成威胁。随着农村人口大量地向城市集聚，农村集体土地大规模转变为城市用地是城市化进程中阶段性的必然现象。但作为多种重要功能的载体，土地用途和所有权的变更，也将引发剧烈的利益结构调整和社会矛盾冲突。农村集体土地或通过入市、或通过征用转变为城市用地，形式、途径虽有不同，但都应以城乡居民公平分享城市化红利为目的。劳动所得不税或轻税，资本所得中税，财产和资源占有所得重税是社会主义的再分配的重要取向。凭借对土地资源的占有取得过高收入当在重税之列。

5. 地价的背后是复杂的社会再分配关系。地方政府虽有严重的腐败问题，但整体上与城乡居民的根本利益是一致的。土地财政不等于土地腐败。在现阶段的转移支付、增加公共服务有效供给上，土地财政依然发挥着不可替代的作用。土地财政有着巨大的改进、改善的空间，是管好、用好的问题，而不是简单的否定问题。

三、农村集体经营性建设用地入市相关机制建设

正确评估农村集体经营性建设用地入市可能产生的关联效应及其实施的必备条件和可能的支付成本，有针对性地进行相关机制和体制建设，方能抑制其负效应，充分发挥其正能量。

一是建立农村集体经营性建设用地入市收益在入市集体和城乡居民整体之间公平分配的机制。包括土地入市集体与市民群体之间的利益平衡机制和土地入市集体与非土地入市农村集体之间利益分享机制。作为第一步，确立政府与土地入市集体之间的入市土地收益分配关系，第二步是政府土地收益有关的转移支付、使用体制机制建设。

二是建立入市土地收益在入市农村集体内部公平分配的机制。在城市化加速和人口大规模流动的背景下，土地入市农村集体面临着外来人口大量进入和原籍人口返迁的双重压力，而集体内部各居民家庭人口也总处于婚丧嫁娶、生老病死的变动之中，集体成员的资格认定从来都是一道难题。面对入市土地巨额财富的来临，农村集体干部不仅面临严峻道德风险，而且面临经营管理能力的考验。

三是建设近郊农村集体土地转为城市用地与远郊农村建设用地空间置换机制。在近郊农村集体土地大量转变为城市用地的同时，远郊农村大量的建设用地有待复垦。实现两者之间的空间置换，不仅是实现耕地占补平衡的应有之义，而且关系到农村区域之间利益关系的调整和协调。

四是建立入市的农村集体经营性建设用地责权利匹配机制。入市土地成为城市用地的组成部分。城市土地用途具有强烈的外部性，规划法定，不能因为所有权不同而有所松动。入市土地将有大量的外部要素注入，与此相应的税费征缴、物业权属、市政配套、公共安全、社会服务、环境保护、利益分割等亦应作出相应的制度性、机制性安排。

五是建立入市土地衔接现行城市用地制度的机制。农村集体经营性建设用地入市近期不可能改变现行城市土地市场格局，现行土地征用制度也并非一无是处。正确评价现行土地征用制度的得与失和利与弊，有

针对性地进行改革和改进，实现与农村集体经营性建设用地入市政策的相互衔接，是当前城乡土地制度改革的重要一环。

本文系作者在“《土地科学》杂志社座谈会”上的发言

新型城市化破解城市用地之困

（2014 年 12 月 20 日）

快速的城市化[①]进程是土地利用结构大变动时期。一方面大量的农村土地转变为城市用地，另一方面城市用地存量进行大规模的利用结构调整。基于人多地少的资源禀赋、基本的经济制度和政治制度、特殊的发展阶段、大国经济特征和城乡分割的二元体制，必须进行理论层面和制度、体制、机制上的创新。而新型城市化的理念确立和扎实推进为破解城市化用地之困提供了思路和契机。

一、新型城市化拓展土地理论空间

所谓新型城市化，其基本内涵主要包括四个方面。一是以人为本的城市化。城市化的根本目的是为了人们生活得更美好。二是城乡居民公平分享发展成果的城市化，城市化的发展不能以牺牲农村居民的利益为前提。三是资源节约、环境友好型的城市化。推进以建设低碳城市、绿色城市、宜居城市、和谐城市、可持续发展城市为基本方向和路径，不走先污染后治理的老路。四是多样化的城市化。城市化动力、主体是多元的，形式、进程是多种多样的。新型城市化为土地理论创新提供了思想空间。

土地是人类生存须臾不可离开的物质基础。土地资源具有空间不可移动性和不可人工制造性等特点。区位决定土地价格，投资可以改变土地的区位，满足一定社会需求土地资源具有稀缺性，同一宗土地具有多种用途和用途的可以改变性。土地具有多种功能。在原始社会和农业社

① 本文城市化与城镇化是同一概念。小城镇是城市规模体系中的基础层级，在推进城市化进程中发挥重要作用，但不可能担负起城市化的主体重任。城镇化意在强调小城镇的作用，城市化亦不否定小城镇的重要作用。

会，土地是财富之母；在市场经济条件下，土地是资产、资本和经济要素；在社会主义制度下，土地是宏观调控和社会再分配的重要杠杆和介质；在当代中国，土地不仅是食物安全保障和生态安全的载体，农村土地制度安排还发挥着农村居民的部分社会保障功能和对不均衡的城乡公共服务某种矫正作用。城乡土地资源的配置及其制度设置必须从土地资源的上述特点出发，统筹兼顾土地上述多种功能的充分发挥，而不能把土地视同空间可移动、可以人为增加供给的一般经济要素，不能仅仅囿于土地作为一般经济要素效率的提高。

二、新型城市化撬动土地制度改革

土地制度是基本的经济制度。我国实行的是土地公有制，城市土地属于国有，农村土地实行农村集体所有。土地制度要为我国建设有中国特色的社会主义现代化提供用地保障，包括为低成本地实现现代化必由之路的城市化提供用地保障。农村部分土地转变为城市用地，乃实现城市化所必需，新型城市化是包括农村居民[①]在内的共和国公民公平分享发展成果的城市化。责权利的互相匹配，在宪法层面上变城乡二元的土地所有制为城乡统一的土地共有（国有或全民所有）制，对农民实行土地永佃制也就成为逻辑的必然。在城乡一体化发展的潮流中，改革城乡户籍制度、农民工市民化、实现城乡公共服务的相对均等化已成为共识，坚守城乡二元土地制度，逻辑上不通，也不是完全意义上的城乡一体化。农村集体（经营性）建设用地入市虽有破除政府垄断建设用地供给之利，也有形成新的城市土地二元制度和城市社会三元结构（市民、农民工和拥有土地权益的市民）之虞。实行农村土地家庭所有，社会成本不可承受，在农村集体成员剧烈变动的城市化时期，较少可实施性。唯有进行宪法层面上的土地制度创新，才能平衡城乡居民之间、近郊农村和远郊

① 这里的农村居民不等于农民。拥有土地等基本生产资料，且从事农业生产并以农业生产为主要谋生手段的才是农民，是一个社会阶层（职业）的概念。拥有土地而不从事农业生产，收取地租者是地主或者小土地出租者。无地者而从事农业生产是农业工人，无地而从事农业生产经营者是农业企业家。

农村之间以及市民之间分享城市化成果的利益矛盾，为平衡推进城市化提供土地制度支撑。

三、新型城市化推进用地政策调整

节约土地，确保耕地18亿亩红线是我国的基本国策，为此我国实行严格建设用地计划、占补平衡、层层分解的用地政策。但由于区域发展的不平衡，出现了快速城市化地区建设用地指标不足与欠发达地区用地指标有余并存的局面。节约用地是新型城市化的重要内涵，也对调整用地政策提出了要求，为调整用地政策提供了可能和条件。实际上，合理的城市化用地是更集约的用地，指责城市化用地威胁我国的食物安全只是耸人听闻，依据并不充分。以往十多年来我国耕地大幅减少，70%以上为退耕还林所致，因城市化用地减少的不足10%。以实现城市化之时我国城市化率80%计算，城市建成区面积也只占全国国土面积的1.2%，但可容纳占80%的人口和90%左右的GDP产出。据数年前笔者测算，未来几十年我国城市化占用耕地增量的上限为5000万亩，约占耕地存量的2.8%，每年占用不过百万多亩。但在进城农村居民退出宅基地与城市化用地增量之间存在着2∶1的空间置换关系，即进城农村居民宅基地复垦大致在1亿亩以上。城乡居民公平分享发展成果的新型城市化不仅为城乡建设用地空间置换、满足城市化用地提供了政策依据，而且为农业规模经营和农业现代化提供了前提。

四、新型城市化促进土地升值收益合理分配机制的形成

城市化进程中土地利用结构的大变动，无论是城市向周边扩张，大量征用农村土地转变为城市用地，还是城市存量土地因为现代化建设而进行的占地拆迁，都是土地利益格局的重构，由此诱发一系列矛盾冲突和群体事件，对社会和谐与社会稳定形成了隐患。这里的核心是土地升值收益的合理分配问题。以人为本的新型城市化为构建合理的城市土地升值收益分配机制提供了新的视角。首先，城市居民是由不同的阶层和群体组成的，不同的阶层和群体有着不同的利益诉求，同一阶层和群体

也会随着原有诉求的满足而产生新的诉求和分化。协调各社会阶层和群体不同时期的不同利益关系，政府责无旁贷。其次，在城市土地开发收益分配上，既有征地拆迁户利益补偿、开发商赢利、政府征收税费以及土地最终者支付高地价和高房价的直接利益分配问题，又有整体的城乡居民公平分享城市发展红利的间接利益分配问题。其中，政府做好作为土地升值收益分配一方和分配规则的制定者、规则执行者、监管者、各方利益调节者的多重角色又成为解决核心问题的关键。人民政府没有独立的利益，而是人民的根本利益和全局利益的代表，其中也包含了集体和个人利益。所谓统筹国家、集体、个人利益关系实际上应是统筹全局与局部、长远和近期的利益关系。最后，城市土地升值既不是农业用地级差地租Ⅰ，也不是级差地租Ⅱ，与土地使用者的投资和努力没有因果关系。城市土地升值是大量社会投资的凝聚，土地收益归社会（政府是社会的代表）顺理成章，也是政府协调各种利益关系的物质基础。对征地拆迁户的过高补偿不仅造成新的社会不公，而且将引发一系列其他社会问题。土地收益向某一方倾斜的政策指向极易误导社会舆论。

五、新型城市化推动土地财政改进

城市土地开发税费收入成为地方财政收入重要来源被称之为土地财政，广受诟病，并被视同土地腐败，欲以房产税取而代之后快。土地财政实为城市土地收益归属公共的部分，是加快城市公共基础设施建设、提升公共服务水平的重要财源，与土地腐败本不是一回事。土地腐败是以土地开发为媒介，以权谋私、行贿受贿，是由党纪国法查处的问题。土地财政是寅吃卯粮、不可持续之说是只知其一、不知其二的单向思维。快速城市化时期较高的土地财政收入是加快城市基础设施建设的重要财力保障，是社会再分配关系的体现。当代基础设施建设与后代享用是代际承传关系，寅吃卯粮与卯事寅干相对应，是社会发展规律。城市用地的扩张是阶段性现象，城市化完成前夕城市用地增量自然停止，不需要可持续，又何来不可持续？至于鼓吹多年的开征房产税[①]至今仍在调研和局部试验，说明开征房产税的基本条件尚不具备，以房产税取代土地财政也就成为一厢情愿。所以在当前，土地财政不是取消问题，而是如何改进、完善，阳光透明，提高使用效率问题。当城市化进程接近完成，城市房地产存量进一步增加，房产税源随之扩大，开征房产税的各项条件已经具备的时候，房地产税取代土地财政也就水到渠成。这就是新型城市化为完善、改进土地财政制度提供的思路和平台。

本文系作者在“江苏师范大学创新驱动研讨会”上的演讲

① 房地产税是调节房地产占有关系的重要杠杆，把房地产税改为房产税意在回避我国城市土地国有制以及土地出让金70年一次性征收的矛盾。

深度改革土地制度，破解城市用地之困

（2015 年 2 月 8 日）

快速的城市化进程是土地利用结构大变动时期。我国人多地少，又处于社会主义现代化建设的发展阶段，城市化用地不仅面临着资源不足的硬约束，而且受到思想认识、土地制度、用地政策和土地权益重构等多方面的软约束，进行宪法层面上的土地制度改革，可能是破解城市用地之困的最终出路。

一、土地制度改革必须基于土地特点和充分发挥土地的综合功能

土地是人类生存须臾不可离开的自然资源和物质基础。土地资源具有空间不可移动性和不可人工制造性等特点。满足特定需要的土地总是稀缺的，同一宗土地具有多种用途，土地用途可以改变。区位决定土地价值，而投资可以改变土地区位。土地具有多种功能。在原始社会和农业社会，土地是财富之母；在市场经济条件下，土地是财产、资产、资本和经济要素；在社会主义制度下，土地还是宏观调控的介质和社会再分配的重要杠杆；在当代中国，土地不仅是食物安全的保障和生态环境安全的载体，农村土地制度还发挥着农村居民部分的社会保障功能，对尚不均等的城乡公共服务发挥着某种矫正和平衡功能。土地制度改革和土地要素配置必须从土地资源上述特点出发，统筹兼顾土地上述多种功能的综合发挥，而不能把土地视同空间可移动、可以人为增加供给的一般要素，不能囿于土地作为一般经济要素效率的提高。

二、进行宪法层面上的土地制度改革

土地制度是基本的经济制度。我国实行的是土地公有制，城市土地

属于国有，农村土地实行农村集体所有。土地制度要为建设有中国特色的社会主义现代化提供多方面保障，包括为城市化低成本用地提供保障。在城乡一体化发展的背景下，改革城乡分割的户籍制度、农民工市民化、实现城乡基本公共服务相对均等化已成为共识，但在土地制度上坚守城乡二元，逻辑上不通，也不可能实现完整意义上的城乡一体化。农村集体经营性建设用地入市虽有破除政府垄断城市供地之利，但也有形成新的城市土地二元制度（国有和集体所有）和城市社会三元（市民、农民工、拥有土地权益的市民）结构之虞。实行农村土地家庭所有，与公有制为主体的社会主义制度相背离，在农村集体社区成员和家庭结构剧烈变动的城市化加速阶段，也缺少可行性，社会成本不可承受。在宪法层面上变城乡二元土地所有制为城乡统一的土地共有（国有或全民所有）制，对农民[①]实行土地永佃制，实现城乡统一的土地所有权与经营权相分离制度，不仅在操作上较少社会震动，而且在逻辑上具有必然性。也唯有如此才能平衡城乡之间、近郊和远郊农村居民之间，以及市民之间公平分享发展成果的矛盾，为城市用地低成本扩张提供制度保障。

三、调整现行的城市用地政策

节约用地、保护耕地红线是我国的基本国策，为此我国实行严格的建设用地计划控制，占补平衡，层层分解。由于区域资源禀赋和发展的不平衡，快速城市化地区的用地指标不足与欠发达地区用地指标有余并存不可避免。实际上，合理的城市化用地是更集约的用地，满足合理的城市化用地并不会构成对我国粮食安全的威胁。过去十几年我国耕地减少1亿多亩，70%以上是因为退耕还林所致，因城市用地减少的占比不足10%。以城市化率80%计，城市建成区面积只占国土面积的1.2%即可满足，但将有80%以上的财富产出。预测2050年前后我国完成城市化

① 这里的农民不等于农村居民。农民是指拥有土地且从事农业劳动、以土地谋生者，是社会职业的概念。拥有土地而不事农业劳动，收取地租者是地主或者小土地出租者。无地而从事农业劳动者是农业工人，无地而从事农业生产经营者是农业企业家。社会主义的分配原则应是劳动收入低税或不税，资本收入中税，财产、资源收入重税。

建设，耕地占用增量上限不超过5000万亩，每年占用120万亩上下，但理论上存在着进城农民宅基地减量与城市用地增量2∶1的数量置换关系。进城农民宅基地减量与城市用地增量没有实现即时的空间置换，主要是因为现行土地制度的制约和城市化政策的滞后。城乡一体化为这种置换提供了上位政策支持，但尚少具体操作细则。另外，在城市化加速阶段，土地城市化速度快于人口城市化是一种阶段性正常现象。当土地城市化完成之时，人口城市化仍将持续，也是一种正常的现象。追求人口城市化与土地城市化同步，只是一种天真的空想。

四、构建城市土地升值收益合理分配机制

城市化进程中土地利用结构的大变动必然伴随土地权益格局的重构，由此引发矛盾冲突和群体事件高发和集中爆发，这里的核心问题是构建城市土地升值收益的合理分配机制。首先，无论是城市向周边扩张，占用农村集体土地，还是城市土地存量结构调整，对于不同的社会群体都会产生不同的影响，不同的社会群体对城市土地升值收益分配也有不同的利益诉求。这种矛盾冲突任何时候都不可避免。其次，在城市土地升值收益分配上，既有拆迁征地利益受损户的补偿、开发商赢利、政府征缴税费和土地的最终使用者支付地价房价等直接利益分配问题，又有整体的市民和农村居民公平分享城市化红利的间接利益分配问题。其中政府做好土地升值收益分配一方和分配规则制定者、执行者、监管者、各方利益关系调解者的多重角色又是实现城市土地升值收益合理分配的关键环节。在城市土地升值收益一定的条件下，各相关方利益是此消彼长的关系，又是一损俱损、一荣俱荣的相互依存关系。城市土地开发不成，都是输家，而没有赢家。在理论上，人民政府没有自己独立的利益，而是包括征地拆迁户在内的全体人民根本利益的代表。所谓兼顾国家、集体、个人利益关系，实际上应是统筹全局与局部、长远与近期利益关系。最后，城市土地升值既不是农地级差地租Ⅰ，也不是农地级差地租Ⅱ，与土地所有者和使用者的投资与努力不存在因果关系。城市土地升值是社会投资凝聚于土地的结果，城市土地升值收益归社会（代表社会的只

能是公共财政）顺理成章、合理合法，也是政府调节各种利益矛盾的财力保证。对征地拆迁户过高补偿不仅造成新的社会不公，还会引发一系列社会问题。而土地收益向某一直接相关方倾斜的政策指向又将推升征地拆迁户已经过高的补偿预期，误导社会舆论。

五、改进与完善土地财政

城市土地开发税费收入成为地方财政重要收入来源被称为土地财政，广受诟病，并被视同腐败，欲以房产税取而代之。土地财政的实质是土地开发收益归属公共的部分，与土地腐败是两码事。土地腐败是以土地开发为媒介的以权谋私、行贿受贿，是由党纪国法惩处的问题。土地财政“寅吃卯粮”“不可持续”之说是一叶障目简单化思维。快速城市化时期的较高土地财政收入是加快城乡基础设施、完善公共服务的重要财力保障，是一种社会再分配关系。当代城市大规模的基础设施建设与后代的继续使用是代际传承关系，寅吃卯粮与卯事寅干相对应，是社会发展规律。当城市用地的快速扩张是一种阶段性现象。城市用地有一个上限，当城市化完成的前夕，城市用地扩张自然停止，本来就不存在是否可持续的问题。鼓吹多年的房地产税[①]至今仍在调研和局部试验，说明开征房产税的基本条件尚不具备，以致以房产税取代土地财政的准备仍将继续下去。所以在当前，土地财政不是取消问题，而是如何改进、完善、阳光透明、提高使用效率问题。当城市化达到较高水平，城市房地产存量进一步增加、房产税基随之扩大、开征房产税的各项条件具备的时候，房产税取代土地财政也就水到渠成了。

本文系作者在“2015 中国国土区域城市经济学家新春论坛”上的演讲

---

① 房地产税是调节房地产占有关系的重要杠杆。把房地产税改称之为房产税意在回避我国城市土地国有制与土地征税之间法理上的矛盾，以及土地出让金 70 年一次性征收等现实问题。

中国房地产调控政策何去何从?

（2015 年 3 月）

始于 2014 年年初的中国房地产市场下行，延宕到 2015 年年初显现止跌现象，一线城市率先回暖，二、三线城市压力持续，是中国楼市整体进入新的上升周期迹象？还是拐点到来的前奏？众说纷纭。其间政府应出手救市、政策松绑的呼声屡见媒体。与此相对应，坚定房地产调控不动摇、“有形之手”慎出手的声音也理直气壮，双方立场鲜明对立。“救市就是救开发商、救政府财政”，“松绑不是开发商的救命稻草”，“部分城市回暖只是中国房市的回光返照”等情绪化用语仍不时现于媒介。中国房市是否迎来了拐点，应否全面取消限购政策，开征房产税和不动产登记对房市有何影响等，成为 2015 年“两会”代表委员的热议。

本届政府执政已进入第三个年头，2003—2012 年平均每 2.8 月一次的房地产调控政策出台频率已经成为历史。控制房价过快上涨、实现房价合理回归逐渐淡出房地产政策目标，实施分类指导、全国不搞“一刀切”的政策调控已成共识；加强双向调控、实行住房供给双轨制成为主管部门高频用语。中央银行相继推出力保首套房贷、房贷利率优惠以及降准、降息等客观利好房地产的政策，国土部门确保刚需住房用地供应的高调依旧，一些地方政府慑于上级问责和自身压力，或小心翼翼试水微调，放松房地产管制，或只做不说，全面取消限制，少数城市则坚守限购，以观其变。但中央的房地产政策顶层设计仍然未见正式出台。中国房地产是“政策市”。在经济发展进入新常态、下行压力持续加大的宏观背景下，中国房地产调控政策何去何从？笔者提出以下几点看法，供决策者参考。

一、形势判断：中国房地产无大事

正确判断中国房地产总体走势，是调整房地产政策的前提，而正确地判断总体走势，首先要运用正确的方法。既不能以支流否定主流，以局部替代全局，也不能仅凭短期市场变动数据做出长期走势的判断。2014年的中国房地产市场销售疲软，库存增加，一些地区楼盘降价促销，市场交易量和销售价格同比、环比下降或增幅收窄，是多种因素综合作用的结果。这种变化与中国经济发展的新常态密切相关，也是2014年以前楼盘年销量快速增长造成购买力透支后的某种缓冲和喘歇。部分城市房市下行既与规划不周、房地产投资过度超前、楼盘选址不当、配套设施不完善有关，更与政策导向的供求双方观望情绪、政策限制和行政力量对市场供求关系的扭曲等有着因果关系。但这种市场交易量价下行并不表明中国房地产市场供给总体上已经“过剩”，也不能证明中国房地产市场的“拐点”已经到来。“鬼城”“鬼楼”或是一种真实现象，但没有一个城市“认领”，更不是中国城镇住宅供求关系的总体特征。否则，数年前曾被列入“鬼城”名单的郑东新区，如今成了中原地区高端产业聚集高地，就不能得到合理解释。全国城镇住房存量户均1.02套的统计数据是包括占25%左右平房在内的，也不能作为中国房地产总体已经“过剩”的证据。从一个长期走势看，中国房地产市场供不应求的基本面还没有发生根本性变化，房地产“过剩”与中国社会主义初级阶段的基本特征相悖。

中国房地产投资的近70%为住宅地产，此外，还有商业地产、工业地产、旅游地产以及其他公共服务地产等。快速城市化进程中的基本住房需求、城乡居民改善性的住宅需求、城市危旧房改造的被动性需求、与城市现代化进程和完成工业化等对房地产产品的需求相叠加，是中国房地产市场几十年持续繁荣的基本依据。2014年中国房地产投资增速虽下降为10.5%，但投资增量达9000亿元人民币，超过2002年全国房地产投资总额。中国房地产市场疲软何时结束难以准确预测，但可以肯定不会长期持续下去，2015年出现大起大落也是极小概率的事，中国房地产市场交易量价在高位震荡中上扬则是长期走势。中国房地产市场将迎来下一个10年繁荣也可以肯定。即使有不动产登记和房产税的开征，也不大可能改变这种总体走势。2014年的市场疲软只是中国房地产市场几十年持续繁荣期中短暂一瞬，是市场配置资源的一种动态过程。把市场交易量价的一时下行视为市场拐点的来临，甚至是崩盘的前兆，将是对中国房地产市场总体走势的又一次误判。

住房是房地产业的重要产品。住房政策和房地产业政策两者有密切关系，但属不同范畴，两者的理论基础和逻辑起点也不同。住房消费不能是稳定问题，而是满足问题。房地产行业是满足住房消费物质前提，是稳定发展问题。稳定发展房地产行业，持续增加市场有效供给，满足包括住宅在内的多样化房地产产品社会需求，而不是以种种理由限制房地产行业的发展，是房地产行业调控政策的基本方向。

这里增加的住房市场有效供给，包括普通商品房、各类保障性住房，也包括高端住房和别墅类住房的有效供给。放开对高端住宅建设的限制，满足高端群体的住房需求，有利于扩大国内市场需求，减少资本外流，也是优化住房结构、实现住宅产业良性循环的条件。在钢铁、水泥等行业消化过剩产能面临巨大压力的背景下，增加住房有效供给，满足住房消费需求，对于国民经济结构的优化亦有现实意义。禁止别墅用地、限制高端住宅建设，虽能满足住房资源平均主义占有的某种快感，或于降低平均房价水平有效，但于保护耕地红线的效果有限，于房地产业的整体发展弊多利少。

房地产行业的转型升级是一个永恒的主题，传统经营方式与电商整合是房地产行业发展的一大趋势。去库存化于房地产企业经营具有现实意义，但只要期房销售仍占较大比例，购房者的剩余和选择性就将受到极大限制，也表明中国住房的总供给依然相对不足。

二、松绑：规范扭曲市场的有形之手

中国房地产两大生产要素（土地、资金）仍然主要掌控在政府之手，政府在房地产资源配置中依然发挥着主导作用，市场供求双方对政府抱有高度信任，对政府房地产调控政策极度敏感。当前房地产市场低迷是在已经持续数年的限购、限价、限贷政策环境中形成的，与有形之手对市场供求关系的扭曲有着直接联系，呼吁政府救市、松绑具有现实的针对性和指向性。应该说，救市与松绑都是有形之手，都是政府行为，目的都是促使房地产市场尽快走出低迷，但两者含义又有根本区别。松绑可视为救市的一种特殊方式。譬如，对一个手脚被缚的落水者，可直接施救上岸，也可以松其手脚，使其自主浮水上岸。救市也可以有两种选择：一是通过政策优惠鼓励购房，刺激需求，推动市场交易量回升，即政府出手把房地产市场拉回繁荣。这种救市被一些人称为“只救开发商”“只救政府的财政收入”不无道理。也意味着今后对房地产再次实施挤压政策的正当性，但显然与市场决定房地产资源配置的方向相左，不具合理性和可持续性。二是取消对房地产业的各类或明或暗的歧视、限制、挤压政策，不再视房地产业为国民经济健康发展的异己力量，赋予房地产以“国民待遇”产业地位，构建资源要素在房地产行业内部以及在房地产行业与其行业之间自由流动的体制和机制。在当前，松绑就是救市，松开有形之手对市场的捆绑，放开限购、限价、限贷，允许供需双方自由买卖，才能还房地产市场供求关系以本来面目。捆绑与松绑是一个事物的两面，没有了捆绑，也就没有了松绑。但在当前，唯有有形之手放开对市场的捆绑，才有无形之手自由发挥作用的空间。政府卸下了费力不讨好的干预市场包袱，才能集中有限的行政资源做好自己应该做的事。

三、投资、投机性购房：不应再被政策禁止

反对政府对房地产市场松绑的理由主要有二，一是松绑将使房价反弹；二是将造成投资、投机性购房之风再起。这两者大概也是加强房地产双向调控的重要理由，对此不能不作深入分析。

先分析房价反弹问题。住房限购是以行政手段排除部分购房群体，改变供不应求的市场态势；限价是以行政手段控制住房销售价格，人为扭曲市场信号；限贷则是政府直接管制商业银行房地产贷款，而不承担企业经营风险。“三限”政策的初衷是遏制房价的快速上涨，即使在房价

大幅上涨时期也被认为是应急的权宜之计。在房价已下行的今天，继续“三限”已无必要，亦无根据。从以往实践经验来看，中国政府控制房价上涨的政策持续10年，不但房价照涨不误，而且降低了政策的信誉，得不偿失。内在的原因就在于控制房价的政策目标与市场客观规律不相融。从未来发展前景来看，随着居民收入水平的提高和住房建设成本的提升，物价上涨趋势的不可逆转，奢望房价下降或者维系不变虽然占据道德高地，但实现的成本极高，甚至几乎是不可能的。从理论上看，房价的变化是市场信号，也是调节供求关系的杠杆。在正常的市场力量作用下，房价下行说明供大于求，供给将减少，刺激需求的扩大；房价上涨说明供给不足，需求将减少，刺激供给增加。以政府之手限制购房，控制房价的变动，只能扭曲供求关系，造成住房资源低效率的配置。

再看投资、投机性购房问题。中国一直有投资率过高、视其为经济过热的推手之论；现阶段则有调整结构、消化过剩产能之论，有扩大国内消费需求、改善民生的政策导向。其实中国的投资率高低问题始终是一个仁智互见问题，关键的投资效率问题反倒被忽视，避而不谈。投资也是重要的内需，是为了明天的更好消费。而房地产建设既涉及投资问题，又关系消费问题，是扩大内需、改善民生的重要节点。租房是分期消费，购房是一次支付、分期消费。若把购买住宅统计为消费，则中国的投资率将下降6— 8个百分点，中国的消费与投资之比将是另一种结果。投机作为贬义词，曾以“投机倒把”之名被列入中国的经济犯罪。改革开放以后虽被取消，但在房地产领域仍被赋予贬义。在市场交易火爆、房价快速上涨时期，投资、投机性购房无异于火上浇油，推波助澜，令普通购房者生厌，让道德家们义愤，政策被纳入禁止之列具有民意基础。但仔细想来，投资、投机性购房又非十恶不赦、一无是处。首先，若把投资性购房界定为租而购、投机性购房界定为卖而买，则两者存在的前提分别是有租赁需求和下家接盘的需求，两者分别满足了租赁需求和二手房需求，对于繁荣租赁市场和二手房市场当是正能量。从资金循环角度来看，两者以相对灵敏的市场嗅觉进入购房市场，客观上加速了开发商资金回流，引导了地产商开发方向，有利于增加下一轮的市场有效供给。中国民间资本存量庞大，投资、投机性购房有利于民间资金进入社会再生产，促进民间资本流动。中国有人以禁止炒房逼迫房市资金进入股市，提振股市的愿望屡屡落空，其制度上的原因就在于民间资本投资渠道窄而不畅。若投资、投机性购房资金来源合法，购销（租、售）行为合规，其获得相应赢利，是市场经济应有之义。所以中国房地产政策禁止的不应是投资、投机性购房，而应指向投资、投机性购房资金来源的合法性，重点是割断银行资金非法进入投机性购房市场的利益链条。

四、住房供应双轨制：一个美丽的陷阱

“居者有其屋”“居者有房住”“让大多数人买得起房”等张扬民生的口号深得民心，且一直占据媒体主流话语权地位，学界也多有喝彩。但中国城镇住房自有率颇高（有统计数为80%），说明大多数人是有房住的，只是还有相当部分群体居住拥挤、条件较差，实质上是一个改善性居住问题。若问，哪朝哪代、哪个国家能够让大多数人买得起住房，没有人能作出回答。若一年之内有3%的家庭购房，则意味着中国城镇居民家庭住房33年更新一次。若大多数家庭买得起住房，中国也没有那么多存量房可卖。面对房价持续上涨、保障房建设一度被忽视的现实，政府加大保障房建设力度，但仍不能满足需求，特别是广大夹心层住房问题成为社会热点。于是“实施住房供应双轨制”成为主管部门的热门用语。所谓双轨制，即保障性住房一轨，面向广大中低收入阶层；商品性住房一轨，面对少数高收入阶层。从表象上，双轨制满足了各收入阶层不同的住房利益诉求，但在笔者看来很可能是一个美丽的陷阱。

首先，社会收入阶层是一个动态的不断变化的过程。但无论怎样变化，高收入阶层都是少数，中低收入阶层都是大多数。少数穷人住房由政府保障，多数人住房走市场化之路，中间阶层通过金融政策支持解决住房问题，是中国住房制度改革本来的框架设计。而少数人走住房市场化之路，多数人走住房保障之路，无异于是对住房制度市场化改革的腰斩，是对中国十多年来住房市场化成就的根本否定。

其次，保障性住房供应是以公共财力的直接支出或者间接减少收入

为支撑条件的。在一定时期内，公共财力总是有限的，而且要在住房保障和其他社会保障、公共服务之间统筹安排，对大多数人实行住房保障于有限公共财力不具可承受性，也不具可持续性。经营性建设用地竞标配建保障房，虽可减少公共财政的直接支出，但最终将转嫁到商品房价上去，推升商品房价。

再次，把危旧房棚户区改造、规划拆迁安置房、“城中村”改造、人才房等纳入保障性住房范围，混淆了保障房和政策性住房的界限，增加了公共财力支出的压力。经济适用房、双限房、自住型商品房、共有产权房等虽有减轻公共财力压力之效，但以公共财力支持部分群体实现部分住房产权，将衍生新的社会不公，后续配套的难题亦难以解决。

最后，把中低收入阶层纳入住房保障，泛化保障性住房对象，扩大了政府直接掌控住房资源的权力，增加了权力寻租空间，也将降低住房资源的配置效率。

五、分类指导：城市政府应居调控的主体地位

中国房地产市场分化加剧，分类指导、分类调控成为共识。其实，中国房地产市场一直都处于分化之中，只是在市场低迷时期，分化的表象更加突出明显、更易引发关注而已。强调分类指导，是顺应形势、与时俱进之举。中央是分类指导的主体，那么房地产调控的基本主体是谁？房地产产品空间不可移动，房地产市场是区域性市场。中国地域广阔，各地资源禀赋差异大，发展也极不平衡。在一般情况下城市政府对本地房地产市场信息的把握要比中央政府更充分。中央政府作为房地产市场分类指导的主体，要做到一项政策有针对性地解决数百个城市、两千个县城千差万别的实际问题也几乎是不可能的。以往的中央对地方的问责、约谈、叫停等之所以效果不佳，原因也在于此。中国的一个省区幅员往往相当于一个欧洲大国，省区内各市县的差异依然很大，省区政府进行房地产市场分类调控亦难取得理想效果。乡镇政府因所辖区域幅员较小，资源整合的空间受到限制，作为房地产市场调控的主体也难有好的效果。建制市和县域行政区拥有完整的经济、社会、政治组织体系，拥有房地

产资源整合的基本幅员和空间，应是房地产市场调控的主体。中央层面对房地产的市场调控主要集中于对各地房地产市场差异化发展提供制度保证和宏观政策的引导，根据全国经济社会发展的总体形势，构建房地产业健康稳定发展的长效机制。确立市县政府的房地产调控主体地位，逻辑的起点是：①房地产既是为经济社会发展奠定物质基础的产业部门，又是推进城市化、城乡一体化发展、进行社会再分配的重要平台。市县政府处于第一线，是具体的操盘手。②市县政府没有自己独立的特殊利益，而是执政党执政的基础。当然，市县政府在房地产调控上也要遵循市场规律，划清市场与市县长的权力边界。在房地市场信息的把握上，是开发商比政府更充分。市县政府的调控既要发挥市场在房地产资源配置中的决定性作用，又要更好地发挥政府作用，包括合理规划城市空间布局、科学控制供地节奏、规范市场交易秩序、加强房地产产品质量监管和住房保障建设、改进房地产开发收益分配关系、接受上级的监管和当地的民主监督等。

六、房地产政策：不应再做宏观经济调控的应急工具

房地产是上下游产业关联度极高的产业，中国的房地产投资额约占全社会固定资产投资的1/5，产品销售额大约相当于居民消费额的30%，既是影响宏观经济的重要变量，也是严重受到宏观经济走势制约的行业。“购房对家庭消费形成挤出效应，抑制消费”，“房地产投资挤占战略新兴产业资源，影响优化结构和转型发展”等论调在中国颇有市场。受此影响，房地产政策亦被作为宏观经济调控的应急工具频繁使用。中国城镇住房制度改革后的第一个10年，为服务于以“防过热”为主基调的宏观经济调控，房地产调控实施的是“既抑制投资、又扭曲市场价格”的效力内部互相抵消的政策，市场长势迅猛。2008年受国际金融危机影响，中国房地产市场一度下行。政府出手救市，2009年全国房地产市场全面回暖，2010年快速升温，导致同年9月“历史上最严厉的”房地产调控政策出台，但“地王”“楼王”频现，市场依旧火爆。2011年年初为遏制房价过快上涨，实现房价合理回归，限购、限贷、限价严令推行，但

2012 年全国房价同比仍上涨 9.41%，2013 年全国房地产市场量价再创新高。实践证明，房地产政策依宏观调控的需要而密集调整不仅对房地产自身健康稳定发展造成了损害，致使房地产行业稳定发展的长效机制难以形成，于宏观经济的影响亦乏善可陈。首先，以 GDP 增速 10%、物价指数 3% 作为判断国民经济冷热的临界点，依据并不充分。一个大国的经济发展是一个自然历史的过程，不同的国内外发展条件、发展阶段、发展基数、发展潜力会有不同的发展速度和物价指数变化。中国是一个发展中的大国，基数低，内部自我调整空间大，抗外部压力能力强，国民经济有超过 8% 的增速，或者随着基数的提高，增速下降两三个百分点都属正常。中国经济发展的新常态亦应作这样的解读。依靠调整房地产政策调控宏观经济，或药不对症，弊大于利，或贻误时机，达不到预期目的。其次，房地产是实体经济，而非虚拟经济。房地产产品是各类有形的房屋建筑物。房地产项目开工后即有成本沉淀，难有可逆性，要求必须按计划完成建设过程，才能有回报，中间停摆、转移要素将支付极高的成本，且需要较长时间。而不能像金融信贷、利率、税率调整那样快见成效，也不能像资本市场那样能够迅速进出，规避风险。最后，房地产生产周期较长，一般项目从拿地到产品销售需要经过两三年的时间，而房地产市场时时都在发生着变化。政策出台的滞后和房地产企业适应政策的时滞，决定了房地产政策密集出台的效果不可能理想，决定了以房地产调控应对国民经济短期波动总不给力。在经济增长下行压力加大的背景下，为房地产松绑，恢复正常的房地产市场供求关系，当有即时的正向效果，但也要防止经济形势向好时对房地产的再度挤压。总之，中国的房地产调控方向应是合理协调各相关方面的利益关系，而不是向哪一个方面的利益倾斜；调整的目标是构建房地产业稳定健康发展的长效机制，而不是再作熨平宏观经济波动的应急工具。

本文系作者在“中国房地产政策研讨会”上的发言

关于豪宅建设的几个问题

（2015 年 3 月 26 日）

国人多把豪宅与豪强恶霸、土豪劣绅相联系，语境中的贬义多于褒义。笔者把豪宅赋予中性含义，定义为好的住宅中的精品、极品。

一、何为豪宅？

豪宅可以从五个维度进行评判：

一是满足高端人群居住需求的使用价值。与家庭财富、社会地位相匹配，与家庭成员消费偏好、价值取向、文化素养相适应的住宅，能够满足特定高端家庭个性化居住需求的住宅。

二是极高的建造品质。从区位选址、规划设计到建筑原材料、设施设备的使用、建造工艺和流程全建设过程，尽可能应用最先进的科学技术建造的住宅。用当前时髦话说，就是集绿色低碳、节能环保和健康安全、智能智慧于一体的住宅。

三是极高文化含量。建筑是凝固的艺术。豪宅应是地域文化、民族文化、传统文化精髓和现代先进文化高度融合的产物。

四是较高的升值潜力。豪宅应随着经济社会的发展，市场经济价值越来越高，升值空间越来越大，而贬值是极小概率。

五是极强的代际承传功能。豪宅应有较长的使用寿命，能够世代相传，成为后世文物、文化精品的后备军。

二、为什么要建设豪宅？

首先，住宅既是生活必需品，又是耐用消费品。对于一个家庭来说，住宅可视为家庭成员的共有基础设施。建设好的住宅是改善民生的重要物质基础。作为发展中的大国，我国人均住宅存量少、质量低是住房供求关系的本底。所谓全国城镇住宅户均 1.02 套的统计数据，是指包括 25% 的平房和危旧房在内的所有存量房而言的，并不表明我国城镇住宅已达到了供求基本平衡的拐点。

其次，住宅消费弹性大，是社会物质财富代际承传的重要载体。人均住宅面积几个平方米，可满足基本居住需求；人均住宅面积数十平方米，甚至百平方米可以住得更舒服。建设更多的好房子是提升民生质量的要求。农业是国民经济的基础，但农产品是有机物，不具有物质财富代际积累的功能。服务业是生产与消费同时完成，服务业产品不能进行代际承传。制造业产品虽有物质财富的代际承传功能，但由于技术的快速进步，其使用价值呈快速衰减之势。唯有建筑业产品因其使用价值的持久性而成为人类社会物质财富代际积累和承传的主体，其中又以住宅占比最大。

再次，随着经济社会发展水平的提高，我国居民收入水平呈现多样化趋势。部分率先富裕起来的家庭需要更好的住宅满足其个性化的居住需求。随着社会劳动生产率的提高和物质财富积累能力的提高，普通消费者对住宅的品质、标准、功能的要求也在提高，豪宅的标准、占比也在发生相应变化，要求有更多的高标准豪宅建造出来。

最后，建设一批豪宅是我国经济社会发展的一种必然现象，也是满足社会多样化、个性化住宅需求的客观要求。中国需要建设一批保障房，但比例要适度，住宅要去保障化。建设豪宅有利于提升我国住宅结构水平。在新常态下，建设豪宅，满足高端住宅市场需求，与扩大内需、稳定增长的宏观调控方向相吻合，对于消化“过剩”产能亦有现实意义。

三、怎样建设豪宅

首先要摒弃平均主义的思维方式。社会主义的基本目标是共同富裕，但达到共同富裕的正确道路不是平均主义。部分率先富裕起来的群体是共和国的公民，是社会主义现代化的建设者，而不再是革命的对象。禁止富裕群体对豪宅的占有虽能满足仇富和平均主义者的快感，有平均占有住宅资源之效。但把豪宅需求市场挤到国外去，对于国民经济的良性循环弊多利少。

其次，取消对别墅、豪宅建设用地的政策限制。粗略估计，即使全国豪宅建设1000万套（占未来城镇存量住宅套数的2%左右），用地以1000万亩计，仅占城市建成区的5%—6%，占全国国土面积的万分之七八。限制别墅、豪宅用地于保护耕地的效果有限。

再次，进行科学布局，实施规划控制和引导。豪宅用地与普通住宅用地以及其他建设用地存在矛盾，通过科学布局、合理规划进行控制，能够使矛盾得到合理调解。

复次，逐步构建豪宅建设、持有、交易、遗赠等环节的规范程序和合理税费征收制度，为实现合理的社会关系再调整和社会再分配提供支持条件。

最后，在企业层面上，要选择合理的区位进行豪宅建设，组建一流的规划设计团队进行精心规划设计，选择一流企业进行施工建设，要推行个性化定制，并做好售后服务工作。

本文系作者在“中国十大超级豪宅发布会”上的演讲

房地产泡沫论为什么在中国市场失去解释力?

（2015 年 5 月）

始于 21 世纪第一个十年中期的房地产泡沫论在中国已经风靡了十个年头，其间尽管中国政府持续实施了严厉调控政策，但房地产泡沫不仅不破，房价反而又有成倍增长。为什么受到学界和媒介热捧的房地产泡沫论对中国市场失去了解释力？这里作一初步分析，供业内讨论，以期得出相应结论。

第一，房价较快上涨不等于房地产泡沫

房地产泡沫是指房地产名义价格超过其实际价值的部分。房价较快上涨虽是泡沫的主要表现和形成的原因，但并不等于就是泡沫，也不必然形成泡沫。房价快速上涨既可能是供给不能满足需求的市场信号，也可能是真实房价的合理恢复，而并非全部是投机推动的结果。20 世纪末中国开启城镇住房市场化改革之前，房地产市场受到严格限制，交易量较少，很难说有房地产市场价格。福利分房政策明令停止后的几年，由于体制的惯性，一些部门事实上的福利分房仍在持续，广大居民对市场购房持观望情绪，市场交易量虽有较大增长，但商品房价变化相对平稳。2004 年房价出现大幅度上涨，以后十年延续快速上涨趋势，年度涨幅虽有较大起伏，但绝无同比下降的发生。这里既有长期积累的社会需求潜力集中释放对房价上涨的推动，也是真实房价市场发现和市场形成的开始。因为此前的中国房价并不是由市场形成。以一个不是市场形成的房价为基数判断房价上升速度合理与否，没有决策意义。2003—2013 年中国商品房成交价名义增长率为 10. 20%，而城镇居民人均可支配收入名义增长率达 13. 3%（详见下表）。说明从一个较长时期来看，相对于快速上

涨的房价，中国居民收入有着更快地增长，购房支付能力有着更快的提升。但为什么广大居民却有相反的感受呢？分析原因大致有二。一是社会购房预期空前强化。对于大多数居民来说，2004 年和 2014 年虽然都是买不起住房，但两者内涵已经有很大不同。2014 年中国居民购房面积、总价、质量标准、区位环境和套内配置，以及购房的紧迫感已远非 2004 年可比。二是理论和舆论对社会购房预期的误导。一方面，少数年份房价上涨幅度确实超过收入的增长，为泡沫论提供了依据。另一方面，基于相当部分居民住房困难的现实，理论和舆论界把住房作为最大民生，把房价视同民生，早买房、买大房、买好房成为一种普遍预期，而较高的预期又与现实条件脱节，引发失望情绪。泡沫论也由此扩大了民意基础，促使政府在政策上作出响应。

中国商品房成交均价及相关指标同比变化率（2003—2014 年）

单位：%

年份	商品房成交均价	商住用地均价	城镇人均可支配收入	国内生产总值	附：可比价国内生产总值同比增长率
2003	4.84	6.28	10.0	13.5	10.5
2004	17.76	7.94	11.2	18.1	10.5
2005	14.04	5.26	11.4	15.0	10.8
2006	6.28	6.99	11.9	17.6	13.3
2007	14.76	14.92	13.4	23.4	14.6
2008	1.42	0.58	13.1	18.4	10.1
2009	21.10	7.31	9.1	8.3	8.3
2010	7.11	10.76	11.1	18.0	10.2
2011	6.92	7.20	13.5	17.2	8.7
2012	9.41	2.61	12.2	10.6	8.4
2013	7.7	7.02	9.6	9.2	7.4
2014	1.4	4.85	8.0	12.3	7.4
2003—2013	10.2	8.1	13.3	15.7	10.2

注：本表依据《中国统计年鉴》《中国房地产蓝皮书》相关数据计算，所列均为同比名义增长率。

第二，中国房地产调控政策推升房价

面对少数年度房价的过快上涨和汹汹的民意潮流，中国政府把“让大多数人买得起住房”“让大多数人有房住”（先是“居者有其屋”，后是“居者有房住”）作为政策目标，把“遏制房价过快上涨”“实现房价合理回归”作为房地产调控方向，并相继推出限价、限购、限贷等不断加码的调控措施。实际上，住房作为一种耐用消费品和私人物品，消费弹性很大，不同的国情和发展阶段对基本住房需求和有尊严的住房会有不同的标准，家庭的不同收入水平和消费偏好对住房需要也会有很大不同。世界上还没有一个国家和一个时代能够让大多数人在短期内买得起住房。大多数家庭在存续几十年的周期内，能够买得起住房、且付诸购房行动的只有少数一两个时刻。让大多数人在短期内买得起住房只是一个美丽的幻想。“让大多数人有房住”口号的背后则是大多数人没有房住，这显然与中国的现实大不相符。在和平时期，通过限制销售价格达到一种紧俏商品供求关系相对平衡还没有成功的先例。因为限制销售价格只能抑制有效供给的增加，刺激需求的增长。限购则是以行政手段排除部分市场需求，人为扭曲正常的市场供求关系。限贷一方面限制了购买贷款，抑制了部分社会需求；另一方面也抑制了建房贷款，延缓了供给增加。中国的土地、工资、原材料价格在上升，房地产开发建设成本在上升，房价上涨本属正常现象，也是要求增加供给的信号。而政策方向却反其道行之，达不到目标当在情理之中。中国房地产占固定资产投资的20%左右，长期被作为宏观调控的应急对象。以防过热、防通胀为导向的宏观调控在中国持续多年，与此相配套的关紧土地、资金闸门抑制房地产调控政策亦延续多年。关紧土地、资金闸门抑制房地产投资，等于抑制了住房有效供给，与房价合理回归的政策效力相互抵消。所以说，房地产调控政策推动房价上涨不无道理。

第三，房地产泡沫论不服中国市场水土

世界一些国家和地区发生的房地产泡沫，对经济发展造成了严重损

失，但依此断言中国房地产泡沫则有药不对症之嫌。一些国家和地区房地产泡沫都有房地产高度资本化，股市和房市高度互联互通的市场背景。中国房地产市场仍在发育中，房地产市场主体是实体经济，而非虚拟经济。中国房地产企业仍然是以融资、购地、建房、出售为主营业务，市场上虽有投资性、投机性购房，但主体是自住型、改善型购房。其次，中国居民对于安居乐业有着特别的期待和特殊偏好，面对住房条件普遍较差的现实，又有以改善居住为重要目的之一的预防性高储蓄支持，对房价上升的敏感性较低。在中国，年轻夫妇家庭购房多有双方父辈的支持，中老年家庭改善型的自住性购房，又多有原有住房或售或租的支撑条件，而居民家庭实际的可支配收入与统计数据存在较大差异，这是中国首套购房者平均年龄较低的原因所在，也是“房价收入比”高而市场销售火爆的根源所在。再次，作为实体经济的房地产业生产周期较长，从投资开工到建成销售一般要经过2—3年的时间，而且一旦开工即形成资本沉淀，转向成本极高，而不能像股市那样可以实现资本的快速转移。由此决定了房地产企业对政策反应的时滞性，不能紧跟密集出台的政策作出即时调整。

第四，中国缺少房地产泡沫生长条件

房地产泡沫生长的条件是：①房地产高度资本化和高流动性，②虚拟经济的恶性膨胀，③过度投机的社会氛围，④宏观经济政策失误，特别是货币金融政策的失败，⑤市场信心的丧失。中国是一个发展中的社会主义大国，工业化、城市化仍在进程中，区域发展的差异性大，国内市场空间、调整空间广阔，缺少房地产泡沫生长条件。经济的持续发展，人民生活水平的提高和居住的改善，对房地产产品有着持续旺盛的市场需求，而房地产存量和增量的双重供给不足则是市场的长期基本态势。中国的社会主义市场经济体制在完善中，房地产的两大基本要素资金和土地仍然主要掌控在政府之手。中国资本市场还在发育初期，股市还不能成为宏观经济的“晴雨表”。房地产贷款虽占金融机构贷款相当比例，但风险可控。金融体制的深化改革可进一步降低房地产金融风险。中国房价快速上涨的重要推动力来源于商住用地价格的快速上升，而商住用地价格上升又主要源于商住用地的复杂的社会再分配制度安排和综合功能，包括与工业用地、公益用地低价的平衡、各类公共设施和保障房的配建，以及公共财力筹集等。中国土地的公有制、土地用途的管制和城市规划的引导，以及相关社会政策的改革与调整，可以把商住用地价格控制在可以接受的区间。房地产建设是固定资产投资，购房是一次性支付的多年居住消费，房地产是投资与消费统一的重要节点。在以防过热为主的政策导向时期，把房地产调控作为宏观调控的应急工具，与房地产业的特点和功能相悖，实践证明并不成功。投资是为了明天更好的消费，两者并非水火。在社会主义现代化建设中，调控的关键不应是投资率的高低，而应是投资效率的提升。在经济下行压力加大时期，对房地产松绑是恢复本来的市场供求关系，而救市则有延续应急工具之嫌，同样与房地产持续稳定发展的要求相悖。

本文发表于《南方房地产研究》2015 年 9—10 期

房地产新态势与调控的新思维

（2015 年 12 月 12 日）

今天与大家讨论三个问题：一是我国房地产地位是否需要重新定义？二是 2016 年第二季度后房价是否有断崖式下跌的可能？即房地产未来形势的判断。三是房地产调控的新思维，对房地产调控政策未来走向作一展望。三个问题均属宏观问题，分别从两则媒体热炒的信息和一个常用的口号谈起。

第一个问题：我国房地产地位是否需要重新定义？

2015 年 11 月 16 日 12580 生活播报地产客称，有学者认为房地产政策持续宽松的背后是房地产之于宏观经济的地位被重新定义。媒体有关房地产的信息从来都是五花八门，令人眼花缭乱。局部的个案信息相互对立，全局统计数据与社会数据有时相差数倍甚至更多。价格和交易量的环比、同比数据对市场买卖双方决策具有参考价值，但用于判断宏观形势和制定调控政策要慎重使用。因为百分之零点几的变化，甚至一两个百分点的变化均可用统计误差来解释，而且常常受到短期偶然因素和人为因素影响，如商品房的销售结构、短期的刺激政策等。房地产市场变化是国民经济总体态势的“晴雨表”，与我国的特殊国情、发展阶段和国内外的总体形势变化密切相关，房地产调控政策则是对这种宏观形势作出的主观应对。随着我国经济发展进入新常态，此前被严厉推行的限购、限价、限贷等房地产限制性政策纷纷取消，转而采取支持住房消费政策。但房地产的地位、功能、特点是客观存在，并不会因调控政策的改变而改变。调控政策的改变是对宏观形势变化的应对，重新定义房地产地位则是一种主观主义的反映，是对调控效力的无限夸大和盲目崇拜。

1. 房地产业是否被文件、学者冠以支柱产业、基础产业名号无关紧要，但房地产是上下游关联度极高的产业。房地产为钢铁冶金、水泥建材等上游产业提供市场，中游关系数千万建筑业职工就业，下游为家电、家装、家具开拓需求空间，为居住小区服务业提供市场，房地产业的回暖确能对宏观经济稳增长发挥关联促进作用。

2. 房地产产品是各种房屋建筑物。城市的外在直观物理形态是各种建筑物的排列组合，房屋是满足居民基本居住和改善性居住需求的物质基础。房地产业是城市化的先导产业，是改善民生的基础产业。把房地产视为虚拟产业，与实体经济对立起来，无论在理论上，还是实践上都说不通。

3. 房地产虽被划为第三产业，但其产品属于不动产，房地产建设属于固定资产投资。一旦开始投资务须完成，否则将形成投资沉淀，造成极大亏损，并不能像股市那样可以实现投资的快速转移。把房地产等同于股市至少在中国并不符合实际。

4. 房地产市场属于区域性市场。由于我国幅员广阔，区域发展的不平衡和不同步，市场供求关系发生区域性分化，过去、现在和将来均属于正常现象。

5. 房地产生产要占用大量的土地和资金，属于土地、资金密集行业。在以防过热为主旋律的宏观调控时期，成为抑制对象；在以稳增长为主要目标的宏观调控时期被寄予促推经济的厚望，似乎顺理成章。前者被实践证明效果有违初衷，后者则有一个合理“度”的把握问题，尤其要防止行政手段对市场供求关系的再度扭曲。

6. 房地产业从拿地、规划设计到产品出售满足社会需求，一般要经过2—3年甚至更长时间，相对于宏观经济形势的变化往往有一个滞后期。把房地产调控作为宏观经济调控的应急工具往往难以奏效，这是我国以往十多年房地产调控政策出台越密集，与期望效果越远的原因。

7. 我国房地产主产品是住宅，建设住宅是投资，购买住宅则是消费。我国居民购房的主体是自住性需求，是一次性支付多年消费。投资性、投机性购房只占少数。由于统计范围不同，与发展国家相比我国居民住房消费支出占家庭消费比例（不足10%），比发达国家低十几个百分点。

若将购房支出计入家庭消费，则我国消费率将上升6—8个百分点。

8. 由于城市化的加速和工业化进程尚未完成，我国房地产市场是增量需求和改造升级需求的叠加，住房市场是基本住房需求与改善性住房需求的叠加。其中基本住房需求具有刚性，而改善性住房需求依家庭支付能力和消费偏好而有较高的弹性和较大的选择空间，包括购买时刻、户型、面积、总价、单价、配置、区位等，对住房品质的要求更高。所以作为购房主体的改善性住房需求对行政调控的反应敏感性较低。这是房地产调控必须考虑的因素。

总之房地产业的地位、性质特点是客观存在，不会依宏观调控政策的变化而发生改变，对房地产业重新定义既无必要，亦会产生思想混乱。决策部门应该改变的是对房地产主观诉求和相应的产业政策。房地产业作为稳增长、调结构、转方式、惠民生、防风险的重要节点和平台，在高增长时期过度抑制、贬低、围剿甚至妖魔化是有害的，在新常态下，以行政手段救市、托市，人为抬高房地产地位同样与房地产市场发展规律相悖。这就是笔者一直主张房地产政策是松绑，而不应救市的原因。

第二个问题：房价是否有断崖式下跌的可能？

近日《中国住房发展报告》称，房价在经历较快上升后，2016年第二季度后有出现一波断崖式下跌的可能，但商品房投资有望缓慢回升，对经济增长的带动有望增强。用语虽然耸人听闻，吸引眼球，但没有依据，且逻辑混乱。

首先，断崖式的房价下跌即楼市崩盘，过去十年曾被多人、多次重复炒作，但没有一次成为现实，也不见有人出来作自我批评，过后又总有人乐此不疲。大概是作此放言，只有吸引眼球的收益而无须支付任何成本之故。其次逻辑混乱。既然是楼市崩盘，又何来投资缓慢上升，对经济增长的带动有望增强？难道房价大幅下跌，开发商还会追加投资？房价大幅下跌，开发商亏损严重，血本无归，必然是投资大减，房地产市场全面萎缩何来投资缓慢上升？作出此种断言，不是对中国房地产缺乏深入了解，就是混淆了事物本来的逻辑。

在此笔者再多说几句。《中国住房发展报告》表明的态度，受到广泛关注，笔者自己也曾作出被误读的解释。却有《新京报》记者出来力挺，称住房报告近两年的预测比较准确，同时又指同属中国社科院的《房地产蓝皮书》预测多数未能成真。捧谁贬谁是记者的权利，但要以事实为据。《房地产蓝皮书》已出版 13 卷，前 7 卷由笔者主编。几年前文献出版社编辑曾对蓝皮书的预测与楼市实际走势进行检验，表明预测与实际基本吻合。不知《新京报》记者能否拿出蓝皮书预测多数未能成真的证据？笔者这里是约辩，而不是“约架”！希望记者应允。

笔者一直认为，尽管我国房地产存在诸多困难和不确定性，但未来二三十年总体走势仍然向好，基本依据有以下几点：

一是中国经济长期走势仍是向好。新常态下经济增速下行压力加大只是相对的，6%—7%的增速在世界范围内仍属高速，是增量持续增大、增长质量持续提高下的增速下行，中国经济长期向好的格局并没有改变。13 亿人口的大国现代化建设有着足够的市场需求和自我调整空间，科技进步的红利、深化体制改革的红利、人力资本提高的红利、城市化和全面建成小康的红利等，还有巨大的释放空间。

二是房地产市场整体的长期走势依然是供给如何满足需求问题。我国城镇居民户均 1.02 套住房的统计数据是包括 25%左右的平房在内的，并不是全是配套厨房、卫生间的单元住房。城市居民住房条件总体上已有很大改善，但并非所有居民都有很大改善。城市化进程的基本住房需求和改善性居住需求大致得到满足大概还需经过二三十年的努力，城市危旧住房存量的改造升级也还任重道远。我国城市房屋存量目前约为 400 亿多平方米，距离存量上限还有一倍以上的增长空间，以二三十年计每年增量在 15 亿—20 亿平方米。

三是三、四线城市去库存压力并非楼市崩盘的充分条件。经济快速发展地区、一线大城市房价仍呈上升趋势，增加有效供给仍是主要矛盾方面。三、四线城市房子卖不出去有多方面原因，价格只是其中之一。过度超前的规划建设，区位、公共配套等都可能造成滞销和库存增加。国家统计局的数据是全国商品房库存 6.8 亿平方米（有非政府机构说达

21 亿平方米，不知依据是什么），商品房库存对开发商资金周转造成极大压力，也对金融安全形成威胁。另外也应注意，以行政手段消化商品房库存同样存在多种风险。6.8 亿平方米库存大约相当于半年的全国销量，商品房保质期也不是几天，而是多年。一定库存、产能过剩是提高质量的前提条件，住房的一定库存对购房者是利好。

四是房价的涨涨落落是市场配置住房资源的基本形式，不必进行过度解读。房价上涨表明市场供不应求，利润增加：一方面吸引要素进入，增加有效供给；另一方面抑制购房，降低市场需求。房价下行，表明供大于求，利润下降：一方面促使房地产投资减少，抑制增加供给；另一方面刺激需求，增加销量，达到新的市场供求平衡。

五是房价下行与成本上涨趋势相悖。从未来趋势看，土地价格、劳动力价格、原材料价格呈上升的趋势当不可逆转。某些地块的楼面地价高于同区位现房价格是事实，但以面粉价格不能高于面包价格为由进行判断似有简单化之嫌。因为现房价格是以过去的地价为基础计算的，而现在的地价则是以后数年房价构成的基础，而且不同时期房屋的质量、建设成本亦无可比性。“地王”反映的是开发商对房价未来趋势的判断。房价下降是购房者的诉求，房价上升则是多数房屋持有者的希望，而后者是社会的大多数。房价断崖式下跌是占社会少数的购房者希望，但不是政府和社会大多数的希望。

六是经济社会的发展、科技的进步将对房地产发展产生强烈影响。在经济发展的新常态下，房地产发展也会有新常态：创新发展、转型发展。例如绿色房地产的推广，节能环保建筑的推行及其相关技术标准的提高，房地产的个性化、定制设计和售后服务，“互联网 +”房地产的新业态，房地产资产的重组、重构，企业的规模化、集团化、工厂化、国际化等将成为发展方向。这就是目前强调的供给侧（实为供给端）改革。供给侧改革强调优化要素投入配置，对于应对出口、投资的变化具有重要现实意义，但并没有改变需求引导供给关系。强调供给侧改革，还要坚持市场发挥资源配置决定性作用的改革方向，牢记关键不在于生产什么，而在于怎样生产，即生产方式的创新与升级。

第三个问题：新常态下房地产调控新思维

以稳增长为主基调的调控与以防过热为主基调的调控当然会对房地产业有不同的考量。但随着房地产供求双方逐渐趋于理性，党和政府对房地产规律认识的深入，房地产调控政策也将与房地产发展方向趋向吻合，充分发挥其对房地产发展的正向引导和推动作用。

首先，从一个大家公认的口号，中国楼市是政策市谈起。中国的楼市被称为政策市有其依据：房地产的两大要素主要掌控在政府之手，中国政府由上而下的集权体制和超强的行政能力，房地产市场供求双方对政府政策的高度敏感和信赖。但也产生了政府的过度自信和对行政手段的过度依赖，导致的房地产供求关系扭曲，政府政策对广大购房者的强烈影响。随着政府职能转型，体制改革的深化，市场在房地产资源配置中发挥决定性作用，以行政手段扭曲房地产市场供求关系将逐渐成为过去，房地产市场将回归其本来的面貌，中国楼市的政策市也将成为过去。

其次，房地产市场区域差异化调控将成为主流。中国幅员广大，各地发展极不平衡，面临的主要矛盾和主要矛盾方面也极不相同。房地产是区域性市场，中央政府“一刀切”的房地产宏观调控将更多地让位于城市政府自主调控。城市政府将承担起对本地房地产市场调控的主体责任，即房地产市场调控的地方化。

再次，房地产行业调控与住房社会政策目标的边界将逐步清晰。房地产行业调控目标是优化资源在房地产行业内部以及与其他行业之间的配置，重在提高资源要素配置效率。包括房地产用地的供给和空间控制，房地产市场交易秩序的规范，房地产产品质量的监管，绿色住宅、低碳建筑的推广等。住房社会政策主要是满足公民住房改善性需求和保障低收入群体的基本住房需求，重在公平、可持续性。厘清两者的边界方能有科学的顶层设计。

最后，房地产政策作为宏观调控的应急工具将逐步淡出。房地产虽然占社会固定资产投资的较大比例，房地产销售虽然成为居民消费的新热点、家庭消费第一支出，是稳增长、惠民生的重要平台和节点，但房地产生产周期长，在建设中转移投资将支付极高的成本。所以房地产政策作为宏观经济调控的应急工具往往难以取得预期效果。房地产业应更多地在金融信贷利率等宏观杠杆作用中发挥对国民经济的调节作用。所以单一针对房地产行业的政策密集出台概率将大大减少。

本文系作者在“中国房地产业新发展年会”上的演讲

调整土地利用规划的几点思考

（2016 年 9 月 27 日）

土地是一切生产活动须臾不可离开的物质载体。供地是重要的供给侧，调整土地利用规划是重要的供给侧结构性改革。有关我国土地利用规划的调整，笔者有如下思考。

1. 土地利用规划是人为的产物，土地利用规划的法定和严肃性的前提是其科学性和前瞻性。大规模、大范围的违规违法用地，从另一侧面证明了土地政策和用地规划存在着严重缺陷。我国正处于大规模的现代化建设时期，土地利用结构的大变动将持续一个较长时期，建设用地大幅度增加，占地比例扩大是时代发展的要求。满足现代化建设用地需求，特别是城市化建设用地和生态环境保护用地的需求，应成为土地利用规划的基本目标。集约用地、节约用地是用地的基本原则，严格控制建设用地、保护耕地红线则要依据时代变化作出适度调整。人口城市化与土地的城市化是一个在基数合理基础上的整个发展阶段的平衡，而不可能是年度的平衡和短时段的平衡。在城市化加速阶段，土地的城市化快于人口的城市化是阶段性的必然现象。

2. 随着我国全方位对外开放和综合国力的增强，适应我国人均农业自然资源相对不足的特点，适度放开粮食自给的紧约束，立足于利用国内外两种资源、两个市场实现农业资源的转换和优化配置应是我国耕地保护战略的重要参考变量。我国农产品供求关系已经发生了根本性变化，增加耕地保护的弹性，逐步淡出耕地占补平衡、层层分解政策乃大势所趋。党的十八届五中全会决议提出的粮食作物和饲用作物统筹、藏粮于地和藏粮于技、进行休耕轮作试点已经为调整国家粮食安全思路指明了方向。

3. 城市建设用地是未来我国建设用地增量的主体，也是引发社会矛盾和利益冲突的焦点。但城市用地是更集约的用地，满足合理的城市用地需求不会构成对我国粮食安全的威胁。我国城市建成区面积还将翻番，上限将达11万—12万平方千米，约占国土面积的1.2%，但将容纳80%以上的人口和90%的经济产出。在城市用地增量与农村居民点用地减量之间存在着后者大于前者的置换关系，只是因为城乡统筹政策滞后，没有及时得到置换。满足城市建设用地既要突破土地制度、用地政策和用地计划的约束，更要突破思想观念和土地利益结构重塑等方面的障碍。

4. 土地是农村集体经济的主要资产，实行集体所有。由于快速的城市化进程，近郊农村传统封闭社区的消散不可避免，远郊农村人口大幅度减少，大量自然村落撤并重组亦势所必然。随着农村居民家庭结构的剧烈变动，农村集体成员资格认定的难度在大大增加，农村干部道德风险和集体资产经营的市场风险也在增加，农村集体经济虚置的矛盾也凸现出来。强化农村居民与土地的联系，或于保护农民合法权益有利，但也将增加未来理顺城乡关系和社会关系的难度，于从事农业生产经营、以土地为生的真正农民也将弊大于利。

5. 土地是重要的经济要素，但不同于一般经济要素。土地既是财富之母，是资产、资本，又有自然资源属性、空间不可移动、只能改变用途、不能增加总量等特点。土地的特性和功能用途的多样化决定了用地评价要立足于土地综合效益的提升，而不能仅仅局限于经济效率的高低。确认土地产权有利于完善社会主义市场经济体制，但社会主义市场经济体制的本质要求是，提倡劳动创造价值、劳动致富、共同富裕，允许资本依法依规赢利，但不应提倡凭借占有土地等自然资源不劳而获。

6. 城市征地拆迁成为地方政府的第一大难题，关键在于城市土地的高收益如何做到公平合理分配。城市土地高价格、高效益是大量社会资本投资凝聚的结果，与土地占用使用者无关。城市土地属于国有，城市土地的巨额级差收益归社会合理合法。土地财政是社会再分配的工具，是改进、完善、用好、用到位的问题，而不是简单的摆脱问题。土地财政有寅吃卯粮的一面，又与卯事寅干相对应，这是当代人建设并受益、后代人分享的代际承传关系，而没有所谓的不可持续问题。破解征地拆迁社会矛盾的中心环节是公平、公正、公开、透明的补偿政策并落到实处。在城市现代化建设过程中，加强个人产权保护是必要的，但也要倡导集体主义和全局意识。应该明确，拆迁安置不是对个人住房产权的剥夺，而是对个人住房产权的空间置换；过度补偿、一夜暴富是新的社会不公，也会造成一系列社会问题。这里的舆论和政策的正向引导尤为重要。

7. 城乡一体化发展已成共识，但对于城乡二元的土地制度障碍却视而不见，或者有意回避。在农村土地制度改革上，鼓吹私有化受到国家基本制度和意识形态的强力压制，极少可行性，只能潜流涌动。农村土地确权发证，有利于保护农业户籍人口的土地权益，但也将加剧土地权益重新分配的冲突。农村土地入市与城市土地同权同价，有利于打破政府对土地市场的垄断，但其带来的一系列关联效应也应引起高度警惕。解决之道是实现城乡统一的土地共有（国有或全民所有）制，城乡实行统一的土地所有权与经营权、使用权相分离制度，农村土地实行家庭永佃制。如是，既与国家基本制度高度契合，又是农村家庭承包制的自然延续，较少社会震荡和改制成本。

8. 我国幅员辽阔，各地土地资源禀赋差异大，发展阶段也不平衡，各业发展用地需求也极不一致。增加省市县的用地指标弹性，扩大地方政府调整土地利用的自主权，亦应成为国家土地利用规划未来调整的重要考量。

本文系作者在“发挥土地利用规划在供给侧结构性改革中的作用研讨会”上的发言

建立房地产发展长效机制的思想认识基础

（2016 年 12 月 30 日）

中共中央政治局 12 月 9 日召开会议分析 2017 年经济工作，明确要求加快研究建立符合国情、适应市场规律的房地产平稳健康发展长效机制。建立房地产发展的长效机制中央已提出多年，并多次重申，但实际进展甚微，关键在于各方思想认识上的不一致，对于基本国情对房地产的制约、房地产地位和特点对房地产市场规律的影响、房地产市场特征对长效机制的特定要求等缺乏共识。这里作十个方面的分析。

一、房地产业是虚拟经济还是实体经济？

对房地产地位作出正确的判断是建立房地产长效机制的重要认识前提。学界和媒介多有房地产是虚拟经济之论，断定房地产业的繁荣发展对实体经济与生活消费产生挤出效应。对银行资金“脱实就虚”的批评，从语境分析，论者并不反对银行资金进入股市，只是反对银行资金进入房市。把房地产等同于虚拟经济，即把买房视同投资，等同于购买股票，与中国购房主体是自住性需求的实际并不相符。中国的房地产尚未高度资本化，房市与股市虽有相通，但并不等同。房地产把相关要素组合起来，建成实实在在的物质形态的房子，为工业化提供场所，为住房消费提供物质空间，是名副其实的实体经济。房地产是城市化、工业化的先导产业，上中下游的产业关联度极高，在国民经济体系中居基础性地位。在经济发展进入新常态、建设全面小康社会决战阶段，房地产是第一大国内消费需求和第一大投资需求，是稳增长、转方式、调结构、惠民生、防风险的重要节点。

二、房地产行业特性对长效机制有何特定要求?

房地产业是资金和土地密集型行业，主产品是房屋，房屋既有固定资产属性，但首先是耐用消费品。房地产建设属于社会固定资产投资，经济发展对房地产具有决定性影响，一旦投资行为发生，即形成资本沉淀，难以像股市那样实现资本快速转移。房地产市场是区域性市场，产品在空间上不可移动，不能通过交通运输实现市场空间的再配置。房地产生产周期较长，从拿地到产品出售一般要经过二三年，难以对高频率的调控政策作出即时反应。房地产属于不动产，具有保值增值功能，但首先具有居住使用价值。房屋的基础功能是居住，保值增值功能从属于居住功能。居住属于居民的基础消费，可以购房消费，也可以租赁消费。购房是一次性购买，多年消费，可视为投资，但实质是对多年住房消费的一次性支付。居住消费的弹性大，个性化强，人均几个平方米可以满足基本需求，人均几十平方米、上百平方米可以住得更舒心、更有尊严。住宅具有极强的异质性，因品质特征和区位的不同，总价和单价可相差数倍乃至几十数倍。居住消费水平依据家庭支付能力和消费偏好而定，难以有一个统一的标准。房地产的这些特性对房地产长效机制提出特殊要求。

三、我国房地产市场的基本面是供不应求，还是供大于求?

对市场的基本面作出正确的判断既是制定房地产调控政策的基点，也是建立房地产长效机制的起点。我国房地产市场的总体态势是供不应求，供大于求，还是供求基本平衡?可谓众说纷纭，相互对立。局部数据不能作为全局性判断的依据，全局性统计数据也要进行深入分析才能得出相应的结论。2016 年房地产交易量价又创新高，年内市场变幅又创最大，调控政策也创最短周期，其中必有不以人们意志为转移的客观因素发挥深层影响。全国城镇住房存量户均已到 1.09 套的统计数据，并不能证明城镇住房已经供求基本平衡，或者供大于求。因为其中包括了

20%以上的平房和危旧房，并非全部为单元房。房地产去库存政策的本质是解决房地产市场区域性的供求错位，全国房地产7亿多平方米的库存大约相当于半年多的市场销售量，其中，多少是因为品质不佳，基础结构严重缺陷，或者选址不当，基础设施不配套，而没有居住价值的“废品”，并没有确切统计。去库存被列入供给侧结构性改革五大任务之一后，由于各地一哄而起的矫枉过正式的放松和过度刺激，很快引发一线城市和热点城市房价爆发式增长，使房地产调控不得不再次回到原点。房价是市场供求关系的“晴雨表”，也是调节市场供求关系的杠杆。价格上涨，说明市场供给不足，要求刺激投资，增加供给，同时也抑制需求；价格下行，说明市场需求不足，要求抑制投资，减少供给，同时也会刺激需求增加，达到新的供求平衡。十多年来，我国房地产市场正是遵循这一规律而发展变化。逆势而行，只能事倍功半。

四、我国房地产的长期走势是否已到了拐点？

房地产市场信息有环比、同比变化，有局部的区域的统计和具体楼盘销售数据，更有增降幅扩大和收窄或者绝对值升降的变化，令人眼花缭乱。时时刻刻都在变化的市场信息对于房地产企业经营决策和房屋买卖者无疑具有重要的参考价值，但建立房地产长效机制要基于对未来国民经济社会发展长期走势的判断。我国是最大的发展中国家，仍将并将长期处于社会主义初期阶段。我国经济总量排在世界第二位，但人均排在80位左右，人均拥有的公共固定资产存量只及发达国家的几分之一。住房存量少、质量差的基本格局在短期内难以根本改变。我国的城市化率还有几十个百分点的上升空间，未来几十年还要有几亿农村人口进城，城镇房屋存量估计将达到800亿—1000亿平方米方能满足需要，大约是目前存量的2倍以上。房屋的增量需求与质量改善需求双旺盛是未来房地产市场的基本态势。房地产黄金十年已经过去，房地产高利润时代或已过去，但房地产市场还会有白银十年、钻石十年等多个十年。房地产“拐点”论提出7年来，我国房地产投资和房价又分别上涨了1倍多。实践证明，所谓拐点只是房地产春天里的“倒春寒”，房地产的春天还将持续三四十年。十多年来，我国房地产市场发展总体上表现为拐点来临而又复返，泡沫胀而不破，房价调控不降反升的总体态势，正是这种经济社会发展大趋势的必然结果。

五、谁是高房价的推手？

房价快速上涨引起各界高度关注，控制房价也始终是调控政策的主旋律。我国房价长期持续的快速上涨是多种因素综合作用的结果，采取单一的政策措施当然难以达到目的。一是房地产开发成本的上升。土地、建筑材料、人工等成本上升是推升房价的基础因素。价格高于成本是有效供给的原动力，成本上升低于价格上升幅度等于利润收窄，意味着行业景气下降。二是物价上涨造成房屋名义价格上升。货币贬值是世界各国的长期走势，融入全球化的人民币也不例外。三是供不应求的市场格局。房地产有效供给的增加不足于满足快速扩大的住房需求，成为房价上涨的基本推手。大比例的期房即是证明。四是政策的逆向调节。控制房价上涨的釜底抽薪之策是增加住房投资，而政策上又以种种理由限制住房投资，加剧市场供给不足，成为房价上涨的重要推手。五是经济的发展和宽松的金融货币政策，提高了居民购房支付能力。几年前的高房价在今天看来已经成为低房价，大多数选择提前归还住房贷款即是证明。六是投资性、投机性购房和中介的违规操作推升了房价。

六、如何看待炒房？

购房的目的有自住、投资和投机之分。投资性购房是为租而购，增加租赁市场有效供给，与现在提倡的开发商增加自持没有质的区别。投机型购房即炒房，以营利为目的贱买贵卖、快速倒手的房屋买卖行为。在房价上升时期，炒房加剧供求矛盾，对房价上涨推波助澜，有扰乱市场交易秩序之嫌。但仔细想来，炒房又不是一无是处。炒房者以其灵敏的市场嗅觉和购房行为，客观上引导开发商投资方向，加快住房资源流动，增加二手房供给，优化住房资源配置，可视为楼市的润滑剂。房子是用来住的，是一个常识，也是对房地产虚拟经济定位的否定；房子不是用来炒的，是政策信号，表明禁止炒房的政策指向。炒房似乎从来没有被政策鼓励过，但炒房在众目睽睽之下持续多年，根源在于炒房有利可图。炒房有利可图的前提是房价上涨预期和有人接盘。遏制炒房的根本措施是改变房价过快上涨的预期，增加有效供给。把控制房价上涨寄托于限制炒房，不得要领，很可能会落空。炒房与炒股本质上相同，推崇炒股而禁止炒房逻辑上不通，政策实施上也难操作。我国购房的主体是自住性需求，包括一次置业和改善性的二次置业。二次置业也会有房屋的买卖倒手，与炒房难以区别。禁止炒房政策如何精准聚焦要害，又避免伤及无辜，是一种两难。炒房的最大隐患在于金融安全。炒房者是小众，以自有资金炒房掀不起大浪，防控房地产金融安全的关键是改善金融机构内部的治理结构，堵断金融机构资金参与炒房的通道。

七、高地价的利弊得失何在？

高地价推升高房价。面粉贵了，面包焉能不贵？地王频现，提升房价上涨预期，带动周边房价上涨，因而广受诟病。这里要厘清两个问题：一是城市商住用地为何高价；二是商住用地高价的利弊得失。地价即土地的买卖价格，在我国首先是土地出让金的转化，而土地出让金是国有土地使用权价值的货币表现。高地价的表层原因是地块的高使用价值和高营利性，深层原因在于地块的区位及凝聚于其上的公共服务设施配套的高水平，属于稀缺资源。稀缺资源的低价只会造成低效率的占用，甚至浪费性占用。高地价成为现实是市场决定，是土地供求关系、开发商对地块开发前景的判断及其支付地价的能力等综合作用的结果，深层原因还在于我国用地制度安排。商住用地高价与工业用地低价和公益用地零地价之间在总体上要实现收支的平衡。土地出让金 70 年一次性征收提高了土地价格，但也扩大了地方公共财源，为加快城市公共基础设施建设、提升公共服务水平提供了保证条件。所以，高地价的背后是复杂的社会再分配关系，招拍挂竞标和限地价、竞配建等都是以土地开发为平台的社会再分配。我国的高地价推升高房价，造成买房贵而居住便宜，与美国的买房便宜、居住贵（须每年支付房地产税），都是一种制度安排，两者各有千秋，是一种利弊取舍的结果。高地价被批评为寅吃卯粮，不可持续，其实寅吃卯粮与卯事寅干存在着对应关系，实质是代际积累和代际承传，本来就不存在什么不可持续问题。土地财政不等于土地腐败。把高地价斥责为与民争利，是把土地财政等同于地方政府利益，背后含义是地方政府有着与人民根本利益对立的独立利益，这是对地方政府合法性的否定，也是对国有土地产权的否定。最近国土部对温州住房土地使用权20年到期问题的批复：正常办理交易登记手续，不申请、不收费、自动续期，或有利于个人产权保护，但并没有解决关键性的不同土地使用权期限衔接与平衡问题，只是一个不是办法的办法。对这一回避矛盾的过渡性安排，誉为“中国一大步”似有溢美之嫌。高地价推升高房价还可以从另外一种角度进行解释：今天的房价（面包）对应的是两三年以前地价（面粉），今天的地王（面粉）对应的是两三年以后的房价（面包），而且今天的面粉在两三年以后做成的已不是今天的面包，而是更高级的点心，今天的面包与两三年后的高级点心并没有价格的可比性。地价当然不是越高越好。地价过高推动房价过度上涨，提升居民生活指数，要求企业提高工资水平，增加企业用工成本，进而影响企业竞争力和所在城市活力。土地毕竟是自然资源，地价过高，等于自然资源占有更高的经济收益分配比例，扭曲正常的社会经济分配关系。

八、房地产调控政策应设定何种目标？

建立房地产长效机制与房地产调控的目标都是为了促进房地产的健康稳定发展，但前者更重稳定性、持续性，后者更重现实针对性，要与前者保持方向上的一致性，为前者奠定基础。我国房地产市场不是要不要调控的问题，而是调控目标的设定，时机、力度和方式、方法的选择问题。我国房地产调控实践已经十几年，调控政策出台的频率之高，为其他行业少有，但调控的效果有违初衷，很难说取得了成功。原因在于调控政策目标与房地产行业特点相悖，与房地产市场规律不相吻合。房地产建设是固定资产投资，周期较长，建设期间转换投资成本高，难以对经济波动作出应急式反应。我国房价的市场发现和市场形成机制尚在完善过程之中，由供求关系决定的时时都在变化的房价相对于频频出台的以控制房价为主要目标的调控政策总有一个滞后期。房价上涨是多种因素综合作用的结果，以限价、限购等行政手段为主的房地产调控当然难以达到本身就是模糊概念的房价合理回归的目标。控制房价过快上涨，要求扩大房地产投资，而防止经济过热又要求关紧土地、资金“闸门”，形成不同调控目标的政策措施效力的对冲。与此同时，行政调控资源过度倾注于难以达到的目标，必然削弱政府对应该和必须做好的工作投入。例如，房地产空间布局控制、市场交易秩序规范、房地产品质质量监管、房地产用地制度的改进等。城市房地产信息联网迟迟不能兑现政府承诺，更多的是由于工作力度不够；主管部门自称有诸多调控政策储备，但面对住房用地使用权到期，只能采取回避矛盾的过渡性安排，就证明了这一点。

九、住房政策与房地产政策有何关联和区别?

住房政策是一项重要的公共政策，对于房地产长效机制的建立具有基础性要求。房地产政策对住房政策发挥保障作用，住房政策则对房地产政策具有制约意义。房地产政策是产业政策，基本目标是促进产业健康稳定发展，满足社会经济发展对房屋的需求，要求效率优先。住房租售并举政策落地的前提也是要有房可租。住房政策是社会公共政策，基本目标是居者有房住，要求公平优先。两者不应混为一谈，更不能把住房政策成本全部加于房地产政策身上，奢望通过房地产政策能够实现住房政策目标。住房制度双轨制的关键在于住房保障边界的划定。大多数家庭通过市场解决住房需求，少数贫困家庭走住房保障之路，是我国住房制度改革的基础框架，也是住房市场化的基本含义。扩大住房保障边界，鼓吹占大多数的中低收入家庭走住房保障之路，少数富裕家庭市场购房，是对住房制度市场化改革的否定，在实践上不具可持续性和可行性。泛化住房保障概念，把经济适用房、双限房、人才房、拆迁安置房等政策性住房统统纳入保障住房范围，或者加入产权保障权重，是对住房保障的曲解。不仅造成新的社会不公和住房建设低端化，而且将使公共占有的住房资源极度扩张，降低住房资源的配置效率，增加寻租腐败空间。

十、房地产长效机制要点

1. 立足于社会主义初级阶段的长期性，以满足城市化和城乡现代化建设对房屋的需求为目的，满足房地产开发对土地和资金的合理需求，既不应歧视和限制，亦不需要优惠和刺激。

2. 改革和完善房地产用地制度，平衡不同类型建设用地价格，妥善解决土地使用权到期延续问题，妥善解决土地出让金 70 年一次性征收与开征房地产税衔接问题。

3. 坚持住房制度市场化改革方向，完善住房保障进入退出制度，完善居民自住型购房的金融信贷扶持制度。

4. 减少房地产调控政策出台频率，稳定房地产市场预期，发挥市场配置住房资源的决定性作用，逐步淡出房地产“政策市”。

5. 加强规划对房地产开发的空间管控，引导低碳节能建筑建设，完善房地产信息体系建设和市场预警机制，规范房地产市场交易秩序，强化房地产品质监管和售后服务监管。

本文系作者在“房地产峰会”上的演讲

第五编

城市化的支撑:宏观经济与产业发展

我国推进“三化”的四点思考

（2012 年 9 月 15 日）

工业化、城市化、农业现代化（以下简称“三化”）是现代化的标志，也是建设现代社会的动力和实现现代化的物质基础，推进“三化”是现代化建设的主题。适应时代发展的需求，推进新型工业化、新型城市化和农业现代化已经成为目标，但在具体路径选择、如何与科学发展融为一体上又众说纷纭，仁者见仁。对此笔者有如下四点思考。

一、推进新型工业化要符合我国大国发展阶段的特殊要求

相对于以消耗大量资源、污染环境为代价，以剥夺本国人民和殖民地、半殖民地为工业化提供原始积累的传统工业化而言，新型工业化是以技术创新为基础，资源节约、环境友好的工业化，是变单纯依赖增加要素投入为集约利用、循环利用、可持续利用资源，提高要素配置效率的工业化，也是全民平等共享工业化成果的工业化。推进新型工业化的战略策略要与我国大国的特殊发展阶段相适应。

第一，保护生态环境是新型工业化的重要内涵。我国的工业化是一个 13 亿人口大国的工业化，资源和生态环境将面临一个较长时期的严重压力。13 亿人口的现代化和提高生活水平的物质基础离不开重化工业的支撑，所需要的重化工业产品主要要靠国内生产，不可能主要靠进口，重化工业较高程度的发展在我国不可避免。而重化工业的发展必然要与较大规模的资源、能源消耗相对应。即是说，即使我国单位 GDP、单位产品的能耗能够降下来，但我国每年数亿吨钢、数以 10 亿吨计的水泥和煤炭的耗用不仅将持续一个较长时期，而且还要有一个量的累积。与此同时，经济全球化和国际分工也离不开我国的制造业。在我国能源消耗

中，有1/4属于净出口。实现工业化水平的提升和资源能源消耗总量增长的脱钩，在我国还要经过一个较长期的艰苦努力。即使是努力推进新型工业化，这种态势也不会有根本逆转。

第二，节能减排是我国新型工业化的重心。节能减排的基础在科技进步。以技术进步为支撑的节能减排是一个长期的渐进过程。人类对宇宙和地球演化的认识还处于初级阶段，把地球温度上升主要归纳于人类活动依据不足。气候变化问题本质上是一个国际政治博弈问题。碳排放问题的关键首先不在于谁在生产，在哪里生产，怎样生产，而在于谁在消费。低碳技术推广的核心是发达国家政府买断低碳技术专利，并以发展中国家可以接受的价格转让，这是检验发达国家排放态度的试金石。节能减排虽然与应对气候变化高度重合，但没有气候变化问题，我国的工业化也要大力推进节能减排。

第三，我国推进新型工业化要充分考虑区域分工的因素。区域工业化发展的不平衡是我国作为一个大国工业化的基本特征。推进区域工业化的战略选择首先是充分发挥区域比较优势问题。以一个区域的第二、三产业比重的高低判定工业发展阶段，对于区域工业化的政策调整不具现实意义。例如某些二、三线城市三产比重高于上海市，并不表明其工业化水平高于上海；某些二、三线城市二产增加值比重高达70%以上，也不表明这些城市已经进入后工业化时代。一个产品应否被淘汰，并不取决于其有无污染或污染的大小，而是取决于有无社会需求。有社会需求又无经济性可替代的产品，只能是此处不生产，而彼处生产，即伴随产业区域转移的污染的区域转移。所以，一个区域真实的资源能源效率与其不同的发展阶段、地域分工、产业结构、产品结构密切相关。即使是同类产业、同种产品的资源、能源效率也要受到其外部配套程度及水平的强烈影响，所以进行区域新型工业化水平的横向比较要慎之又慎。

二、推进新型城市化要从基本国情出发

所谓新型城市化就是不同于发达国家已经走过的城市化。建设生态城市、环保城市、园林城市、田园城市、宜居城市、低碳城市、绿色城

市、森林城市等理念风靡全国已有数年，可以看作是对新型城市化的注脚。选择武汉都市圈、长株潭城市密集区作为资源节约型、环境友好型社会建设试验区，体现了国家推进新型城市化的战略安排。城市建设以人为本，节约资源、环境优美、宜居宜业，让人们生活得更美好，城乡一体化发展，城乡居民平等共享城市化成果是新型城市化的基本内涵，各界似乎没有分歧。但对我国城市化基本形势判断和路径选择的不同，却足以影响我国城市化政策的走向和新型城市化的推进。

其一，我国城市化速度是过快、冒进，还是严重落后于经济社会发展的客观要求和提供的可能？不同的形势判断会成为不同政策出台的根据。若是前者，会成为抑制城市化政策出台的理由；若是后者，则会成为推进城市化政策出台的依据。一个大国的城市化本质是一个自然的历史过程，城市化政策只能对其起到加速和延缓的作用。顺应城市化客观规律的城市化政策对于抓住战略机遇、减少城市化成本将产生重要影响，对于经济社会的整体协调发展将发挥促进作用。

其二，如何看待城市化的成本和收益。拥挤、污染、占地、公共安全等城市病是客观存在，但在很大程度上又是取得城市化效益必须支付的成本。如何减少城市化的成本必须努力去做，但要以前述判断为前提。科技的进步、路径的调整可以大大缓解城市病，缓解资源环境对城市发展的硬约束。对城市病的过度恐惧，过度夸大城市化的负效应，将走上反城市化道路，无异于因噎废食。

其三，如何看待我国城市化速度和质量的关系。十多年来，我国城市化率每年提高 1 个多百分点，依然存在的房价高涨、农民工市民化滞后、交通拥堵、环境污染、基础设施不足、公共安全隐患、分配不公、社会保障和公共服务亟待完善等诸多难题，必须下大力气去解决。但也应看到，我国在城市化率快速提高的同时，城市化质量总体上在不断提高，上述城市化发展中的问题正在逐步得到解决（尽管解决的速度和程度还不能尽如人意），也是不争的事实。至于我国的土地城市化速度快于人口城市化速度问题应视为在城市化快速阶段的一种正常现象。因为农村土地是以宗地、成片为单位转变为城市用地的，而农村人口则是以自然人为单位进城的，城市用地扩张先于人口进城在快速城市化阶段具有必然性。所以，在现阶段，我国是否有必要刻意出台由速度型转变为质量型的城市化政策，值得慎重研究。以延缓城市化速度为条件向城市化质量转型，还是在积极稳妥地推进城市化进程中，提升城市化质量，显然后一种思路更有利于我国城乡的整体协调发展。

其四，建设低碳城市、生态城市是新型城市化的重要方面，但也要支付成本，进行综合评估。节约用地、集约用地是城市建设用地的重要取向。城市用地集约度越高，土地越节约，空间资源越稀缺，保护生态环境的压力也越大，支付的成本越高。而城市生态环境质量要求越高，要求的生态用地比重越高，保护环境的费用越大，城市的运行成本越高。这里的关键是把握合理的“度”，根据不同发展阶段的要求，赋予经济、社会发展和生态环境保护以不同的决策权重，统筹兼顾。

其五，以人为本是一个美好的愿景，也是新型城市化的重要内涵。但现实生活中的人是分为不同的阶层和群体的，不同的阶层和群体有不同的利益诉求，有时甚至是对立的。城市是人口的大规模高度聚集，个体行为具有更强烈的外部性。城市化是社会转型和社会利益结构的剧烈变动，要把以人为本理念落实到城市化实践中，还要依赖于完善的利益协调机制和制度设置，统筹局部与全局、近期与长远的利益关系，也离不开科学的精细化的实际操作。而所有这些又是一个反复实践、不断细化完善的过程，不可能一蹴而就。

三、推进农业现代化要与工业化、城市化进程相适应

由传统农业社会向现代社会转型，农业现代化是重要标志，也是重要的支撑。农业社会在我国延续数千年，人多地少的基本国情，长期的粮食供给紧约束，使我国数代志士仁人对农业现代化有一种特殊的情结。在笔者看来，我国推进农业现代化在指导思想上要明确以下几点。

1. 农业是国民经济的基础，这是规律，永远不会改变。但以农业为基础是方针，是政策，具有阶段性，要随着社会经济的发展而改变。由于持续几十年的农业基本建设积累和农业家庭经营体制的建立，20 世纪

80 年代中期，我国粮食等主要农产品供求关系已经发生了根本性变化，我国工业化、城市化快速推进的基本物质条件已经具备。我国农业还面临着继续夯实基础，提高经营水平，改善农产品品质结构等诸多挑战，但工农和城乡之间的主要矛盾格局已经发生了改变。

2. 农业不具有社会财富的代际积累功能。原因一是农产品是有机物，不能长期储存，不能实现物质财富的代际承传；二是作为食物的主要农产品，社会需求弹性小，供给不足不行，要挨饿；过剩供给，超过社会需求（增加储备也要有一个合理的上限，要支付成本）也会造成社会财富的浪费，降低资源的配置效率。所以一个社会从事农业生产的人越多，这个社会物质财富的代际积累能力越弱，这个社会越穷。大幅度地减少农民，改变多数人搞饭吃的局面，才会有我国社会财富积累的极大提高。同理，变藏粮于民、藏粮于库为藏粮于地（保障农业生产能力）也应成为一种选择。

3. 大规模的农产品净出口不是我国在国际分工中的比较优势。13 亿人民的吃饭问题，必须立足于国内自给，但我国又不应囿于农业的自给自足。扩大农业国际贸易，充分利用国际国内两种资源、两个市场实现我国农业资源的转换和优化配置是重要选项。主要是进口粮食、大豆、棉花、饲料、纸浆、木材等资源型产品，引进先进科技和农业装备，而出口劳动密集、技术资金密集型农产品。我国大规模的农产品净出口或者不具有可持续的资源禀赋支撑能力，或者将支付极高的机会成本。

4. 我国农业现代化要与工业化、城市化进程相适应。农业现代化的基本标志是用现代技术装备农业，完善农业经营组织，大幅度提高土地产出率和农业劳动生产率，充分发挥农业对社会农产品供给和生态环境的保障功能。农业现代化要依赖工业化提供的物质技术装备和城市化提供的市场需求，要与工业化对农业技术装备提供的可能和城市化对农产品提供的市场需求相适应。所以，农业现代化过度超前于工业化和城市化进程，既于国民经济社会整体协调发展无益，亦没有实现可能性。

5. 我国农业现代化是一个曲折的过程。我国农业现代化是在传统农业大国根基上起步的。农业现代化的过程，首先表现为农业现代物质技术装备水平的稳步提高，农业劳动力数量大幅度减少，高素质农业劳动力率先转向非农产业，农业劳动力平均素质的下降，农产品总量和质量的缓慢提升。之后才会迎来农业劳动力素质的大幅度提高，农业规模经营的实现和农业劳动生产率、农业社会化水平的大幅度提高。所以，在现阶段平均素质较低的妇女、老人占农业从业劳动力较高比例，是我国劳动力资源的优化配置，也是我国农业现代进程中的一种阶段性的特殊现象。

四、重新审视我国推进三化与宏观调控的关系

2012年第二季度以来，我国经济增速大幅下滑出乎许多人意料，可以把原因归结为复杂多变的不可控的外部因素，但外因要通过内因发生作用。在笔者看来，我国经济增速的大幅度下降，重要原因在于我国内部的持续多年的宏观经济调控效应与美国次贷引发的国际金融危机和欧盟债务危机的影响发生了“共振”。实际上，我国多年持续的以防过热、防过剩、防通胀、防投资率过高为主基调的宏观调控与应着力解决社会主义初级阶段主要矛盾的战略要求并不相容，不仅削弱了我国应有的抗御外部冲击的弹性，而且压缩了我国内部调整的空间。尽管如此，我国又好又快发展的基本面并没有改变，我国的战略机遇期也还没有过去，这里的基本依据就是我国强大的国内需求的存在。我国的国内需求包括13亿人民生活消费结构升级的需求和城市化、工业化、农业现代化进程中的投资需求。在现阶段，我国的消费需求和投资需求是互补互促、相辅相成的关系，而不是简单的此消彼长、非此即彼的相互挤压关系。我国人均消费水平尚低，随着经济社会的发展，必将有一个大的提高，这里不再赘述，主要讨论一下投资需求问题。

一个国家一定时期的国民收入 = 消费 + 储蓄，而储蓄 = 投资 + 外贸顺差。外贸顺差是暂时借给外国人的消费，投资是为了明天更好地消费。我国人民生活消费水平的提高离不开大量的公共基础设施及其相应的物质基础保障。学校、医院、铁路、高速公路、机场建设投资，城市公用设施和住房建设、旧城旧区改造、环境治理保护投资等是人民生活消费

水平提高的基础条件；扩大有市场需求的最终消费品生产的制造业投资，提升服务业水平的基本设施投资是人民生活消费水平提高的物质保障。满足这些有着旺盛社会需求的投资与经济过热和所谓的产能过剩无关，相反它是抑制通货膨胀的物质基础，又是扩大内需、稳定增长的重要保证。在社会主义初级阶段，我国固定资产投资保持一个较高增速，占GDP一个较高的比例不仅具有必然性和合理性，而且与我国的居民高储蓄率相对应。2011年我国社会固定资产投资中约有20万亿元集中于城市，“十二五”期间我国城市地区固定资产投资总额将达150万亿元。我国城市建成区每年扩大近2000平方千米，每年有1000多万农村人口进城，仅完成基础设施和公共设施配套即需投资3万亿—4万亿元。所以城市化是最大的国内需求。房地产是为人民生活改善提供房屋、为工业化提供场所的物质生产部门。房地产业的主体不是所谓的虚拟经济，而是实体经济。2011年我国房地产开发投资总额达6.2万亿元，同比增长27.9%，“十二五”期间房地产投资额将超过35万亿元。房地产开发投资是稳定国民经济增长的重要因素，而不是异己的力量。广大居民租房是住房消费，自住型买房是一次性支付多年的房租，实质上也是住房消费。所以房地产投资是扩大内需与改善民生的重要结合点，而不是对扩大消费的单向挤出。调整宏观调控思路，实施正确的“三化”推进方略，并下决心理顺价格体系和社会分配关系，我国经济的前景一片光明。

本文系作者在“中小城市科学发展论坛”上的演讲稿

城乡发展一体化解读

（2013 年 9 月 12 日）

重读十八大报告有关推动城乡发展一体化的论述，笔者有如下理解。

一、城乡发展是对立统一的关系。城乡一体化发展的目标是缩小过大的城乡差距，而不可能完全消除城乡差异。城乡一体化发展是协调城乡关系的发展，而不是重点发展农村。加快农村发展也不是不要城市发展或者削弱城市的发展。以城带乡的前提是城市的强大，城市的率先发展。没有城市带动能力的强大，以城带乡就成了一句空话。与农村相比，城市具有更高的要素配置效率。农村要素向城市聚集是城市化进程中的必然现象。农村要素向城市流动，提高了社会要素整体配置效率，对农村发展的负面影响是暂时的局部的，正面影响则是全局的持久的。大规模的青壮农村劳动力进城务工经商，进城的是农村剩余劳动力，虽然降低了农业劳动力平均素质，但不会影响农业劳动力的有效供给。由于农业技术的进步，农业劳动强度大大减轻，为妇女、老人胜任农业生产需要提供了可能。这是社会劳动力的优化配置，也是家庭劳动力的优化组合。

二、农业、农村、农民问题是全党工作的重中之重，难点、重点均在农民增收，而农民增收难的深层根源在于农民数量的庞大。调整农业结构对于农民增收只具局部的暂时的效果。发展农村工业与工业企业集中布局的客观要求相悖，城市工业取代农村工业（农产品加工业除外）属于必然。减免农民赋税，对于农民增收只具当年意义，因为以后就不再有赋税可供减免。要富裕农民，必须减少农民。只有减少农民，才能有农业的规模经营和农业劳动生产率的提高，才会有农民的增收和农业的现代化。而减少农民的根本途径是城市化。

三、城市以非农产业为主，农村以农业为主。城乡差别是城乡地域分工的结果，只要这种分工不变，城乡产业、就业、职业结构就不可能一体化。所以城乡一体化发展不应是、也不可能消除城乡不同的结构。城乡分割的二元体制是人为设置的，是可以而且是必须改变的。农村居民是与城市居民相对应的概念，但农村居民不等于农民。农民是拥有土地等农业生产资料，且从事农业生产劳动的人及其家属。农村居民可以是农民，也可以是生活在农村而从事非农产业的人及其家属。拥有土地、而不事农业生产劳动、靠地租为生的是地主。从事农业生产、而没有土地的是农业工人。拥有资本和技术、从事农业企业经营管理的人是农业企业家（农业资本家）。

四、农业是国民经济的基础，但农业不具有物质财富的代际承传和积累功能。农产品是有机物，不能长久储存；主要作为食物的农产品消费弹性小，少了要挨饿，多了也会造成浪费。一个社会从事农业生产的劳动力越多，这个社会物质财富的积累能力越弱，这个社会越穷。农业发展的严重滞后和过度超前都是资源的错配。“农业是国民经济的基础”是规律，永远不会改变；“以农业为国民经济的基础”是战略，具有阶段性。农业现代化的基本标志是现代科学技术装备的农业，具有较高的土地生产率和劳动生产率的农业，保障食品供给安全和生态安全的农业。农业的现代化要以城市化对农产品和农业剩余劳动力的市场需求为条件，以工业化、信息化为农业提供的技术装备为前提。加快发展现代农业、实现农业现代化必须与城市化、工业化、信息化协调发展，但不可能同步，更不可能超前发展。充分利用经济全球化背景下的两种资源、两个市场，进口资源型的农产品（粮食、木材、饲料、棉花、纸浆等），出口技术、资金、劳动密集型产品，实现农业资源在世界范围内的转换，在农业和非农产业部门之间的合理配置，应是我国保障食品安全和生态环境安全的重要考量，也是维系国际经济关系平衡和国际合作可持续发展的条件。

五、价格是市场供求关系的信号，价格变动是市场配置资源的基本形式。坚持以工补农，工业反哺农业，加大强农惠农的力度，对于改变农业比较利益偏低的格局具有正向效应。但长期依靠补贴过日子的农业是不可持续的，并将扭曲农业与其他产业之间正常关系，社会成本极高，也有害于农业竞争力的提升。逐步理顺农产品的价格体系，优质优价，是保障食品安全和农业持续稳定发展的重要保证。部分耕地弃耕抛荒与其说是农业危机的征兆，不如视为农业比较利益偏低的结果，变藏粮于民为藏粮于地是农民对农产品市场需求关系的主动适应，是市场配置农业资源的表现。

六、国家对农村的支持要集中于公共领域，明确重点，减少执行成本，注重实际效果。一是农村教育、养老、医疗等社会保障建设。二是农业科技、市场信息、销售加工等服务，水利、种子、肥料供应等市场调节容易失灵的农业产前产后领域。三是农村公共基础设施建设。推进新农村建设，建设农村公共基础设施要与经济社会发展的总体水平相适应；要充分考虑农村人口正在大幅度减少、自然村落的大规模撤并和投资的实际效果，以及公共财力可持续的支持等因素；要在县域范围内进行城乡的统一规划，与增强城市的综合承载力统筹兼顾。集中连片地区的扶贫开发要与异地扶贫、生态移民统筹安排，生态保护、环境建设、退耕还林还草要与生态移民结合起来。异地务农的生态移民，空间狭小，将面临二次移民。生态移民与推进城市化相结合，退耕与退人、区域扶贫与移民扶贫、移民进城就业相结合，才是可持续的。这里的生态移民是指政策引导的自主的渐进的经济性移民，而不是强制的一次性完成的工程性的计划移民。

七、农业家庭经营的长期性及其合理性和必然性，依据在于农业生产的特点和家庭经营优点的结合，而不是或者主要不是由农业生产力发展水平所决定的。农业经营面临着市场和自然双重风险，有赖于农业经营者的高度自主性和自觉性；农业生产是劳动过程与生产时间相分离，要求劳动者对生产成果独享和高度的责权利统一；农业生产从种到收的全过程，较少依赖大规模劳动协作，一个家庭的劳动力足可胜任。家庭是社会的细胞，家庭成员由姻缘、血缘的纽带相联结，较少利益分割的矛盾。家庭经营可以大大降低农业生产管理成本，提高经营效果，这也是我国20多年的农业合作化总体上不成功和家庭承包制成功的根本原因所在。今天的农业生产水平虽非20世纪80年代初期可比，但农业生产的特点依旧没有改变。农业规模经营与家庭经营完全可以达到统一，家庭农场的活力即证明了这一点。所以，构建新型的农业经营体系要以家庭经营为基础，应以整体上不否定家庭承包制为前提。发展专业合作和股份合作，培育新型的农业经营主体，公司+农户，应更多地集中于农业的产前产后环节和非大田农业。

八、改革征地制度，提高农民在土地增值收益中的比例，主要应指国家基本建设征地，应指那些远离城市的农村土地征用。城市的高地价、高收益与土地的占有者和使用者的努力无关，是大规模的集中的社会投资凝聚的结果。城市土地级差收入归社会，合理合法。土地财政不等于土地腐败。土地财政是实现社会再分配的重要工具，是改进、改善、用好、用活问题，简单地否定，无益于问题的解决。城市建设征地制度改革的核心问题是土地增值收益的公平、合理分配，是土地增值收益分配的标准化、制度化建设问题。征地引发的社会冲突和群体事件，根子在于直接利益相关方更多分享土地开发收益的社会预期，而社会预期又与理论和舆论的导向密切相关。令人不安的是，一些近郊农民因征地拆迁而一夜暴富所诱发的社会矛盾尚未引起政府和社会的应有关注。

九、农民工现象是城乡二元体制与快速城市化交合的结果，但整体上是社会的进步，而不是社会的倒退。农民工满足了城市化对劳动力的需求，降低了城市化即期成本，提升了中国制造的国际竞争力。留守儿童、空巢家庭、夫妇分居等一系列社会问题，由农民工单方面承担成本，体现了城乡体制深层缺陷。农民工市民化是对城乡二元体制的否定，是社会主义制度本质要求，于构建和谐社会具有紧迫性。但农民工的市民化将是一个长期的渐进的过程，中心环节在于城市化政策、城市公共财力支持能力以及城市政府的意愿、农民工输入地与输出地之间利益关系的调整。以农民工的农村土地承包权、宅基地的使用权和集体资产收益的分配权换取城市社会保障和城市住房，不失为一种可供考虑的方案。这一方案的实施不应被视为对农民权益的又一次剥夺，关键在于是否符合农民工的意愿，是否是农民工的自主选择。

十、城乡一体化发展的目标是破除对农民身份的事实上的歧视，城乡居民平等拥有共和国的公民权和发展权，共享城市化成果。城乡一体化发展关键在于变革城乡分割的二元户籍制度和土地制度。城乡一体化发展政策顶层设计的基点是：①农村居民移居城市的自主选择权；②已经进城的农村居民成为平等的市民一员；③逐步实现城乡公共服务的相对均衡配置；④城乡要素的平等交换；⑤实施城乡统一的土地国有（全民所有）制和土地所有权与经营使用权相分离制度，农民家庭拥有土地的永佃权。

本文发表于《领导参阅》2013 年第 35 期

城市化与健康产业的发展

（2014 年 4 月 8 日）

发展、建设、工业化、城市化的根本目的都是为了人民生活得更美好，但又伴随着消耗、排放、污染和环境恶化。调整发展路径，推进科技进步可以化解资源环境约束，但以保护环境为由否定发展不可取。笔者对健康产业没有研究。根据自己的认知，对环境与健康产业的相关性，谈两点看法。

一、健康产业是一个内涵广泛的概念

随着经济社会的发展，人们的生活品质在提高，人们的健康意识和生命意识也在提高。于是享受健康的生活方式成为时尚，长寿成为人们普遍的追求。由此健康产业应运而生，蓬勃发展，风光无限。

健康产业是为了满足人们健康需求的产品服务有效供给的产业，其内涵广泛。若把寿命作为人们健康的标准，那么人均寿命的重要影响因素大致可归纳为五大类：一是营养的摄入；二是疾病的防治；三是精神的愉悦；四是生存的环境质量；五是遗传基因（当然，这五大因素的影响各自占多大权重还需深入研究）。所以安全营养健康的食物供给，高效的药品供给和医疗服务，有利于精神愉悦的文化产品和服务的供给，绿色清洁的生产生活环境的保护和构造，以及遗传基因的矫正和修复等都属于健康产业。具体而言，医疗、卫生、保健、疗养、康复、休闲、旅游、美容、精神理疗、心理咨询、体育健身、老年服务以及相关的健康管理、人才培养、科学攻关的基础设施建设，相关设备、原料、耗材的生产制造等是狭义的健康产业，有机、无公害的种植养殖业及其产品加工业，低碳宜居城市、绿色建筑、环保住宅小区建设，节能减排的交通设施建设和设备制造，安全、节水、节电的家电制造，生态环境的保护和污染治理，愉悦精神的文化产业发展，以及相关的金融、保险业等也可以归属为广义的健康产业范畴。健康乃国民之本，健康关系国民最珍贵的生命，健康产业关系国计民生。发展健康产业是扩大国内需求，是消费品质提升和消费结构升级的前提，与转变发展方式、优化结构、扩大内需、提升消费的宏观调控目标高度一致，是国家政策鼓励的发展方向。

二、城市化为健康产业提供了广阔市场空间

城市化是我国实现现代化的必由之路。2013 年我国城市化率已达 53.7%，进入了以城市为主体的社会。目前我国城市化仍处于快速进程中，未来几十年还将有 4 亿— 5 亿农村人口转化为城市人口，工业化，特别是重化工业阶段还没有过去。快速的城市化和大规模的工业化进程面临着越来越严酷的资源环境约束，对于人民的健康和生活品质构成了严重威胁，也对健康产业提出了更高的要求。这是事物的一个方面。另一方面，城市有更高的要素配置效率，享受同等生活水平在城市消费比在农村更节约，重化工业阶段不可逾越，破解资源环境约束之道还在于城市化。人口和产业在城市的大规模高度聚集，造成能源和资源在城市的集中消耗，集中消耗造成“三废”集中排放。当这种“三废”集中排放超出自然净化能力的时候，必然造成污染。但还应有进一步认识：这种集中的污染为规模化的治理提供了前提，依托于城市的治污工程更有效率，更具可持续性。从发展过程来看，拥挤、污染、占地、公共安全风险、高地价、高房价等城市病在很大程度上是取得城市化收益必须支付的成本，但城市化收益远大于城市化成本。如何减少城市化成本，化解城市病的负作用一直是人们努力的方向，也正是健康产业发展的重要依据和方向。正因为如此，尽管城市的环境质量广受责难，而真正逃离城市者却极为少见，绝大多数市民仍然坚守在城市，还有更多的农村居民对迁居城市充满期待。内在的原因在于，城市能够使人们生活得美好，居于城市的收益大于支付的成本。另外，也没有证据表明，城市居民的

人均预期寿命低于农村居民。相反，国内外的统计数据表明，人均预期寿命与城市化水平呈高度正相关关系。

城市化进程为健康产业发展提供了广阔市场空间，即城市化为健康产业发展提供了机遇，城市环境质量面临的几难选择也就是健康产业的机遇。健康环境的构造与城市化建设目标高度重合，相辅相成。适宜的政策环境是健康产业发展的重要前提，而一个健康企业的成功要更多地取决于企业家的经营理念和商业智慧。

本文系作者在“2014 年世界健康产业大会”上的演讲稿

我国“三农”理论和实践若干重大问题

（2014 年 5 月 10 日）

农民、农村、农业问题是全党工作的重中之重，也是我国经济社会发展中的薄弱环节。解决之道众说纷纭，智者见智。在一系列重大理论和实践问题上取得共识，是“三农”政策顶层设计重要前提。

1. 何为农民？我国农民和农村居民、农业户籍人口是否为同一概念？纯农业地区农民与快速城市化地区农民利益诉求是相同的吗？

2. “三农”问题的难点何在？农民致富难在何处？

3. 农民的根本利益何在？破解“三农”问题的总钥匙在哪里？

4. 农民工进城是社会的进步，还是社会的退步？

5. 我国农民被赋予了更多的财产权利，其对应的责任和义务是什么？

6. 保障土地权益的农民工市民化是否公平合理可行？

7. 如何看待城乡差距的扩大？

8. 农村工业化、农村城市化背后的含义是什么？

9. 以城带乡的前提是什么？

10. 城乡一体化发展的本质是什么？城乡的差异能够消除吗？

11. 城乡一体化发展仅仅是加强城市对农村的支援吗？

12. 如何解决农村集体经济组织虚置和经营风险规避问题？其改革的方向在哪里？

13. 农村集体经济权益如何与成员资格的剧烈变化相衔接？

14. 建设新农村与增强城市综合承载力如何统筹协调？

15. 妇女、老弱劳动力搞农业是我国农业危机的基本标志吗？

16. 部分耕地闲置、抛荒的根源何在？

17. 农业集体化总体上不成功的深层原因何在？

18. 现阶段，农业家庭经营的基础地位发生了根本变化吗？家庭经营与农业现代化是根本对立的吗？

19. 农业现代化与工业化、城市化、信息化能够同步发展吗？

20. 如何评价以工补农、支农惠农政策的得失与利弊？

21. 经济全球化对我国农业现代化有何影响？

22. 我国农业现代化将表现为哪些特征？

23. 城市化用地是对我国农业安全的威胁吗？

24. 在城乡土地二元制度下，城乡一体化发展需要支付何种成本？

25. 建立城乡统一的建设用地市场需要哪些配套制度？理顺哪些重要关系？

26. 近郊农村与远郊农村失地农民对土地权益的诉求有何不同？不同区域的农民权益如何平衡？城乡居民权益如何再平衡？

27. 在社会主义现代化建设中土地发挥着何种功能？土地财政是十恶不赦吗？

28. 城市建设征地矛盾的核心问题何在？城市土地的级差收益应如何分配？

29. 我国土地制度改革的根本方向在哪里？

30. 解决“三农”问题的总思路是以保护农民权益为中心，在城乡二元体制下找出路，还是以保护农民的根本利益为起点，在城乡一体化发展中统筹协调？

此文系作者为“陆学艺先生逝世周年学术座谈会”备用提纲

我国建设问题的几点思考

（2014 年 8 月 23 日）

广义的建设是指从无到有的创立、创设，或者从低级到高级的改进、提升与发展，包括物质文明建设和精神文明建设，即通常所说的经济、政治、文化、社会和生态文明“五位一体”的建设。狭义的建设是指房屋、场所、工程设施等从无到有的构筑、建造，或者对已有的改造与升级，是物质文明建设的重要组成部分。我国正处于社会主义现代化建设的关键时期，厘清相关的理论问题，形成社会共识，有助于社会主义现代化建设的顺利推进。本文就狭义的建设问题进行几点思考。

一、建设与社会主义现代化

按狭义定义，我国建设行业包括建筑安装业、房地产业（国家统计局把房地产业划为第三产业，但统计年鉴划归固定资产投资栏目）、园林绿化及其相关的规划、设计、中介咨询和相关的服务业。建设行业是为社会主义现代化提供物质基础的产业。目前全国建设行业约有企业 15 万家，从业职工 4500 万人左右，增加值占国民生产总值的 10% 以上，是名副其实的国民经济基础性行业。党的十八大报告再次强调，我国仍处于并将长期处于社会主义初级阶段，人民日益增长的物质文化需要同落后的社会生产力之间的矛盾是主要社会矛盾，任何改革发展都要牢牢立足于初级阶段这个最大实际。基础设施供给能力不足，公共场所到处人满为患，居住用房平均质量低、数量不足是我国现阶段的基本特征。社会主义现代化事业的大发展，要求有大规模的建设相适应，大规模的建设要以建设行业的大发展大繁荣为前提。面对持续旺盛的建设增量和存量改造的双重市场需求，建设行业的任何调整、调控、改革都应与这一历史趋势和阶段特征相吻合。

二、建设与投资

投资即投放资本于扩大再生产或服务领域，常与建设一词联用称为投资建设或建设投资。建设可视为投资的第一阶段，通过必要的工程设施建设才能实现产能（服务）的扩大。我国久有投资比重过高之论，并视其为经济过热的推手。其实，作为最大的发展中国家，我国经济发展受制于多种复杂因素，经济全球化，外部因素的影响越来越难以控制，判断经济过热还是过冷从来都是一道难题，追求经济运行合理区间也多成一厢情愿。判断经济过热还是过冷，不仅要看增速，还应看基数存量。例如，2000 年我国 GDP 增速 10%，增量不足 1 万亿元，2013 年 GDP 增速为 7.7%，增量则达 4 万亿元。1 万亿元增量称其过热，4 万亿元增量却被称为趋冷，难以令人信服。在当前，主流观点又把调结构、转方式、扩内需、稳增长作为宏观调控的主导方向。其实，国民收入 = 消费 + 储蓄 = 消费 + 投资 + 外贸顺差。顺差是暂时借给外国人的消费，投资是为了以后年份的更好地消费，投资和消费都是内需。例如，今年建设住宅是投资，明后年住宅销售后入住就成了消费。加快发展服务业、文化教育和旅游业、战略新兴产业等是优化产业结构的方向，但要进行相应的投资和必要的设施建设，各类民生工程也离不开投资建设。在社会主义初级阶段的中国，关键不在于投资比率的高低和升降，而在于投资项目的正确选择和投资效果的提高以及项目建成后运行效率的提升。把政府投资等同于形象工程、政绩工程是走向了另一个极端。

三、建设与环境保护

大规模的建设要消耗大量的建筑原材料。我国大量的建筑原材料需求只能主要依靠国内生产，而不可能主要依靠国外供给。这种对建筑原材料的大量消耗决定了我国重化工业结构近期难以改变，也决定了我国能源消耗总量的阶段性较快增长以及由此造成的集中排放和环境污染。治理污染、保护环境与大规模的基础设施建设在时间和空间上发生的碰撞，决定了我国在发展决策上面临几难的选择。一方面，加大治理污染、保护环境力度，实现可持续发展是我国的国策，但又必须进行大规模的投资建设。另一方面，作为直接和间接耗能耗材的第一大户，建设行业又成为节能减排的重点。把工程建设与环境保护对立起来无异于自我束缚手脚。

四、建设与科技进步

我国治理污染、保护环境的中心环节是节能减排，而节能减排的基础在科技进步。科技进步的基础在创新。创新的主体是企业，关键在人才。人才队伍建设的基点，一是构建无后顾之忧的人才生活环境；二是构建人才自由思想的工作环境，包括对人才某些偏好嗜好的容忍和对创新失败的宽容环境。当前权力部门设立的各类创新工程虽有营造社会氛围意义，但创新的实际效果难以进行费效分析。建设行业的节能减排包括科学合理的项目规划设计、节能环保建筑材料的广泛使用和先进高效的施工工艺、流程、设备、装备的广泛应用，泛指节能、节水、节地、节材建筑物的建造与运行等。而科技进步又依赖于建设队伍素质的提高和经营管理水平的提升。

五、建设与城市化

城市化是我国实现现代化的重要标志和必由之路。未来几十年我国还将有 4 亿—5 亿农村人口向城市聚集，到城市化实现之时，我国城市建成区面积估计还将增加 6 万—7 万平方千米。城市不仅是产业中心、人居中心，而且是知识创新中心、财富创造中心、区域竞争和国际竞争的基础单元。从物理直观上看，城市首先是各种不同的房屋建筑物的排列组合。我国要走新型城市化道路，要建设宜居、宜业、宜学、宜游城市，建设生态环保城市、低碳绿色城市，在完成这一光荣历史使命中建设行业首当重任。在城市化加速时期，城市是建设行业的主阵地、主战场。所有城市都是人工建造的产物，提高城市规划设计建设水平，是人们始终的追求。过度夸大城市病的负效应，刻意渲染城市建设中的失误和某些阶段性现象，于现代化建设没有正向推动作用。

六、建设与品牌打造

品牌有行业品牌、区域品牌、企业品牌和产品（服务）品牌。品牌是市场竞争力和市场占有率，也是社会形象、社会影响力和社会知名度。产品品牌是行业、区域、企业品牌的重要载体。产品（服务）品牌的基础是高品质、高质量、高使用价值和高性价比。品牌的打造与维护是经营理念、治理结构、技术研发、资本运作、市场营销、行业（区域、企业）文化综合作用的结果，是行业、区域、企业的硬实力与软实力的集中体现，也是行业、区域、企业发展潜力所在。建设行业的产品是各种建筑物，基于建筑物的特性，建设品牌评价应把握五个维度。一是更高的使用价值，更高程度地满足特定的社会使用需求。二是更高的建筑品质，从选址、规划、设计到施工、工艺、原材料使用和相关设备安装要有更高的技术标准。三是更高的文化含量，建筑是凝固的艺术，应集中体现一个时期一个区域的最高文化成就。四是更高的升值潜力，作为长期使用的建筑物，随着时间的推移应有更高的升值空间。五是更高的代际承传功能。相对于服务业产品消费与生产同时进行、农产品不具物质财富代际承传功能和工业品的较快更新换代，建设产品应有更长久的财富世代承传功能。

本文系作者在“2014（第五届）中国建设行业品牌与战略发展峰会”上的演讲

我国老龄产业发展的几个问题

（2014 年 12 月 7 日）

一、未富先老：我国老龄社会面临的最大挑战

2013 年我国 60 岁以上老龄人口已达 2 亿，占总人口的 14.9%，表明老龄社会已经到来。老龄社会主要特征是退出劳动力大军的人口快于进入劳动年龄的人口，社会就业人口比重下降，劳动力供给制约经济发展。实现老有所养、老有所为、老有所乐是社会主义制度的重要体现，关系到社会安定、和谐发展和中华孝道文化的发扬光大，也是建设全面小康社会一项重要任务。作为世界上人口最多的发展中国家，我国的物质财富积累和公共财力的支持能力，以及相应的体制、机制、社会认识还没有做好应对老龄社会的准备，未富先老是我国老龄社会面对的最大挑战。为了完成建设现代化国家的原始积累，我国长期实行的是低工资、高就业政策和农村支援城市、农业为工业化提供积累的政策，现已进入老龄的大多数人较少个人养老储蓄。几十年持续实施的独生子女政策，使传统的养儿防老受到限制，压缩了社会养老政策选择的空间。发达国家几百年历程所达到的高水平养老示范效应，大大拉升了国人养老的社会预期，加剧了社会在养老问题认识上的分化。上述各项又进一步增加了我国解决养老问题的变数，这是我国必须面对的现实。

二、老龄产业：老龄社会的朝阳产业

老有所养实质是社会代际承传关系。老龄社会到来的根本原因是我国人民健康长寿，而健康长寿是生活水平提高、医疗条件改善的结果，应视为社会的进步。老龄社会的到来既是挑战，也是机遇。基于基本国

情和文化传统，当前我国是以家庭养老为主，以社会化养老为辅，以社区养老服务为链接纽带的养老模式。随着经济的发展和社会的进步，我国将由家庭养老为主向多样化养老模式转型，社会化养老水平和比重逐步提高将是未来的趋势。社会化养老包括养老基本社会保障和公办机构养老、民办机构养老、合办机构养老、慈善机构养老、以老养老以及各类专业化的养老服务。以老养老包括储蓄养老、投保养老、以房（财产）养老、互助和自助养老等形式。所有的养老形式都离不开养老服务和老年用品的有效供给，即老龄产业和老龄事业的发展。所谓老龄产业是指为老龄人口服务，满足老龄人口特殊需求的产业。老龄产业是一个内涵广泛的产业，既包括满足老龄人口颐养、医疗、护理、康复需求，也包括满足老龄人口休闲、旅游、健身、兴趣爱好、发挥余热的需求，还包括老年金融保险、老年地产等服务业，以及老龄人口专用品制造和老龄人口专用设备、设施建造业。需求引导供给，市场需求决定产业兴衰。老龄社会为老龄产业提供了旺盛的市场需求。在老龄社会，老龄产业是具有强大成长性产业，是朝阳产业。

三、鼓励与规范：老龄产业发展的前提条件

老龄产业是适应老龄社会的新兴业态，要在不断创新中得到发展。在我国现行体制下，老龄产业要健康发展，必须有适宜的制度、体制环境。首先，在产业政策上要允许发展、放手发展。既然是产业就要允许企业赢利，企业要有自主经营权，独立核算，自负盈亏。企业有赢利、有投资回报，产业才能发展壮大，才能实现自我良性循环，可持续发展。其次，要鼓励发展，老龄产业服务对象是老龄人口，高赢利的概率较小，带有某种公益性质。特别是在发展初期，要有必要的产业用地、产业投融资、产业税费缴纳等方面的激励和扶持政策。最后，要在发展中逐步加以规范。政府对老龄产业规范应更多地着力于为产业发展构造良好的商务环境，做好服务，寓管理于服务之中。包括制定产业规划和产业政策，引导产业发展方向，制定服务（产品）质量标准及其价格标准，并监督执行，查处违规违纪经营，调解供需纠纷，维护市场交易秩序，等等。只要企业守法经营、

照章纳税，就应该放手让市场决定企业命运。在老龄产业发展的问题、矛盾没有暴露之前，预设条条框框，急于规范防范，可能适得其反。

四、双轮驱动：应对老龄社会的国家战略

推进老龄产业健康发展是破解未富先老的必然选择，也是老龄社会稳定运行的重要保障，但不等于否定老龄事业发展的重要作用，也不等于减轻政府和家庭的养老责任。老龄产业和老龄事业双轮驱动，以及相应的体制、制度、机制建设和社会意识的转变应是应对老龄社会的国家战略。老龄产业和老龄事业的竞相发展，相辅相成，才能满足老龄社会的多样化需求，才是应对老龄社会策略的全部。按《辞海》解释，事业是指重要工作。老龄事业是指专为老龄人口服务的不以营利为目的的公益性重要工作。所需经费由公共财政支付，受政府机关领导。老龄事业的高度发展是社会进步和现代社会文明的重要标志。但公共财力总是有限的，而且要在“五位一体”的发展中统筹安排，而养老只是民生问题的一个重要方面。老龄事业对应的是公共资源在养老上的配置，老龄产业对应的则是社会资源对养老的配置。两者有共性，也有区别和侧重。老龄人口群体庞大，结构复杂，不同的收入水平和养老积累，不同的生命周期阶段和健康状况，不同的家庭结构，不同的职业经历、知识结构和兴趣偏好，会有不同的养老方式选择和养老需求。针对不同的养老需求和养老方式，提供专业化、个性化、标准化的高质量服务是老龄产业和老龄事业的共同任务，但在服务方式、经营模式、服务侧重点上应有所不同。老龄事业应更着力于公平性和公共性，重点投入于市场失灵领域，如养老科研、养老队伍培训，优先保障五保老人、低保老人、失独老人、因公致残丧失劳动能力者、为国捐躯的烈士父母、为国家作出重大贡献者等重点人员的养老需求。民政、社保、医疗卫生、计生等部门要深化改革，理顺相互间的权力边界和责任边界，协调老龄事业和老龄产业发展的相互关系。

本文系作者在“2014 中国老龄产业创新发展论坛”上的演讲

中国经济发展的新常态与新变化

（2015 年 5 月 21 日）

笔者就中国经济发展的新常态与新变化作一发言，主要是根据笔者的专业研究得出的一些结论，或者一些观点，可能跟别人的观点不一致，好在是讨论。不同的学者、不同的知识结构、不同的价值取向会对同一个问题有不同的认识，这个是正常的有益的。下面就展开笔者的发言。

第一个问题，谈谈对中国经济发展新常态的解释

为什么讲这个问题，因为报纸媒体有一个权威解释，笔者认为这个权威解释如果用中国文字的内涵去解释，好像不那么恰当。现在的权威解释是三期叠加：增长速度的换挡期，由高速到中高速增长；结构调整的阵痛期；刺激政策的消化期。大家想一想，这么解释新常态是不是准确？笔者这里稍微展开一下。

1. 增长速度的换挡期。何为换挡？机动车运行过程中由低速到高速或者由高速到低速到停车，这时有一个换挡。应该说在机车运行过程中，换挡是短暂的一瞬间，它不应成为常态。大家想想是不是这回事？如果换挡是常态，那么机动车的运行会是什么状态？

2. 结构调整的阵痛期。什么叫阵痛，生小孩时的疼痛，这种阵痛是与喜悦、期望、盼望，与对未来的希望相联系的。所以这种阵痛是一种幸福的痛。讲阵痛就是暂时的，它与经常性的状态不是对应的，大家想一想是不是这回事？什么是生小孩的常态，孩子顺利出生、健康地成长，全家快乐才是常态。

3. 刺激政策的消化期。现在是经济下行压力，过去是防过热、防通胀。刺激政策与抑制政策交替使用，无论是 30 多年的改革开放，还是 60

多年的社会主义建设都是如此。刺激政策的消化期，应该只是一个阶段适应，跟常态的内涵也不是特别吻合。所以如果让笔者对新常态作一个解读，是不是可以这样说：增量持续扩大的适度增长期，科技创新驱动的结构持续优化期，深度体制改革推动的增长潜力持续释放期。与新常态密切相伴的是新业态、新产品、新服务、新需求的层出不穷，新的经营方式和组织形式的不断涌现，创新、创业、创客队伍的持续扩大。下面进一步解释笔者为什么作出这种解读，或者笔者作这种解读的依据何在?

第一，中国作为一个大国，经济发展本质上是一个客观的历史的过程。当然政府的政策会对经济发展产生强烈的影响，比如在一定时期起加速作用，在一定时期起减慢作用。作为增速，尽管我们过去一直把增速作为国民经济社会发展的一个重要的目标，但它从来不应该成为政府的目标。增速是发展的结果，是增量与存量之比，发展了以后才能够看到有什么结果。国民经济计划或者规划提出的目标都应是期望值，或者是对有可能达到的那种状态的预测。所以它从来就有较大的弹性（不确定性），从来不应该成为一个硬约束。过去编制长期规划往往把它作为一个中心问题来讨论，现在一方面批判 GDP 挂帅，另一方面又成为“两会”讨论的中心议题之一。

第二，经济发展的主客观因素错综复杂，政府、智库、学者的知识结构、知识水平和所掌握的技术手段，都不足以准确地把握所有的影响经济发展变量。既然我们依靠有限的不是那么准确的数据，所得出的结论就不会准确。所以笔者一直说，在中国这样的国家，GDP 每年增速相差一两个百分点，没有必要大惊小怪，作出过度的反应。在不完整的不准确的数据基础上进行的任何测算、预测都只能作为决策的参考，而不应作为一个必须实现的目标。经济政策、经济规划只有符合客观发展规律的时候，其作用才会是正向的，否则只能是负向的。

第三，增速是增量与基数之比，对此应该有一个辩证的思考。笔者曾在一篇文章中讲，2000 年中国 10% 以上的增速，增量不到 1 万亿元，2014 年 7.4% 的增速，增量是 4.2 万亿元。7.4% 的增速是中速，10% 以上的叫高速。于是出现了高速下的增量是1万亿元，中速下的增量是4.2万亿元。2015年预计达到4.4万亿元。这里的含义是，4.4万亿元的增量对就业的影响、资源和能源消耗的程度绝不是1万亿元增量可比的。大家想想是不是这回事？所以，我们的增速虽然下行，但其他方面的经济统计数据却不是那么令人担心，好像还是可以接受的。

第四，搞经济学的都有一个纠结，无论使用国家统计局的数据，还是地方统计局的数据，看一年的还行，若看一个序列，最后都不敢用了。国家统计局过几年还搞一个数据调整，今年第一季度各省市GDP加起来超过国家总体的2000亿元，这是统计上的误差。既然统计上有误差，年度增速相差一两个百分点是可以理解的，也没必要作出过度的反应。

第五，转方式、调结构。转变增长方式并不是现在才提出来的，记得20世纪90年代中期中央提出来，笔者还专门写过文章。也就是说，中央提出转变经济增长方式已20年，我们现在仍然处于转变经济增长方式的过程中，这说明什么？中国生产方式、发展方式的转变是个长期的过程，而且只要有技术进步，无论哪个国家都需要进行结构调整。技术进步造成生产方式、产品发生变化，必然要进行结构的调整。所以说，只要有技术进步，结构调整问题，或者转变发展方式的问题就不能终止。也就是说，它将伴随我们经济发展始终。这里还有一个思想方法问题：我们分析现状的时候，往往看问题多，把问题看得严重，这是研究问题的必然，要找问题。但现状总在发展，跟发达国家相比，其实人家也在发生变化，无非中国的变化比较快，差距在缩短。我们还要纵向地比，今天的产业结构是20年前可比的吗？当然我们可以批评现在资源能源消耗高，面临着严峻挑战。但任何批评还要讲点历史唯物主义。笔者想，如果解读新常态，应该有这么一个思想，就是转型发展、科学发展、可持续发展的主题词都是发展。同样，发展是硬道理，发展是解决中国一切矛盾和困难的一个基本前提。现在矛盾很多，社会问题、环境问题、政治问题、文化问题、思想意识问题等，但是各种矛盾的解决的基本条件还是经济发展。所以笔者说，以经济建设为中心，集中力量谋发展和现在的稳增长是一回事。这个时代还没有过去，估计在中国至少还要搞几十年。北京人问笔者什么时候建成世界城市，笔者说你先实现现代化，北京实现现代化还要建设20年，现在还处于成长期。我国的很多问题是发展中的问题，要靠发展来解决。这是笔者跟大家分享的第一个观点。

第二个问题，新常态下中国经济发展的前景依然光明

中国经济发展的持久影响因素并没有发生变化，不能因为有新常态中国未来的前景就会产生不好的变化。中国经济的前景以前有人看空，现在依然有，但是几十年了，实践屡屡证明看空派是错误的。中国房地产在十多年以前就有人断言是泡沫，会崩盘。十多年过去了，笔者问他们：这十年中国的房价涨了两倍，泡沫没有破，房价照涨不误，政府下了大力去控也没控制住，是你错了，还是中国发展实践错了？同样，在中国经济发展过程中也有这个问题，30多年中国成长为第二大经济体，人均还是排在世界八九十位。这种情况说明，尽管中国经济面临着重重困难、重重矛盾，但一直在前进。我们现在的很多想法、很多矛盾跟30年以前、20年以前甚至10年以前已大不相同。随着社会经济的发展，旧有的矛盾解决了，新的矛盾出现了，人们的观念和诉求变了，对同样一个问题会提出不同的要求、不同的标准，所以矛盾的激烈程度也会发生改变，这都是正常的。笔者一直是中国经济前景的乐观派，房地产的看好派。中国经济无大事，房地产无大事，国人大可不必自忧自扰。过去、现在都是如此，笔者为什么得出这一结论？基本的依据在哪儿呢？

一是中国的国情问题。我们是一个13亿人口的发展中国家，还处于发展阶段。所谓发展阶段就是说人民生活水平提高还有一个极大的空间，物质消费、服务消费还有极大的提升空间。

有人说中国现在是第一排放大国。中国有13亿人口，世界第一，排放第一恐怕也无可厚非。我国人均能源消耗水平仅仅相当于美国的1/4，人均碳排放不足美国的1/3，而且也是最近几年才达到的这个水平。这个人均能源消耗还包括了将近1/4是制造业出口，为发达国家排放的。因为我们是制成品净出口。制造业耗能跟发达国家服务业消耗没有可比性。这里面还没有考虑历史的积累因素，人家排放多少年了，现在还不大认

历史旧账，这是一个国际政治的问题。既然中国作为一个发展中国家，有大量的基础设施需要建设（有资料说中国人均基础设施存量仅为欧盟的37%，美国的21%，日韩的19%），包括城市化巨大上升空间，这造成了中国的重化工业阶段还没有过去。我国重化工业阶段可以缩短但不可能逾越。因为13亿人口的市场需求，世界上没有任何国家或贸易体系可以支撑这种需求，只能靠自我生产，自我消费。最近，笔者在北京讲环境保护问题：首钢搬到唐山，不在北京排放了，但首都还要建设，还得要使用钢材，要把唐山钢材运进来进行建设；唐山排放了，又输送一部分到北京来，也是一种国内区域合作和产业再布局。排放的这种区域输送，是因为北京环境污染的成本太高。如果河北不生产水泥，内蒙古生产还可以，恐怕韩国绝对不给你生产，美国更不给你生产。因为水泥有个合理消费半径，否则运输成本不可承受。中国正处于发展阶段，这是基本国情，而且在短期内也改变不了。

如此引出下面的结论：中国国内的13亿人的市场，特别是大宗重化工业产品只能主要靠国内生产，但中国又是个大国，地域辽阔，一个省域就是欧洲一个大国的幅员，内部调整的空间也大。东部沿海过剩，中西部还不足，内部还要梯度转移。这种梯度转换给我们提供了广泛的空间。作为世界第二大经济体，我们融入了经济全球化，抵御外部压力的弹性也强。过去我国总量是美国1/20的时候基本没有话语权，现在跟它差不多，谈判的筹码就不一样了，发达国家对中国的要求也不一样了。这是随着经济的发展，实力的增强，话语权、思考问题逻辑发生的改变。

二是经济全球化，加入WTO以后中国的经济明显在加速，说明一个什么问题？要素配置的空间范围越广，配置效率越高。通过国际国内两种资源、两个市场优化中国的资源配置，效率更高。过去中国很多人想多快好省，其实，你要想取得任何收益必须有成本，无非是成本高低的问题。同样我们对外开放，融入全球化，总的来说通过两种资源、两种市场优化资源配置对我们是得利的，利大于弊。引进外资一开始我们有各种优惠，发展到现在阶段，从过去的沿海特区、各类开发区，到现在的自贸区、“一带一路”战略，再到金砖银行、亚投行、丝路基金等的设立，表明中国与世界经济越来越融合在一起。笔者一直说，中国在农业问题上，得换一些思路，很有调整的必要。中国的资源环境压力这么大，我们的水消耗，农业用水占了60%—70%，还要不计成本地去搞粮食高产，粮价高于国际市场，政府花了钱老百姓得不到好处。变藏粮于民为藏粮于地，保护粮食生产能力，通过国际市场缓解资源环境压力应是另外一种思路。

根据李克强总理的报告，去年我国实际利用外资是1196亿美元，居世界第一，超过美国。中国经济的发展对世界经济有越来越大的影响，反过来世界经济的影响与中国的发展越来越密切相关。但是也不能美国一感冒我们就跟着吃药。2008年美国金融危机的时候，笔者看国内就有一些反应过度。一些论者说比20世纪30年代危机影响严重得多，实践证明：过分了。说明世界在变，中国也在变。

三是中国的后发优势：前人已经走过的路，已有成熟技术积累，拿来学习、消化、吸收，然后创新，原始创新成本可以大大减少，起点可以更高，赶超的时段可以缩短。

四是改革的红利的持续释放期。有人说，中国现在问题多多，矛盾重重。但问题多多说明改革的阻力大，潜力也大，减少内耗的空间也大。

五是技术进步可以支撑中国未来的经济发展。“中高速增长”笔者不敢用这个词。在中国认为是中速，在国外就是高速，所以中国的特色用语没法跟外国人进行对话。笔者个人一直认为，资源环境问题不会构成中国经济发展不可逾越的障碍，尽管中国经济的发展正处于向环境高山爬坡时期，资源环境约束越来越重。技术进步是解决资源环境障碍的基石，对此应该充满信心。所谓技术进步就是通过技术创新，使用更先进的技术装备、设备、工艺，提高资源能源效率，变废为宝，循环再利用。当然这要有一个过程。总的来说，发展起来了，基础设备完备了，中国的高排放高消耗也就成为过去，那时可能是其他发展中国家的高排放，无非是一个时段的长短和先后时序的问题。

如果中国经济保持6%—7%的增长，我们说叫中速增长，按6.5%计，2030年中国的GDP达到27万亿美元。彼时，中国人均GDP也不过

2 万美元，仅相当于届时美国的 1/3 左右，因为我们人口多、基数低。从 2030 年到 2050 年，中国若有一个 4% 的增长速度，GDP 达到 60 万亿美元，人均是 4 万美元左右。美国即使按照 2% 的速度增长，那时候美国的人均 GDP 还是我们的 1.6 倍到 1.8 倍。人均还是与人家有很大的差距。我们得用这样一个观念去思考未来的中国。

第三个问题，新常态下宏观调控要有新思维

温家宝同志担任总理期间，中国经济调控的主旋律是防过热、防通胀，而且大概持续了十多年。与此相联系，在笔者研究的领域，城市化冒进、城市化过快、城市化超前论、房地产泡沫论、房地产裹挟国民经济论，以及各种各样的产能过剩论，也不时成为媒体的主流用语。这些主流用语跟国家调控的主旋律吻合。当时笔者写文章讲，作为一个发展中的大国，长期以防过热、防过剩为宏观调控方向，实在让人难以理解。社会主义的初期阶段主要矛盾是落后的生产力不能满足人民日益增长的物质文化需求的矛盾，党的代表大会报告、文件一直在强调，但是在具体的宏观调控上往往把这条放置一旁。科学发展观有四句话，第一要务是发展，但宣传科学发展，光讲第二句话或者第三句话，把第一句话给忘了，第四句话也很少提及。现在不一样了，是经济新常态，经济下行压力大，稳增长、调结构、惠民生成为调控的主旋律。也就是说现在要防过冷。城市化过快论、冒进论已经逐渐淡出。其实那是一种误判，所讲的“过快”依据当时都是中国城市化滞后的表现，也同样可以作为加快城市化进程的依据。所谓过热、产能过剩，这里面有认识问题的逻辑起点、逻辑思维问题。如果没有新的思维，不从理论上、思想认识上厘清以上产生误区的理论根源，我们就不能够正确理解新常态下宏观调控的依据，就不能选准新的宏观调控方向。这里面笔者稍微展开一点。

刚才笔者讲中国 13 亿人口，要有一个现代化的物质基础来保证生活水平的提高，理所当然的要有大规模的基础设施建设，靠外贸解决不了问题，这是一个基本的认识。大概十年以前有一位冶金界老总告诉笔者一个数据：美国建成现在的现代化物质基础，累计消耗了 100 多亿吨钢，

美国3亿人口，人均三四十吨。中国人口是美国4倍，国土面积跟它差不多，要建成现代化的物质基础，考虑技术进步，恐怕累计消耗200亿吨钢还是要的。现在我们每年七八亿吨钢的消耗，20年不过140亿—160亿吨。我国1亿吨钢的时候有人喊过剩，二三亿吨时有人喊过剩，七八亿吨时还是有人喊过剩。现在钢铁过剩成为重大的社会问题，恐怕跟河北钢产能全国第一、世界第二有关系，因为对北京的环境影响太大，上升到一个政治问题。记得2001年前后我国有三年不建电厂可满足需要之论，但第二年即有全国大面积拉闸限电。笔者的老家为了确保北京的环境，经常限制工厂开工，关闸限电，工厂不得不自备发电设备，污染更厉害。这是过去几十年的历史经验，是学者思考错了，还是中国经济发展错了？因为它不符合原来的理论分析和预测，这里在理论上存在误区当是不争的事实。

过去我们一直庆幸有中国居民的高储蓄。没有高投资，高储蓄的钱就花不出去，就等于资金沉淀。高储蓄本来是一件好事，至少不能算坏事。为什么高储蓄？中国居民储蓄很大一部分是预防性的。我们的社会保障还有短板，买房、儿女教育、养老医疗，很多居民储蓄是自我保险，加一个安全系数，家里多存点钱心里踏实。这里面有一个基本的数学关系式：国民收入 = 消费 + 储蓄，储蓄 = 顺差 + 投资。顺差是什么，是暂时借给外国人的消费。外汇储备是多年积累起来的，由央行掌控又借给外国人花的。投资是什么，是为了明天更好地消费。当年创造的财富消费不了，储蓄起来进行再投资，是为了明天更好地消费，明天过更好的日子。这是一个基本的逻辑。在调控政策上把限制投资、改变高投资率作为导向是本末倒置，方向错了。我们关注的焦点应该是投资结构、投资的效率和投资的效果。这方面没人去关注，反而关注投资率高低，这不是本末倒置嘛。再进一步说，投资有物质领域里的扩大再生产，有服务领域的扩大再生产。中国服务领域的扩大再生产什么时候有过过剩？没有！中国的城市、大学、医院、体育设施、文化设施、旅游和娱乐设施、市政公共基础设施、交通水利等基础设施哪方面不是短缺？再干多少年也难以达到过剩。物质领域扩大再生产又可分为生产资料和消费资料扩大再生产。投资决策不当可能造成过剩，我们当然不希望过剩，但也只有相对过剩才有真正的市场竞争。市场经济如果没有过剩，老是排队抢购，供不应求，还有真正的优胜劣汰和产品更新换代吗？所以过剩是市场竞争优胜劣汰的基本条件，这是逻辑的必然。中国高储蓄一时解决不了，因为社会保障体系还在完善之中，因为投资渠道狭窄。一个股市一个房市，股市少规矩，暴涨暴跌，不敢进；房市不让进，因为有限购。房子限购，车也限购，有钱不让花，投资渠道窄，老百姓怎么办？今天炒生姜、明天炒大蒜，后天又炒什么，反正都炒。这是中国的一个基本国情。一个国家要有一定的外汇储备，但是作为发展中国家，过度过高的外汇储备也未必是好事。我们的高储蓄为投资提供了条件和可能，如果没有高投资，高储蓄将形成巨额的资金沉淀。为什么说中央调控的手段多？银行准备金率 18.5%，即等于有二三十万亿元的资金存在银行不能动，你说中国缺钱吗，笔者说中国既不缺资金供给，也不缺资金需求，而是缺政策，缺少使资金要素流动起来，实现优化配置的制度、体制、机制安排。

总的来说中国是发展中国家，总体上还穷，想花没钱花。另外有部分人是有钱不想花、不敢花，因为有后顾之忧，要预防。再有是有钱无处花，限购，城市化率低，农村人要想高消费还得进城。少部分人是有钱瞎胡花，包括土豪式的消费，奢侈性的炫耀性的消费。再进一步说，国家的钱还有不会花、瞎胡花的问题。许多财政补贴政策不高明，给贪污提供了很大的空间。

中国的产能过剩还有一个特点，许多制造业部门都有过剩，但是只有国家控制最严的、审批最严的部门，消化产能过剩成为重大的经济社会问题。记得还是三四年以前湛江钢厂已经申报了 30 年，最后通过发改委审批，市长出了发改委大门亲吻批件。据说湛江钢厂至今没有开工。有些国家控制不是那么严的行业，如家电、服装、纺织等产能过剩，政府可以不管，自己消化，市场调节，对于一个地方来讲会有财政收入和就业问题，至少整体没有大的社会问题。是不是也给未来的经济调控提供了启示：那些竞争性领域是否应该果断废除行政的严格控制？前两年支持力度大、优惠力度强的太阳能发电、新能源，反倒产生一系列问题，也给了我们一个教训。

第四个问题：新常态下的新型城市化新思维

五中全会建议：城市化任务：发展城市群的辐射带动作用，优化发展三大都市群，形成一批城市群，发展一批中心城市，加快提高户口人口城市化率。

城市是投资的主体、主要区域。以城带乡是政策导向，以城带乡全面建成小康社会、加快实现现代化，必须抓好城市这个火车头。基本前提是城市强大、城市的率先发展。城乡一体化发展也不是简单的投资向农村倾斜。虽然城市化的过程不是消灭农村，但是农村人口的大量减少、农村居民点的大量撤并，这是一个必然的过程，城乡固定资产投资必须考虑这一背景。同样，强调提高城市综合承载力，把有限的投资投向哪儿，这里边还有一个投资回报的问题，而不仅仅是一个城乡关系的问题。这里笔者作了一个测算，2014 年我国城市化率是 54.7%，还有 20—30 个百分点的提升空间。城市建成区面积不到 5 万平方千米，以往几十年每年增加不到 2000 平方千米。未来城市建成区大约要达到 11 万—12 万平方千米，占国土面积的 1.2%。所以说中国城市化占地威胁中国粮食安全没有依据。未来中国城市建成区面积还要扩大 6 万—7 万平方千米，如果一个平方千米投资 20 亿元搞基础设施和其他相关配套，每年大概是 4 万亿元。城市的房屋建设，就是房地产去年投资 9.5 万亿元，是第一大投资领域。中国目前城市房屋建筑面积存量大概为 400 亿平方米，未来上限将在 800 亿—1000 亿平方米，还有 400 亿— 600 多亿平方米的增长空间，到 2050 年基本实现现代化，每年要增加 15 亿—20 亿平方米的房屋。这里面还没有包括更新改造。

新常态下的新型城市化。笔者一直赞同城市化是稳增长、转方式、调结构、惠民生、保护环境的基础节点，也是推进“四化”建设的基本抓手的这一论断。现在提出新型城市化，笔者理解包括四个内涵（当然有人有不同的理解）。一是以人为本，是个时髦用语。二是城乡居民公平分享城市化成果。三是资源节约和环境友好。四是集中型多样化的城市化。面临的主要约束还是缺地、缺钱、缺共识。这三缺的共同原因是体制、机制和政策的约束。而体制和政策的约束往往源于理论上的误区。

第一，城市人口是划分为阶层和利益群体的，不同的利益阶层有不同的利益诉求。城市人口高度密集，是零距离接触，个体行为都有强烈的外部性，都会产生连锁反应。现在强调人权、自由、民主，强调产权，这是对的，但是搞社会主义、搞城市建设，不讲点集体主义、不提倡点全局观念恐怕也搞不成。发达国家也有这个问题。所以笔者说，以人为本作为一个口号可以喊，过去我们讲为人民服务。以人为本在西方国家喊了几百年，拿到中国来，跟社会主义核心价值观又有多大共同之处？搞新型城市化建设还是要协调好各个利益阶层的关系，人人都以自己为本，没有前途。

第二，城乡公平地分享城市化成果。传统的城市化是“羊吃人”，为资本服务，强占农民土地，新型城市化不是这样。但是现在有一个问题，就是城乡一体化与城乡土地二元制度不相容。我们一些改革，包括土地制度改革治标不治本，没有从根本上去考虑问题。土地制度是基本的经济制度，应该从土地的特点出发，立足于充分发挥土地的综合功能进行土地制度的顶层设计。现在的农村集体经营性建设入市用地潜伏着很大风险，会造成一系列关联的效应，这种效应成本极高，往往是发展所不可承受的。

第三，资源节约和环境保护的城市化。这里首先涉及一个如何看待大城市污染的问题。在实践和逻辑上，只要人口聚集、产业聚集，就会有污染。人口和产业聚集必然造成集中消耗，集中消耗必然造成集中的排放，集中的排放超过自然净化能力必然造成污染。所以城市环境的质量不是要达到农村的标准，而是要保持在城市居民可以接受的范围内。有些高目标、高标准，虽然受到喝彩，但成本极高，难以达到。城市问题应该从这一角度去考虑：城市具有更高的要素配置效率，是产业中心、人居中心、创新创业中心和各类交易的节点，这是城市的优点。要想获得城市的优点和效益，就要支付相应的成本。城市病在很大程度上是取得城市效益所必须支付的成本，当然这个成本支付得越少越好。

第四，就是集中型的城市化。在一般情况下，城市的人口规模增加，资源配置效率也在增加，这是个经验数。所以在世界范围内大城市的率先发展，大城市占城市人口的比例在提高，成为一个普遍现象。中国人口基数大，自然资源禀赋区域差异性大，必须走集中型的城市化。一是要有较高的城市化率，至少80%以上。二是大城市的率先发展，大城市人口占比较高。三是若干个不同等级的城市密集区（带）的形成与发展。四是城市的紧凑型空间布局。世界上没有十全十美的事，关键是一个合理度的把握。

因为时间问题，新常态下新型城市化就讲这么几点，这是笔者的研究领域，一些观点是笔者个人的思考，不一定成熟，希望大家批评指正。谢谢诸位。

本文系作者在“2015中国外资企业可持续发展圆桌会”上的发言记录

我国经济发展新常态的另一种解读

（2015 年 5 月 30 日）

我国经济发展由长期两位数增长进入 7% 左右的一位数增长被视为新常态的集中表现。主流媒体又进一步将其解读为增长速度的换挡期、结构调整的阵痛期、刺激政策效力的消化期，所谓三期叠加。这一解读若指进入新常态的过渡阶段尚能成立，若用于描述新常态本身则极易导致误导和误判。

首先，“三期”用语与“常态”的内涵不匹配

换挡是指机动车驾驶中的调整车速动作，在一般情况下，只要短暂一刻即可完成，而不可能成为常态。在路况允许的时候，保持机动车常态运行的是把油门踏到合适程度，并控制好方向盘，遇突发情况首先是刹车，而非换挡。阵痛之于产妇而言是与对新生命的期盼、内心的喜悦联系在一起的。相对于婴儿的顺利出生、健康成长，阵痛也是短暂的一刻，是产妇必须承受的痛苦。阵痛成为常态在真实生活中不可想象。消化是生命体内营养物质运动的一个阶段，与摄入、排泄等环节密不可分，用以描述常态，亦难理解。

其次，增速下降是我国经济发展进入新阶段的一种必然

我国经济发展本质上是一个自然历史的过程。分析评价经济发展成果除了增速以外，还有增量、结构等指标。增速是增量与基数之比。同样的增量，基数不同，增速会有不同。例如，2003 年我国 GDP 增速为 10.5%，增量为 1.4 万亿元；2014 年增速下降为 7.4%，而增量达 4.2 万亿元。被视为高速的前者比后者增速高出 3.1 个百分点，但增量只有后

者的1/3。这种增量的巨大差异对资源环境和就业的影响可能远远高于由于增速变化2—3个百分点的影响。这也是发达国家和发展中国家由于发展基数和发展阶段不同，对增速有着不同的评判标准和诉求的原因所在。在摒弃GDP挂帅已成社会共识的背景下，宏观经济政策仍然纠结于GDP增速的变化，而忽视经济发展阶段的特殊性，将束缚推进经济发展的手脚和政策选择的空间。另外，按人均GDP计算，我国经济发展将长期处于追赶阶段，13亿人口的国内消费市场还有巨大的增长空间，我国经济发展的基本面没有改变，包括后发优势在内的大有可为的战略机遇期也还没有过去。实现较长时期的适度增长不仅具有极端的必要性，而且有着完全的可能性。

再次，结构调整是经济发展的永恒主题

结构决定功能、决定效率，是经济发展水平的重要标志。中央以转方式、调结构为宏观调控方向至少于20世纪90年代中期就已提出，至今仍在持续，说明转方式、调结构的任务还未完成。但我国今天的经济结构已远非20年以前可比，说明转方式、调结构是一个渐进的由量变到质变的长期过程，非短期能够完成。个中的缘由在于科学技术的不断进步。实际上，只要有科学技术进步，增长方式的转变和经济结构的调整就不会止步。结构调整将伴随经济发展的全过程。科学技术是第一生产力，是推动经济发展的第一动力。在国家转方式、调结构目标选择和策略运用上，与其紧盯具体产业、行业、部门的消长，莫如聚焦于切实推进相关行业的科学技术进步。而科学技术进步的根基在于创新体制与机制的形成和完善，其中的重点则是知识产权保护和创新文化的构建。

最后，刺激政策和抑制政策的交替运用是宏观调控的常态

经济发展有时“过热”，有时“过冷”，螺旋式波浪式推进是一种正常现象。针对不同时期经济总体走势，有针对性地采取不同的调控政策，即刺激政策与抑制政策交替采用以熨平波幅也是一种必然选择。所以刺激政策不可能一成不变，刺激政策消化期也不可能成为常态。同时，对

于经济发展总体形势是“过热”，还是“过冷”的判断，以及应对的时机、力度的把握和应对方法、方式的选择也从来都是仁者见仁、智者见智。经济政策由政府出台，本质上是决策者对客观规律认识的反映。经济政策只有与客观经济规律相吻合才能发挥对经济发展的促进作用，否则只能适得其反，支付了极高政策执行成本，也难以达到预期目的。由于决策者（包括各种智囊、智库）的知识结构、技术手段的局限性，以及经济发展的系统性、复杂性和不确定性，人们不可能准确把握所有影响经济发展的变量。所以，任何经济政策的制定都要遵循客观规律，对市场力量心怀必要的敬畏，对经济政策效果和执行成本要进行及时的追踪评估，并随时准备作出相应的调整。

基于上述分析，若仍沿用“三期”叠加对我国经济发展新常态进行解读，似宜应表述为：增量扩大的适度增长期，科技进步推动权重加大的结构优化期，深化体制改革推动的发展潜力持续释放期。这里的适度增长相对于发达国家仍是一个高速增长，但不再囿于增速的高低，与增量的持续扩大相呼应，更能全面描绘我国经济发展的总量走势。科技进步是因，转变增长方式是形，结构优化是果。以科技进步为原动力，催生新产品、新工艺、新设备、新材料、新业态、新领域、新需求等不断涌现和发展壮大，是资源能源的更高效利用和生态环境的更好保护，是转方式、调结构的本质内涵，也是经济发展新常态的集中表现。在新常态下，我国经济社会发展中的各类深层矛盾日益凸显，体制、机制弊端对发展的制约更加突出。全面深化改革是“四个全面”战略布局的中心环节。只有革除一切不适应经济发展的制度、体制和机制障碍，才能逐步化解各类深层次的结构性矛盾，减少内耗、凝聚共识、形成合力，把创新驱动发展落到实处，实现国民经济持续健康稳定发展，为建设全面小康社会、跨越中等收入陷阱奠定基础。

本文系作者在“中国发展高峰论坛”上的发言

城乡发展的辩证关系

（2016 年 11 月 5 日）

一、中国或有返乡潮，但主流仍然是城市化

返乡是指走出家乡工作生活一段时间，又回到家乡的社会现象。在当前我国语境中，返乡是与进城相对应的概念。在前城市化和后城市化时代，进城与返乡的人口数量较小，两者大体平衡是一种常态。进城成为社会潮流是城市化进程的基本特征。返乡是否成为潮流则取决于是否达到了相应规模。改革开放以来，我国进入了快速城市化时期，农村人口向城市聚集成为城乡人口再布局的主流。近年来，随着经济发展进入新常态，农民工每年增加的数量虽然由 2011 年的千万人减少到 2015 年 350 万人，但农民工的总量仍达 2.77 亿人，创历史新高，城市常住人口仍以每年 2000 万人左右的速度增长，城市化率每年上升 1.2 个百分点。国际金融危机爆发后，我国大规模的农民工返乡是劳动力市场对国际经济形势变化的调适，实质是暂时的返乡待业，一有机会仍要进城就业。近年的农民工返乡潮是国内区域经济由沿海向内陆梯度转移的结果，更多的是中西部农民工返乡再就业。这些返乡均与逆城市化无关。只有农民工返乡不再外出就业才是本质意义上的逆城市化。农民工返乡不再外出就业更多的是由于政策的限制，不能在城市安居，这是一种无奈。在城市积累了资本返乡创业的是少数，因为创业的条件和成功的概率城市远较农村为高。为追求安谧清洁移居乡下的市民多为老年，但也远较为追求城市高品质生活而迁居进城的农村老年人为寡。迫于城市高房价而移居近郊是城市化的一种延伸，为圈地移居乡村是资本下乡。至于农民进城而不愿迁出农业户口，则是农民工的理性选择。因为农业户口与土

地权益的联系在日益强化，而市民权益与土地权益的置换在政策上也没有作出相应的安排。

二、城乡发展是辩证的对立统一

进城与返乡是人口资源在城乡空间上的再配置。城市有更快的技术进步，更广阔的创新创业发展空间，因而有更高效率的要素配置。农村人口大规模地进城，实现城市化将提高社会要素整体配置效率。城市化不是消灭农村，但绝对是农村人口大幅度减少、自然村落和各类农村居民点大规模撤并重组的过程，同时也为拥有特殊禀赋的农村承传和发扬传统文化创造了更多的可能。在城市化进程中，农村要素向城市大规模聚集，对农村发展的负面影响是暂时的阶段性的，正面影响则是持久的全面的。如果把城市化过程视为农村的衰落，那么这种衰落正是传统农村蜕变、新生的契机，是传统农村走向现代化的起点。城市为农产品提供市场，为农村剩余劳动力提供就业岗位，为农村发展提供现代物质基础和技术资金支持。以城带乡、城市支援农村的前提条件是城市的强大，城市的率先发展。农村扶贫是建设全面小康社会的难点。异地扶贫的安置地主要是城市，而不是农村，这才是可持续的。农村大量的青壮年进城务工降低了农业劳动力平均素质，但由于农业现代技术装备水平的提高，农业生产的体力劳动强度大大减轻，使妇女、老年人胜任农业生产要求成为可能，因而并没有影响农业劳动力的有效供给。这是社会劳动力资源的优化配置，也是家庭劳动力的合理分工。伴随大规模农民工进城的是城市经济的繁荣，农村居民收入水平的提高和农村生产生活方式翻天覆地的变化，这是社会的进步，而不是农村之殇。因农民工进城而派生的留守儿童、空巢老人、夫妇分居等社会问题是发展中的阶段性问题，要在统筹城乡发展中妥善解决。返乡不是根本解决问题的出路。担忧城市化导致农村衰落，体现的是对传统农村眷恋，是城乡二元思维和小农经济意识的反映。坚持辩证思维，运用对立统一方法认识和分析城乡发展的关系，是破解城乡对立的思想基础。

三、城乡一体化发展的核心是城乡居民公平共享发展成果

在当代，农村已经不可能有脱离城市的自给自足、自我独立的发展。加快农村发展不能是以限制城市为代价的发展，更不能是不要城市发展的发展。城乡差别是逐步缩小的问题，而不是消灭的问题，城乡二元结构也不存在彻底消除问题。因为只要城市以工为主、农村以农为主的城乡区域分工存在，两者不同的产业结构和职业、阶层结构就将继续存在。应该而且能够消除的是城乡二元体制和制度，因为体制和制度是人为的设置。实施城乡一体化发展，必然要求破除城乡二元体制制度。城乡一体化发展的核心是城乡居民公平共享发展结果，城乡居民享有平等的发展机会和发展空间。在当前主要表现为：①农村居民拥有迁居城市的自主选择权，一切阻碍进城和强拉进城的制度设置均应废止。②赋予已经进城并拥有稳定职业和住所的农村居民以平等的市民权益，即农业转移人口的市民化。③逐步实现城乡基本公共服务的相对均等化。所谓逐步，即不可一蹴而就。暂时做不到的既不要写入文件、规划，也不要口头许愿。所谓相对均等，即不可能完全相同。农村基本公共服务供给要考虑农村人口大规模减少，自然村、行政村撤并的因素，要与提高城市综合承载力统筹安排。城乡义务教育和基本医疗的均等化要与教育、医疗的规模化供给相衔接，与发挥城镇教育中心和医疗中心的功能统筹安排。城乡要素平等交换，首先要发挥市场的决定性作用，减少行政之手的不当干预。

四、农民的根本利益在于减少农民

当代中国农民的根本利益既不在于稳定农民的土地权益，也不在于国家对农村、农业的支援，而在于减少农民的数量。“三农”问题的重点和难点均在农民增收，农民增收难的根源在于农民群体的庞大。一个多数人从事农业生产的大国要实现现代化是不可想象的，社会财富也不可能得到快速积累。农业是国民经济的基础，但农产品是有机物，市场需求弹性小，农业不具有物质财富的代际积累和承传功能。过度增加农产

品总量要受到市场需求和农业资源禀赋的双重限制；提高农产品市场价格要面临国内资源错配和国际市场竞争的双重风险。调整农业结构于农民增收只具局部的短期效应，不具全局意义和可持续性。减免农业税费于农民增收当年有效，以后的增收效果即为零。农村工业化与工业化的聚集规律相悖，被城市工业淘汰出局是早晚的事。亦城亦乡即非城非乡，模糊城乡边界，在大城市近郊或有存在，但不可能成为主流。农村和城市是相互对应的两种社会聚集形态，农村成长为城市，就不再是农村。农村城市化是概念混淆，准确的说法应是农村现代化。所以只有大多数农民进城转变生产生活方式，变数亿人种地为数千万人种地，才会有农业的适度规模经营和农业劳动生产率的提高，才会有真正农民的真正富裕。而减少农民的根本途径是城市化，是改变多数农民以土地为生的总体格局。

五、职业农民 + 家庭经营：中国农业现代化理想模式

农业现代化的重要标志是农业生产经营的专业化，基础是高素质的具有特定资格的职业农民。亦工亦农、发展乡镇企业曾被视为农村发展的方向和中国农民的又一伟大创造，对于突破城乡分割体制曾经发挥了重要作用，但与城乡分工和专业化生产相背离，有碍于技术的进步和效率的提升。农业的多品种种植和多种经营，有利于优化农业劳动时间配置，挖掘土地生产潜力，增加农产品品种市场供给，但不是对农业专业化的根本否定。以家庭承包制为基础的农业经营体制长期不变的依据，不是由农业生产力水平决定的，而是农业生产的特点与家庭经营优点的统一。农业生产经济兼具自然风险和市场风险，要求集经营者和生产者于一体，集高度的决策权与高效执行权于一身。农业生产时间与劳动时间相分离，劳动的质量要经过一段时间才能在收获时节得到检验，要求经营者和生产者的责权利高度统一。农业生产经营从种到收一个家庭劳动力即可完成，较少对大规模劳动协助的依赖。家庭是以血缘姻缘为纽带的社会细胞，较少利益权力分割上的矛盾，家庭经营可以大大降低农业生产经营的管理成本。农业家庭经营的优点正是农业集体化整体上不

成功的原因所在。只要农业生产的特点不变，农业家庭经营就将有持久的生命力。农业家庭经营的发展前景是家庭农场，并辅之以完善的产前、产中、产后社会化服务体系和组织体系。家庭农场是以家庭成员为主，集生产经营于一体的农业规模经营。在我国，实现的条件是农户数量大幅度减少，理想状态是由目前的 2 亿以上农户减少到数千万户，户均土地百亩左右。

六、“四化”应协调发展，而不可能同步发展

“四化”（即工业化、城市化、农业现代化、信息化）同步发展作为一种美好的愿望，已经成为主流用语。但由于内在的逻辑关系，只能协调发展，而不可能同步发展。首先看工业化与城市化的关系。工业的发展，要素的聚集，催生新的城市，或者推动已有城市的扩张。从这种意义上说，工业化是城市化的动力。另外，依托于城市的工业化更有效率，更符合工业化聚集发展规律。所以，工业化和城市化是良性的互动关系。工业化与城市化何为同步，如何做到同步，难以把握。城市的历史比工业更久远，不仅工业化推动城市化，交通、商贸、文化、教育、医疗、研发、旅游等服务业的发展同样推动城市化，人民为了生活得更美好而迁居城市、建设城市是城市化的根本动力。再看农业现代化与工业化、城市化的关系。人多地少，长期的食物供给紧约束使国人对农业现代化怀有特殊的情结和偏好。农业现代化的物质基础是现代农业技术装备。工业化是农业现代化物质技术装备的提供者，工业化在前，农业现代化在后，城市化为农产品提供市场，为农业剩余劳动力提供就业岗位，城市化是现代农业高商品率、高劳动生产率的前提。超越于工业化、城市化的农业现代化没有实现的可能。最后看信息化与工业化、城市化、农业现代化的关系。信息化是现代科学技术创新的产物。现代信息技术的普及与广泛应用，深刻改变了人类社会的生产生活方式。用现代信息技术装备工业、农业，是工农业生产的重大转型升级。用现代信息技术管理和治理城市，是智慧城市建设。城市是信息技术进步的策源地，是工业化的依托和农业现代化成果的承接者。“四化”交会于城市化，“四

化”的空间节点在城市化。

七、统一城乡土地所有制，为城乡一体化奠定制度基础

城乡一体化发展已成社会共识，推进城乡户籍制度改革各界亦无异议，但对于二元土地制度对城乡一体化发展构成障碍或有意回避，或应对思路不得要领。土地是自热资源，生产生活须臾不可离开的物质载体，又是特殊的生产要素，具有多种社会经济功能。现代化建设时期是土地利用结构大变动时期，大量的农村土地被征用转为城市用地必然引发城乡关系和社会利益关系的剧烈调整，成为社会矛盾冲突的引爆点。首先在宏观指导思想上应该明确，城市建设用地是更集约的用地，与集约用地、节约用地的基本国策并无矛盾。满足合理的城市用地需求不会构成对国家粮食安全的威胁。在城市用地增量与农村居民点用地减量之间存在着后者大于前者的置换关系，没有及时得到置换的原因在于城市化政策的滞后。土地的城市化与人口的城市化是在基数合理基础上的城市化全过程的总体平衡，而不可能是某个年度或者短时期的同步。在城市化加速时期，土地的城市化快于人口的城市化是阶段性的必然现象。在土地利用规划和用地政策上，顺应经济社会发展，对严格控制建设用地、保护耕地红线作出适当的调整，是时代的要求。在土地制度调整上，农村土地所有权私有化，与国家基本制度相悖，社会成本也不可承受，不具可能性。在耕地家庭承包制长期不变的基础上，农村土地确权发证，有利于农村、农业的稳定，保护农民土地的合法权益的一面，但与农村人口大量进城，农村社区社会结构和家庭人口结构快速变化难以适应，有产生新的农村社会矛盾，孕育新的社会不安定之虞。在城市化加速时期，与城市化脱节，固化农业人口与土地的联系，还将增加农业转移人口市民化的不确定性。农村土地（现政策规定，只有农村集体经营性建设用地）入市，意在打破地方政府对土地市场的垄断，农村分享城市土地升值收益。但土地能够入市变现的主要是近郊，远郊农村可能永无土地入市变现的可能，由此产生远郊与近郊农村利益平衡问题。近郊农村正在快速城市化，即将成为市区的组成部分，传统农村社区消散不可避

免，社区成员资质认定的难度在增加，农村干部的道德风险和集体资产经营的市场风险也在增加。土地入市不仅要解决社区成员公平分享集体土地收益的难题，而且要解决普通市民与拥有土地权益的新市民利益再平衡问题。未来城市治理将面对市民、农民工、拥有土地产权的市民三元社会结构，城市规划建设也将面临多个拥有独立土地产权社区所带来的新阻力。权衡利弊得失，破解城乡一体化土地制度障碍的根本之道，还是要在宪法层面上变农村土地集体所有为国家所有，城乡实施一体的土地共有制（全民所有或国有制），农业用地实行家庭永佃制，非农经营性用地实行所有权与经营权、使用权相分离制度。这一土地制度构想与国家基本制度高度契合，又是农业家庭承包制的自然延续，更有利于适应城市发展和土地利益结构的重塑。

八、走出城乡一体化思想认识上的误区

推进城乡一体化不仅要破除体制和利益重构的障碍，还要首先走出思想认识上的误区。一些广泛流传、被视为当然的用语，实质上概念不清，似是而非，成为城乡一体化发展的阻碍。

其一，“土地是农民的命根子，不许打农民土地的主意”。土地是农业生产的基本资料，当然是农民的命根子，但这里的农民是指拥有土地，且从事农业劳动，依靠土地为主要收入来源的家庭。拥有土地而不事农业劳动，靠地租为生的是地主，不靠地租为生的是土地出租者。农民不再以种地为生就不再是农民。在当代中国，与农民相互联系又内涵不同的概念还有农村居民和农业户籍人口。农村居民是指居住在农村地区人口，2015 年年末全国约有 6.03 亿人。农业户籍人口是户籍制度统计的人口，与土地承包制相联系，2015 年年末全国约有 8 亿—9 亿，是农民与农民工基本构成，其中农民在 5 亿左右。国家户籍制度改革已经全面启动，农业户籍将成为历史。大量的农业户籍人口进城，脱离与土地的联系是当代中国社会发展的总趋势，也是城市化进程的基本特征。推进农业转移人口市民化而不触动其农村土地权益将增加城市化的社会阻力，也有新的社会不公之嫌。推动农民土地权益与市民化权益的置换，不应

视为对农民土地权益的剥夺，关键在于是否为农民的自主选择。

其二，“土地升值收益向农民倾斜”。农村土地升值收益归农民当无疑问，城市土地的升值收益的归属要作具体分析。农村土地征用为城市土地，前提要对失地农民进行包括就业安置、住房安置等在内的合理补偿，特别是对失地农民的社会保障要作出新的合理的安排，因为农村土地还有平衡城乡社会保障体系差异的功能。但城市土地大幅度升值是大规模社会资本投资的凝聚，与失地农民无关，城市土地拍卖价格也不是对失地农民补偿的依据。对失地农民过度的补偿将提升征地成本，推升城市土地价格和房地产价格，最终由购房者埋单，降低城市活力，而失地农民的一夜暴富也将诱发一系列社会问题。凭借占有土地资源致富与社会主义市场经济制度并不相吻合。土地入股，长期参与城市土地收益分配有安抚失地农民、减少征地阻力的短期效果，但会产生与农村集体土地入市一样的关联效应。

其三，“不要与民争利”。这里的主语若是指开发商，应是供求双方博弈、沟通、谈判，最终由市场决定的问题。若主语是指地方政府则要辨别清楚：政府以税费形式获取的收益是公共财政收入，取之于民，又用之于民，是社会的再分配。政府代表全局利益，与人民的根本利益是一致的，而没有自己独立的利益。高调宣扬地方政府不要与民争利，实质是把地方政府置于人民的对立面，于协调复杂的城乡关系和调节各类社会矛盾没有正向作用。

本文系作者在“中国科协学术沙龙第117期”上的演讲稿

关于农业投资的几点认识

（2017 年 1 月 7 日）

大会要求笔者讲一讲农业投资问题。笔者想，讲农业投资首先应对农业地位有一个全面认识，对农业生产特点和农产品市场特点有一个初步了解。而讲到农业问题先要对当前一些流行的涉农概念和提法有一个明确的界定和清醒判断。

农业是与农民、农村问题相互交织在一起，简称“三农”问题，是当代中国重大的经济社会问题。农业是产业问题、经济问题，农民是人的问题、社会问题，农村是区域问题。当前国人对“三农”认识上的分歧，根源首先在于概念混乱，界定清楚概念是展开讨论的起点。农民、农村人口、农业户籍人口是三个完全不同、又常被混同使用的概念。农民是社会分工的职业概念，是指拥有土地且从事农业生产，以农业收入为生的劳动者及其赡养的家属。目前我国大约有 5 亿农民。拥有土地而不事农业生产、依靠收取地租为生的是地主，部分靠地租生活的是小土地出租者。没有土地而从事农业生产、领取工资的是农业工人。没有土地而从事农业生产经营的是农业企业家。拥有较大规模土地、靠家庭成员从事农业生产的是家庭农场主。拥有较大规模的土地，自己参加农业劳动，但主要靠雇工从事农业生产的，土地改革以前称其为富农，现在可称之为农场主。农村人口是指居住生活在农村地区的人口，包括在农村从事非农职业的人口，是行政区划意义上的人口划分，目前全国大约有 6 亿多人。农业户籍人口是计划经济体制下户籍管制的概念，以不是国家商品粮供给对象为标志，全国农业户籍人口目前大约有 9 亿人。农村是与城市相对应的另一种人类聚集形态，农村以农业为主，城市以工商为主的地域分工是社会进步的产物。“农村城市化”是误导性口号，准确的提法应是农村现代化。农村发展为城市就不再是农村。城市有比农村更高的要素配置效率，实现城市化、城市社会取代农村社会是历史发展的必然。以环境质量为唯一指标，否定城市相对于农村的先进性，是简单化思维，等于否定了城市化的必然性，否定了以城带乡的可能性和必要性。

下面笔者讲第一个问题：对农业地位的再认识

1. 农业是国民经济的基础

民以食为天，吃饭第一。食物供给是人类生存繁衍的基础条件。原始社会人类通过天然采集、狩猎、捕捞等方式获取食物，但受到自然资源不足的限制，不能满足日益增多的人口对食物的需求。于是有了种植业、养殖业的出现，成为人类食物的主要的稳定来源。我国提出了建设健康社会目标，健康社会的基本指标之一是人均预期寿命。决定人均预期寿命的是营养摄入、医疗、环境、心情愉悦和 DNA 五大因素，其中营养摄入的关键在农业，环境也与农业息息相关。以农业为基础是发展国民经济的大政策，是战略，目的是解决国民吃饭问题这件头等大事，随着吃饭问题的基本解决，可以作出及时的调整和改变。农业是国民经济的基础，是客观规律，永远不会改变。

2. 农业劳动生产率是社会分工得以进行的基础

社会分工、专业化生产可以大大提高社会劳动生产效率，是社会进步的推动力量，但前提是农业劳动生产率的提高。马克思说，超过劳动者个人需要的农业劳动生产率，是一切社会的基础，并且首先是资本主义生产的基础①。又说，从事加工工业等而完全脱离农业的工人的数目，取决于农业劳动者所生产的超过自己消费的农产品剩余。20 世纪 50 年代末到 70 年代末，我国工业化进程受阻，城市化进程停滞，主要的客观原因在于农业基础薄弱，农产品商品量不足以满足城市人口对农副食品需

---

① 《资本论》第三卷（1894 年），《马克思恩格斯全集》第 25 卷，人民出版社，1974 年 11 月第 11 版第 885 页。

求。农村改革实行农业家庭承包制后，农业生产潜力集中释放，粮食总产连续多年超常规增长，农产品供求关系发生逆转，为城市化的快速推进提供了物质基础。农业劳动生产效率的提高，为工业化的高歌猛进提供了充足的劳动力供给。

3. 农业不具有社会物质财富的代际积累功能

农产品是有机物，不能长久储存。我们可以继承秦始皇的兵马俑，但不能继承秦始皇时代生产的粮食；可以继承明代长城、故宫，但不能继承明代生产的肉蛋奶。人们对食物的消费弹性小，少了营养摄入不足，多了营养过剩。排除对外贸易，从全球意义上说，农产品总量不足要有人挨饿，持续过剩也会造成资源的错配和浪费。对此必须有一个清醒的认识。对一个大国来说，从事农业生产的人口越多，社会物质财富积累的能力越弱，这个国家也越穷。农业占社会就业的比重越低，农业占国民经济的比重越低，这个国家越富裕，社会经济发展水平越高。

4. 农业功能趋向多元化

农业生产高度依赖自然资源。人类群体的扩大，物质生活水平的提高，对食物数量和品质要求越高，对自然资源的耗用越大，对生态环境的干扰也越强。另外，由于自然资源的有限性，对经济社会发展的约束越来越强，而经济社会的发展对资源环境的质量要求越来越高，因而农业的生态环境保护功能日益凸显出来。农田生态系统、森林生态系统、草原生态系统、水域生态系统在生态环境系统中的地位和作用日益突出。农业的观光、旅游、休闲功能也日益增强。

全面准确地认识农业地位和农业的社会功能，是制定农业发展战略和政策的思想前提。

讲第二个问题：农业生产的特点

深刻认识农业生产特点对于选择合适的农业经营方式具有基础意义。

1. 农业是生物再生产与经济再生产的统一

农业通过动植物生长过程获取产品，面临着发生自然灾害、生物疫病和市场变化的双重风险，要求农业经营者具有高度的自觉性和主动性，拥有高度的自主决策权和自主行动权。依靠上级决策、层层下达指令，或者行动者缺乏高度的自觉性和主动性，都将在突然降临的各种灾害和时时刻刻变化的市场面前丧失应对的有利时机。

2. 农业劳动时间与生产时间相分离

从耕播到田间管理，农业劳动的质量要等到作物成熟收获时才能检验出来，而且在作物生长过程中，其他的非劳动因素也会影响作物的收成。从而使农业劳动质量的外部监督变得异常困难。这就要求劳动者对自己的劳动成果负全责，做到责权利的高度统一。

3. 农业生产对大规模劳动协作较少依赖性

无论是农作物的从种到收，还是畜禽养殖和水生动物养殖，一般情况下，一个家庭劳动力即可完成全过程。大规模的农业集体劳动并不能提高劳动效率，而只能增加管理协调成本，这也是我国20世纪50年代到70年代农业集体化总体上不成功的深层原因之一。农产品加工、储运业和销售业是农业生产的延伸，已不属于严格意义上的农业生产范围。

农业生产的上述三个特点是农业家庭承包制长期存在的依据。家庭是社会的细胞，是以血缘姻缘为纽带的生活共同体，成员之间较少权力、利益分割的矛盾。农业家庭承包制正是家庭经营的优点与农业生产特点的高度统一。只要家庭经营的优点还在和农业生产的特点不变，农业家庭承包制的合理性就会存在下去。而各级政府文件上所说“农业家庭承包制是适应农业生产力发展水平”的表述为随意改变农业家庭承包制埋下了伏笔。

4. 农业生产具有较强的区域性

农业生产对自然资源极度依赖，而不同区域光热水土气配置的差异性极大，因而农业生产具有鲜明的地域性，或者说农业生产具有区域性自然资源垄断。由于自然资源的限制，社会农产品总量不能像制造业产品那样实现快速增长。顺应天时地利，因地制宜，因自然资源禀赋制宜，实施区域化的种植和养殖，是提高农业生产效果的必然选择。

5. 农业生产与相关产业的联系日益密切

在人类发展史上，农业是自然经济的主体。随着农业商品化程度的提高，农业生产与农业生产资料的生产供给、农业装备制造业的发展，与农产品加工、储藏、运输、销售业，与餐饮业、观光旅游业等的联系日益密切，构成环环相扣的产业链条。在科技进步日新月异的今天，农业与生物技术、生物工程、生命科学、信息科学、电子商务等高新技术的发展也正在深度融合。

讲第三个问题：农产品市场特点

如果我们把狭义的农业投资定义为以改善农业生产条件，或者为扩大农产品生产和提高农产品品质为目的而进行的投资建设，就不能不对农产品市场特点有一个把握。

1. 农产品市场是社会全覆盖

农产品供给关系社会每一个成员生存和营养摄入。农产品市场覆盖社会每一个家庭，每一个社会成员的每一天。每一个社会成员不可或缺的每日三餐都与农产品市场密切相关，都可以视为农产品消费市场。

2. 农产品消费需求日益多样化

社会对农产品消费需求日益多样化，不仅不同的区域、不同民族文化传统有着不同的饮食习惯，而且同一地区同一群体对同一种农产品的消费偏好也在发生着变化。要求农业生产方向和方式与时俱进地进行调整，实现产品更新换代，以满足日益多样化的市场消费。定制性生产越来越受到消费者的重视和青睐。

3. 农产品的品质量要求日益提高

随着社会生活质量的提高和农产品供给数量的满足，对农产品质量品质的要求越来越高。安全标准要求达到百分之百、万无一失，健康、环保、有机、营养、口感、口味指标也越来越严格，农产品市场的价格竞争越来越让位于质量品质的竞争。

4. 农产品鲜活性要求高

农产品过长时间的储存会有营养流失，甚至变质，成本极高。粮食等季节性产品当年产销平衡最为理想，肉蛋奶鱼菜果品等鲜活产品应即产即销。农产品从收获、加工、储藏、运输到分销各环节不仅要有特殊专用设施、设备，而且要求各环节无缝对接，顺达便捷，尽可能缩短从生产者到消费者之间的时间距离。

5. 农产品市场的国际化

农产品市场是经济全球化的组成部分，面临着激烈的国际竞争，也为中国农业资本走出国门提供了契机。人多地少、人均农业自然资源不丰的基本国情，决定了我国在一般农产品国际竞争中不具优势地位。但我国农业具有精耕细作、劳动技能水平较高的长处。适度进口粮食、棉花、木材、纸浆、饲料等资源型农产品，出口劳动技术密集型农产品，通过国内外两种资源、两个市场实现资源转换和优化配置是我国农业发展的重要战略选项。

最后，笔者讲第四个问题：农业投资几个要点

我国农业基础依然薄弱。农业是重要的供给侧，农业投资是供给侧结构性改革的重要平台，是补短板的重要抓手，受到国家政策上的鼓励和支持。

1. 农业投资方向

（1）以改善生产条件为目的的农业基础设施投资建设。（2）以增加新的优质农产品生产为目的的投资建设。国内普通农产品市场容量已近饱和，进入国际市场也不具优势。（3）以节约、集约、可持续利用农业资源为目的的绿色农业、旅游观光农业投资建设。（4）更高水平的农用生产资料、技术装备设备生产投资，农产品储藏加工运输设备装备建设投资，农业科研、攻关投资等农业社会化服务体系建设投资。

2. 农业投资项目选址

农业投资项目对选址有特定要求。农业生产项目对自然资源配置有特殊要求，特别要求因地制宜，根据作物、畜禽、水生动植物的生物学特性选择适宜的自然生态环境。加工成品重量小，便于运输，而原材料重量大的农产品原料加工项目，宜接近原材料产地选址，就地加工，但要有相应的运输条件；加工成品不便远距离运输的接近消费地选址，但对加工过程中废弃物排放有更高的环境要求。

3. 稳定的资金支持

农业生产周期较长。作物种植、畜禽养殖一般数月才能有产品上市，林果种植一般需要数年甚至更长时间才有收益。其间要面对自然灾害、疫病暴发和市场变化等风险，对投资项目的自有资金稳定性有更高的要求。金融信贷的支持、财政资金的杠杆作用、分散自然和市场风险的农业保险等尤为重要。

4. 合理的项目规模

农业项目投资要把握合理的上限。制造业的规模化、专业化是提高效率的重要环节，但农业生产是劳动时间与生产时间相分离，项目越大，参与的人数越多，管理协调难度越大，存在着规模边际效益递减的可能。农业项目过大，品种过于单一，也将面临更大的生态环境风险。小规模的农业家庭经营虽然有阻碍技术进步的一面，也有可充分利用劳动时间，进行多样化的综合经营、分散风险的优点。

5. 突破用地难题

农业项目对土地资源有着高度的依赖性。我国适宜农业投资的用地较少，不仅面临土地相对稀缺的自然约束，而且还要面对土地制度、用地政策、用途管制等方面的体制约束。取得农业项目用地要与政府、农村集体经济组织、分散的农民家庭进行多种利益博弈，要克服经济的、政治的、社会的和生态的等多方面的牵扯。土地虽然是自然资源，但有财产、资产、资本属性，项目用地高成本、高租金将影响农业投资的赢利能力。

6. 与高新技术的深度融合

农业是生物再生产，与生物技术、生物工程、生命科学等科技前沿有着高度融合的空间，为高新技术的发展和现代服务业的发展提供广阔舞台。农业与制造业、服务业的融合发展在不断深入，农业 + 互联网，农业 + 物联网、农业休闲旅游、农业生态保护、绿色农业、设施农业等新产品、新业态正在不断涌现。

本文系作者在“中国品牌领奖典礼”上的演讲稿

后　记

2009 年 1 月我从岗位上退休，自由支配时间增加，思想空间扩大，蒙业内和媒体朋友厚爱，常邀我参加现实问题研讨，激发了我的思考。我是网络时代的落伍者，对所思所想不愿随手失弃，用文字记录下来以飨业内同好，是我的性格使然。我生于贫苦农民家庭，有幸走出农村进城接受高等教育，又被时代潮流裹挟回到农村接受再教育三年，在县城工作八年，欣逢改革开放走上经济研究岗位。情系家国，探求中国发展的最佳路径，为人民的福祉贡献菲薄之力是我的夙愿。不唯书、不唯上、不崇洋、不媚俗，对主流观点不刻意逢迎，也不为反对而批评是我始终的坚守。一切从基本国情和特殊发展阶段出发，从大国经济发展的不平衡性和区域特殊性出发，是我从事研究遵循的准则。我的研究成果主要是发展对策，具有较强的时效性，得到党政领导的肯定性批示，进入决策文件或刊发于主流报刊是我的愿望，但被发展实践证明是正确的是我更大的快慰。季羡林先生有句名言：假话不能说，真话不能全说。我无大师的素养和智慧，但生活在新的时期，少说空话、套话和正确的废话，多说自己的话，勇于说出心里话，以期对听众和读者有所启发，是我的本意，也是本书的初衷。

本书由中国社会出版社编辑出版，彭沛燃同志对本书资料进行了整理和打印，在此一并致谢。

2017 年 1 月